中国博物馆
发展研究报告
(2021)

OF CHINESE MUSEUM
ELOPMENT RESEARCH

中国博物馆发展研究课题组 著

朝華出版社
BLOSSOM PRESS

图书在版编目（CIP）数据

中国博物馆发展研究报告.2021 / 中国博物馆发展研究课题组著. -- 北京：朝华出版社，2022.5
ISBN 978-7-5054-5029-5

Ⅰ.①中… Ⅱ.①中… Ⅲ.①博物馆事业—研究报告—中国—2021 Ⅳ.①G269.2

中国版本图书馆CIP数据核字（2022）第056753号

中国博物馆发展研究报告（2021）

中国博物馆发展研究课题组 著

责任编辑	刘小磊
特约编辑	廖钟敏
责任印制	陆竞赢 崔 航

出版发行	朝华出版社		
社　　址	北京市西城区百万庄大街24号	邮政编码	100037
订购电话	（010）68996050　68996618		
传　　真	（010）88415258（发行部）		
联系版权	zhbq@cipg.org.cn		
网　　址	http://www.zhcb.cipg.org.cn		
印　　刷	天津联城印刷有限公司		
经　　销	全国新华书店		
开　　本	710mm×1000mm　1/16	字　数	323千字
印　　张	20		
版　　次	2022年5月第1版　2022年5月第1次印刷		
装　　别	精		
书　　号	ISBN 978-7-5054-5029-5		
定　　价	168.00元		

版权所有　翻印必究·印装有误　负责调换

中国博物馆发展研究课题组

组长：王春法

成员：丁鹏勃　余晓洁　张伟明　陈淑杰　杨　光
　　　杨　拓　钟国文　马爱民　杨晓琳　杨　玥
　　　王高升　刘书正　赵东亚　赵文国

明确使命任务，把准方向趋势，全力推动博物馆事业高质量发展

进入21世纪，特别是党的十八大以来，随着经济社会科技飞速发展和人民群众物质文化生活水平不断提高，博物馆已经成为人们了解历史文化艺术、获取科学知识乃至休闲旅游的重要场所。充分认识新时代博物馆事业发展呈现的新特征，准确把握博物馆文化功能面临的新挑战，更加积极地联合协作、开拓创新，创造更加美好的未来，是当下中国各类不同博物馆共同的任务和使命。

一、深刻学习领会党中央关于文博工作的重大决策部署

党的十八大以来，以习近平同志为核心的党中央高度重视文化遗产保护利用工作，先后出台一系列重要文件，推出一系列重大战略举措，为做好新时代新形势下的博物馆工作指明了目标方向，提供了基本遵循。

其一，习近平总书记对文博事业提出了新的更高的要求。党的十八大以来，习近平总书记高度重视文化文物工作，多次到文化遗产地和博物馆纪念馆调研考察，对文博工作作出一系列重要指示，提出明确要求，归纳起来主要有这样几个方面：一是明确要求系统梳理传统文化资源，让收藏在博物馆里的文物、陈列在广阔大地上的遗产、书写在古籍里的文字都活起来。二是要求把凝结着中华民族传统文化的文物保护好、管理好，同时加强研究和利用，让历史说话，让文物说话，在传承祖先的成就和光荣、增强民族自尊和自信的同时，谨记历史的挫折和教训，以少走弯路、更好前进。三是突出强调博物馆是保护和传承人类文明的重要殿堂，是连接过去、现在、未来的桥梁，在促进世界文明交流互鉴方面具有特殊作用。要促进

不同文明之间的交流和互鉴，不能只满足于欣赏它们产生的精美物件，更应该去领略其中包含的人文精神；不能只满足于领略它们对以往人们生活的艺术表现，更应该让其中蕴藏的精神鲜活起来。四是中国人民在实现中国梦的进程中，将按照时代的新进步，推动中华文明创造性转化和创新性发展，激活其生命力，把跨越时空、超越国度、富有永恒魅力、具有当代价值的文化精神弘扬起来。五是中华民族历史悠久，中华文明源远流长，中华文化博大精深，一个博物馆就是一所大学校。博物馆建设要注重特色。习近平总书记关于做好文博工作的重要指示精神内涵丰富、指向明确、要求具体，具有重大战略意义和深远历史意义，是做好新时代新形势下博物馆工作的重要指南。

其二，党的十九大报告对建设中国特色社会主义文化作出重大决策部署。党的十九大报告明确指出，文化自信是一个国家、一个民族发展中更基本、更深沉、更持久的力量；没有高度的文化自信，没有文化的繁荣兴盛，就没有中华民族伟大复兴；中国特色社会主义文化，源自于中华民族五千多年文明历史所孕育的中华优秀传统文化，熔铸于党领导人民在革命、建设、改革中创造的革命文化和社会主义先进文化，植根于中国特色社会主义伟大实践。中国共产党从成立之日起，既是中国先进文化的积极引领者和践行者，又是中华优秀传统文化的忠实传承者和弘扬者；要"推动中华优秀传统文化创造性转化、创新性发展，继承革命文化，发展社会主义先进文化"，"更好构筑中国精神、中国价值、中国力量，为人民提供精神指引"；要"深入挖掘中华优秀传统文化蕴含的思想观念、人文精神、道德规范，结合时代要求继承创新，让中华文化展现出永久魅力和时代风采"；要"加强文物保护利用和文化遗产保护传承"。党的十九大关于中国特色社会主义文化建设的深刻论述和决策部署，是着眼于实现中华民族伟大复兴作出的战略部署，理论上进一步丰富发展了马克思主义文化理论，实践上指明了中国特色社会主义文化事业的发展方向，是新时期新形势下做好文化工作的基本遵循，对于博物馆工作具有重要的指导意义。

其三，党中央、国务院对建设社会主义文化强国作出明确具体安排。党的十八大以来，党中央、国务院对文博事业发展作出一系列重要安排，提出明确要求，方向目标、任务举措都很具体。一是2013年中共中央办公厅印发《关于培育和践行社会主义核心价值观的意见》（中办发〔2013〕24号）中明确提出利用五四、七一、八一、十一等政治性节日，三八、五一、六一等国际性节日，党史国史上重大事件、重要人物纪念日等，举办庄严庄重、内涵丰富的群众性庆祝和纪念活动，"在国家博物馆设立英模陈列馆"。二是2015年1月中共中央办公厅、国务院办公厅印发《关于加快构建现代公共文化服务体系的意见》（中办发〔2015〕2号）强调，开展优秀文化遗产、高雅艺术进校园、进社区，统筹数字图书馆博物馆建设，促进优秀传统文化瑰宝和当代文化精品网络传播。三是2016年国务院印发《关于进一步加强文物工作的指导意见》（国发〔2016〕17号）明确提出，实施馆藏文物修复计划、预防性保护工程和经济社会发展变迁物证征藏工程；要求考古发掘单位依法向博物馆移交文物，推动博物馆由数量增长向质量提升转变，提升基本陈列质量，提高藏品利用效率，促进馆藏资源、展览的共享交流；实施智慧博物馆项目；进一步调动博物馆利用馆藏资源开发创意产品的积极性；积极参与国际文化遗产保护事务；重点支持文物保护利用以及智慧博物馆建设等方面的科技攻关；实施人才培养"金鼎工程"，加快文博领军人才、科技人才、技能人才、复合型管理人才培养。四是2017年1月中共中央办公厅、国务院办公厅印发《关于实施中华优秀传统文化传承发展工程的意见》明确指出，要建设国家文献战略储备库、革命文物资源目录和大数据库；做好文物保护工作，抢救保护濒危文物，实施馆藏文物修复计划；加强革命文物工作，实施革命文物保护利用工程，做好革命遗址、遗迹、烈士纪念设施的保护和利用；建立健全中华优秀传统文化传承发展重大项目首席专家制度，培养造就一批人民喜爱、有国际影响的中华文化代表人物；对为中华优秀传统文化传承发展和传播交流作出贡献、建立功勋、享有声誉的杰出海内外人士授予功勋荣誉或表彰奖励。五是2017年5月中共中央办公厅、国务院办公厅印发《国家"十三五"时期文化发展改革规划纲要》强调坚守中华文化立场，坚持客观科学礼敬的态度，扬弃继承、转化创新，推动中华文化现代化；厘清中华优秀传统文化的内涵，改造陈旧的表现形式，赋予新的时代内涵和现代表达形式；开展中华优秀传统文化普及；加强馆藏文物保护和修复；推进数字图书馆、文化馆、博物馆建设。

六是2018年10月中共中央办公厅、国务院办公厅印发《关于加强文物保护利用改革的若干意见》，明确文物保护利用改革的十六项任务，明确激发博物馆创新活力，发展智慧博物馆，打造博物馆网络矩阵。

二、切实提高博物馆工作的政治站位

中国的博物馆事业是在中国的国情背景之下发展起来的，既有与西方发达国家博物馆类似的共同属性和内在规律，又有着迥然不同的功能地位和使命任务。进入21世纪，特别是党的十八大以来，我国博物馆事业取得前所未有的巨大发展，不仅博物馆数量增加到5500余座，而且其社会关注度也显著提高，参观博物馆成为一种社会时尚和新的生活方式。做好新时代的中国博物馆事业，一定要提高政治站位，坚定政治方向，深入思考、准确把握当代中国博物馆的使命担当，自觉承担起举旗帜、聚民心、育新人、兴文化、展形象的使命任务，努力在中国特色社会主义文化强国建设的战略部署中找准位置、发挥作用。

一要准确把握当代中国博物馆在巩固马克思主义在意识形态领域的指导地位、巩固全党全国人民团结奋斗的共同思想基础中的使命担当。我们党正在领导全国人民着力推进社会主义现代化强国建设，为实现中华民族伟大复兴中国梦而奋斗，必须构建与此相适应的主流意识形态表达体系和精神文化基础。这就需要我们深入思考、准确把握博物馆在这个过程中的使命担当是什么，功能定位是什么，博物馆在巩固马克思主义在意识形态领域的指导地位方面负有怎样的使命，在巩固全党全国人民团结奋斗的共同思想基础方面如何发挥作用。我们应该时刻牢记，博物馆是国家的宣传文化窗口单位，是党的重要意识形态阵地，无论是博物馆运营管理，还是展览设计策划，抑或是新闻传播、社会教育，都应该牢固树立意识形态观念，自觉从是否有利于并且服从服务于"两个巩固"的角度来思考和把握，不断增强中华文化的意识形态感召力，在思想上情感上政治上把更广大的人民群众紧紧凝聚团结在以习近平同志为核心的党中央周围。只有这样，才能够把博物馆工作融入党和国家宣传文化工作大局之中，找准位置、做好文章、发挥作用、产生影响；也只有这样，博物馆才能够有地位、有影响、有形象。

二要准确把握当代中国博物馆在建设社会主义文化强国中的使命担当。建设社会主义文化强国，必须以马克思主义为指导，坚守中华文化立场，立足当代中国现实，结合当今时代条件，发展面向现代化、面向世界、面向未来的民族的科学的大众的社会主义文化。博物馆在建设社会主义文化强国中的功能定位、使命作用，主要在于通过主题鲜明、形式多样、人民群众喜闻乐见的展览展示活动，把文物中蕴含的一个国家、一个民族的文化灵魂，民族中最深沉最独特的精神标识准确挖掘传达出来，把中华五千多年文明的永恒魅力和时代精华阐发出来，丰富精神文化生活，塑造与中华五千多年文明和世界大国地位相适应的文化形象，增强国家文化软实力，扩大中华文化的影响力吸引力，为建设社会主义文化强国提供源源不断的精神动力。

三要准确把握当代中国博物馆在构建中华文化传承体系中的使命担当。党的十九大报告明确指出，中国特色社会主义文化，源自于中华民族五千多年文明历史所孕育的中华优秀传统文化，熔铸于党领导人民在革命、建设、改革中创造的革命文化和社会主义先进文化；中国共产党从成立之日起，既是中国先进文化的积极引领者和践行者，又是中华优秀传统文化的忠实传承者和弘扬者。那么，当代中国的博物馆在构建中华文化传承体系中居于何种地位？应该发挥何种作用？这是每个博物馆人都应该深入思考的重大问题。一方面，我们应该坚持客观科学礼敬的态度，珍藏国家历史记忆，保存优秀文化基因，为中华文化繁荣发展留下宝贵的种子；另一方面，我们要深入挖掘中华优秀传统文化蕴含的思想观念、人文精神、道德规范，改造陈旧的文化表现形式，赋予新的时代内涵和现代表达形式，着力推动中华优秀传统文化的创造性转化和创新性发展，构建有中国底蕴、中国特色的思想体系、学术体系和话语体系，让中华文化展现出永久魅力和时代风采。

四要准确把握当代中国博物馆在增强中国人民文化自信中的使命担当。没有高度的文化自信，没有文化的繁荣兴盛，就没有中华民族伟大复兴。习近平总书记在不同场合多次讲过："站立在九百六十多万平方公里的广袤土地上，吸吮着五千多年中华民族漫长奋斗积累的文化养分，拥有十三亿多中国人民聚合的磅礴之力，我们走中国特色社会主义道路，具有无比广阔的时代舞台，具有无比深厚的历史底蕴，具有无比强大的前进定力。"当代中国的博物馆，如何用物的形式把这样一种文化自信表达出来，讲清楚中华文化的历史渊源、发展脉络、基本走向，讲清楚中华优秀传统文化与当代中国马克思主义之间的滋养关系，讲清楚中华优秀传统文化、革命文化、社会主义先进文化一脉相承、绵延不断的内在逻辑，特别是把革命文化中激励人心的核心精神，把社会主义先进文化中卓绝奋斗的风貌表达出来，从而引导人民不断增强文化自信，完整树立起中国人民的文化自信，这是每个博物馆人面临的时代主题。

五要准确把握当代中国博物馆在推动构建人类命运共同体中的使命担当。文心通则民心通，构建人类命运共同体，首先要促进不同文明相互理解、相互欣赏和相互包容。习近平总书记一再强调，"文明因交流而多彩，文明因互鉴而丰富"。博物馆在促进世界文明交流互鉴方面具有特殊作用，应坚持"请进来"与"走出去"相结合，开展多渠道形式多样的对外文化交流活动，加强藏品、展览、人才、科研交流与合作，不仅要吸收和借鉴国外优秀文明成果，更重要的是要把中华优秀传统文化、革命文化和社会主义先进文化推向世界，主动发挥博物馆的文化客厅作用，讲好中国故事，传播好中国声音，推动建设世界各国人民多姿多彩的精神家园。

三、充分认识全球博物馆事业发展的新变化

人类社会正处在一个大发展大变革大调整时代，博物馆在推进人类社会发展中的地位作用从来没有像现在这样凸显，博物馆之间的交流合作从来没有像今天这样频繁密切，这就要求我们既要关注自身的发展，也要努力从更为广阔的视野来思考和研究博物馆的社会功能，深刻认识、准确把握中外博物馆运行模式的新变化新特征。

一是更加突出观众为本的价值理念。观众—藏品—空间关系是博物馆永恒的主题，以藏品为中心是近代博物馆发展的不变理念。但随着20世纪90年代新博物馆学的兴起，三者之间的复杂动态关系发生了重大变化，观众在博物馆发展中的地位更

加突出，重视公众需求，强化观众服务，履行社会责任，强化公共文化机构属性，成为博物馆的共同追求。特别是进入21世纪以来，各国博物馆积极探索创新，增强社会参与度，拉近与公众的关系，以吸引更多的观众走进博物馆。科学探索、模拟制作、示范表演、志愿讲解、专题讲座、知识竞赛、学术研讨等丰富多彩的互动活动，使更多的公众从旁观者变成了参与者。2018年，卢浮宫年参观公众超过1000万人次，中国国家博物馆达到860余万人次，我国博物馆年观众总数更是超过10亿人次。这既反映了观众对博物馆的关注程度，也意味着博物馆的文化枢纽作用日益凸显。

二是更加突出展览展示这个主责主业。一座博物馆，不论它有多少文物藏品，如果没有丰富多样、引人入胜的精彩展览，那也不能说是一座好的博物馆；一件文物藏品，不管它有多么精美珍贵，如果只是锁在库房里，那就只能是一件孤立的小众之物，很难为大众所欣赏。只有让文物藏品走出库房，进入展览，走上展线，登上展台，它们才是富有生命力的文物，才能够把它内蕴的故事讲出来，才能把时代背景、文化主题、器型设计等与参观者的思想情感、审美享受、灵魂升华有机联系起来。只有展台上的文物才能让观众完成从看"国宝"向看"展览"乃至看"文化"的转变。从这个意义上说，博物馆正在从藏品中心向展览为王时代转变，展览是博物馆最重要的公共文化服务产品，策展能力是博物馆的核心竞争力。2018年，中国拥有各级博物馆5354家，举办了26 346个展览，平均每座博物馆举办约5个展览，成为最大的校外教育体系。

三是更加突出文化解释这一博物馆核心权力。通过向人们灌输文化精英们的欣赏趣味和观念来引导和教化民众，这是近代博物馆创新的初衷，由此而产生的文化解释权是博物馆的核心权力。随着经济社会迅速发展和博物馆事业参与者迅速增多，这种文化解释权又会因为参与者的多重身份而不断变化，比如说博物馆工作人员及专业人士（馆长、保管员、行政人员、专家、讲解员等）、赞助人、受托人、捐赠人、政治家、教育工作者、艺术家、收藏家、评论家、艺术拍卖人、学者、文化艺术社团的利益相关人、社会观众、纳税人和其他公众等。他们都试图对博物馆的文化解释权施加影响，收藏什么藏品，藏品如何分类，希望举办什么展览，展览社会效果如何评估，如何对展品进行社会解读，等等。在这个过程中，博物馆馆长的文化权威角色在弱化，博物馆专业人员在确定文化内容方面发挥着关键作用，捐赠者和观众的积极参与使文化解释权呈现分散化趋势。

四是更加突出策展人的关键作用。策展人制度是各国博物馆普遍采用的展览运作模式，强化策展人权利的同时也明确了策展人的研究、展览和推广责任，因而有利于藏品的有效展示和博物馆资源的优化配置。如果说，馆长能够决定举办或者不举办什么展览的话，那么，策展人很大程度上决定着展览的主要内容与展出形式，决定着展览语言的运用，决定着对文物藏品的使用和解读，甚至还决定着展览在哪些国家、哪些场合展出。一定意义上说，策展人的能力水平和活跃程度很大程度上决定着一座博物馆在大众文化政治中的地位和影响，也直接影响着博物馆的工作格局、组织动力以及跨学科发展的态势。这在当下的中国博物馆界尤其重要，因为在中国推行策展人制度不仅仅是展览政策，更是人才政策，它打破了传统的博物馆部门组织边界，推动了层级结构扁平化，涉及博物馆领域深刻的体制机制变革。

五是更加重视博物馆周边产品的延伸活化功能。发展博物馆周边产品，不仅进一步丰富和强化了博物馆的经济功能，有助于保持财务平衡，更是一种新的文化功能，因为好的周边产品可以进一步凸显并延伸馆藏文物藏品的文化价值，使其突破时空局限，一直延续到观众日常生活中，这在本质上就是让文物活起来，实现优秀传统文化的创造性转化和创新性发展。这些周边产品既有各种出版物等印刷品，还有各种各样的日常生活用品，例如大英博物馆基于罗塞塔碑推出的多样化周边产品就给人们留下了极为深刻的印象。在我国，2016年国务院办公厅就专门发出通知，明确要求各级各类博物馆等文化文物单位依托馆藏资源、形象品牌、陈列展览、主题活动和人才队伍等要素，积极稳妥推进文化创意产品开发，促进优秀文化资源的传承传播与合理利用。2018年中国国家博物馆设计开发"国博衍艺"文创产品90余款、授权产品70余款，欧莱雅"千秋绝艳"口红等成为网红爆款商品，就是响应中央要求的具体举措。

六是更加突出信息技术手段催生的跨界融合作用。博物馆形式上似乎与最新技术进步距离遥远，实际上每一点技术进步都会迅速在博物馆的征集、研究、空间设计、展陈手段、文创产品中体现出来。特别是近几年来，随着以云计算、物联网、

5G、大数据和人工智能为代表的新技术快速发展，建设智慧博物馆已经成为一种重要趋势，VR、AR、沉浸式展览、智慧楼宇等最新信息技术大规模应用，"人+物+应用+管理"的多端融合，物、人、数据的动态双向交汇，"万物互联""透彻感知""智能融合"等智慧化特征的初步呈现，使博物馆业态正在发生根本性变化。观众对知识的渴求和日益提高、不断多元变化的审美要求，也都促使博物馆充分运用先进科技手段，推进博物馆运营管理的智慧化、智能化，同时也要求在博物馆的展陈内容中充实科技内涵，把第一生产力的作用充分展示出来。

七是更加突出文化客厅的重要作用。文化是公民社会最重要的黏合剂，也是国际交流最重要的润滑剂。任何一种文明都有一些跨越时空、超越国度、富有永恒魅力、具有当代价值的文化精神，都是流动的、开放的，所以习近平主席一再强调文明因交流而多彩，文明因互鉴而丰富。博物馆拥有丰厚的文化历史资源，通过博物馆进行直观鲜活的文化交流，有助于通过文物这种无声载体促进不同文明相互理解、尊重并欣赏彼此文化中蕴含的价值理念、思维方式、行为模式、话语体系和生活情趣，为深化合作奠定坚实的文化基础，因而成为重要的国家文化客厅。2017年中印两国首脑在湖北省博物馆举行会晤，面对悠久历史，两国首脑有了更多的共同语言，进而增加了相互了解。2012年以来，中国国家博物馆先后与美国、英国、法国、俄罗斯等国家的博物馆共同举办国际交流展30余个，仅2019年就接待外国来访团组257批次，其中国际政要23批次，国家文化客厅作用日益凸显。

八是更加突出社会公众形象的塑造提升。博物馆的社会公众形象是博物馆的口碑，更是博物馆的金字招牌，它直接决定着博物馆的公共话语权、文化解释力和社会影响力以及媒体传播力。博物馆的社会公众形象是由藏品及其展示方式决定的，也是由媒体公关人为塑造的，更是由观众的切身观展体验累积而成的，它可以是被引导的，也可以是不断变化的。正因为如此，越来越多的博物馆积极采取措施加强媒体公关和社会推广，有针对性地引导社会公众对博物馆的认知，塑造提升博物馆的社会公众形象，促使博物馆公众形象由保守、刻板、迟钝向有趣、亲民、开放转变，通过公众服务实现社会责任，通过优质产品获取公众认可。不仅如此，许多博物馆还充分利用新媒体的广泛性、便捷性、及时性和互动性等特点，不断提升亲和力、影响力，塑造良好的公众形象。

九是更加突出征藏展示活动的评价导向功能。博物馆的评价导向功能贯穿于博物馆活动的各个环节、各个方面，无论是收藏、保存、研究、展示行为，还是照看并不普通的世界文化遗产，整个活动链条自始至终都充满着评价和选择。博物馆的收藏行为是以评价为前提的，学术研究活动也是以评价为导向的，展览活动是适应时代需求突出重点选择的，而讲解就是要用新的时代眼光对历史文物加以解读和评价。博物馆的评价是包括历史评价、科技评价、审美评价、社会评价等在内的综合性评价，具有鲜明的价值导向功能和强大的社会影响力。当观众会聚到博物馆参观展览并对展线上的文物展品各抒己见时，博物馆又会成为社会评价的汇聚场所。很显然，一个经过层层把关、多方面考量的精品展览能以更精彩的形式更真实地反映我们所处的时代。

十是更加突出组织形态的多样性和创新性。博物馆的组织形态依托于它所负有的价值理念和功能定位，而价值理念和功能定位又因时代发展而变化。据了解，国外博物馆近年来高度重视分馆发展，普遍注意把统筹管理与分散运维有机结合起来，既强调标准统一、资源统筹，又注重确保分馆经营自主、业务自立。在实际运行中，既有以韩国为代表的总分馆国家体制模式，也有以德国柏林国家博物总馆和美国史密森学会为代表的博物馆集群模式，还有以美国纽约大都会艺术博物馆和法国卢浮宫为典型的去中心化模式，以及以英国利物浦国立博物馆集团和日本独立行政法人国立文化财机构为代表的联合共赢模式，以美国古根海姆博物馆和法国蓬皮杜中心为典型的连锁授权模式，等等。但不论哪种模式，其宗旨都是最大限度地发挥博物馆品牌、藏品、展览、人才和研究优势，最大限度辐射服务区域文化建设。在国内，故宫博物院、重庆中国三峡博物馆、南京市博物馆总馆等都在发展总分馆方面迈出了实质性步伐。

四、准确把握新形势下博物馆文化使命的新挑战

全球博物馆事业的新变化新特征对博物馆充分发挥文化功能、履行文化使命提

出了严峻挑战。科学分析、准确把握新形势下中国博物馆面临的新挑战，应对充满不稳定性不确定性的世界，化解人类面临的许多共同挑战，努力把人类命运掌握在自己手中，是博物馆同人必须担负起来的共同使命。

一是如何更充分地留存民族集体记忆。一个国家和民族的历史文化是其集体记忆，也是一个国家文化最鲜明的底色。文物是国家和民族集体记忆的重要载体，保存民族集体记忆是博物馆的重要责任和使命，其通过收藏承载特殊历史内涵的物证，发挥留存民族记忆的重要作用。博物馆对文物藏品的征集收藏实际上隐含着对优秀文化基因的评价、选择、传承与弘扬，博物馆收藏什么、展示什么，具有高度的选择性、评价性和导向性，从这个意义上说，没有评价就没有选择，更没有藏品，就没有博物馆的存在价值。如果说，我们今天在博物馆里看到的藏品大多是在历史的长河中不经意间留存下来的，我们对过去、对历史的认识很大程度上是通过考古发掘来实现的，那么，我们这个时代的形象很大程度上是通过博物馆来塑造和留存的，未来对我们这个时代的认识很大程度上要通过博物馆来实现。面向未来，中国博物馆必须坚持对国家社会负责、对民族负责、对历史负责，有意识地选择收藏某些内容，供后人来评价我们所处的时代，切实避免随意性随机性。这就是当代人类文化自觉、历史自觉的直接反映和必然要求。

二是如何更好地传承国家文化基因。文化基因是一个民族国家文化传承的核心要素，延续着一个民族和国家的精神血脉。博物馆尤其是国家博物馆在传承国家文化基因方面担负着重要职责。通过举办展览、组织学术研究、开展社会教育活动等方式，可以把传统文化的精神标识提炼出来、展示出来，把优秀传统文化中有当代价值、世界意义的文化精髓提炼出来、展示出来，让蕴含着丰富文化的国家文化基因通过博物馆得到继承、转化和弘扬。如果说，在博物馆的活动链条中，藏品是基础、研究是支撑，那么，展览就是博物馆最重要的公共服务产品，策展能力则是博物馆的核心能力。在这个过程中，研究、展览、讲解都是一系列评价和选择的结果，蕴含其中的价值内涵和精神世界既要通过策划展览呈现出来，也要通过精彩的讲解揭示出来。这就要求我们进一步强化策展能力，提升策展水平，精心选择举办高水平展览，把文物藏品中所隐含的文化基因传承下去，引导观众静下心去领略其中包含的人文精神，进而形成全新的世界观、人生观、价值观。

三是如何更紧密地促进文明交流互鉴。据不完全统计，目前世界各国共有95 000多家博物馆，大小不一，功能各异，当然各自的收藏展示标准也有很大差别。有些是高度本土化甚至地方化的，有些则是全球性的；有些侧重于艺术品的收集展示，有些侧重于民俗文物的收集展示；有些侧重于历史文物的收集展示，有些则是综合性的。这种差异是文化发展程度与样貌多样性的直观反映，更是人类文明发展特点的集中呈现。通过博物馆间的交流，我们完全可以以文明交流超越文明隔阂，以文明互鉴超越文明冲突，以文明共存超越文明优越，从更高的层面、更广阔的视野、更多的维度来评价、搜求、保存、展示人类文明的共同财富，推动各国相互理解、相互尊重、相互信任。

四是如何更有效地处理保存历史与技术应用之间的关系。科学技术的迅速发展对博物馆组织形态、征藏手段、展陈方式、运维保障等的影响是巨大的，形成的冲击足以从根本上促成博物馆业态重塑和流程再造。一方面，最新科学技术发展使最大限度地留存历史信息成为可能，可以保持文物形态原貌，甚至在一定情况下还原历史情景，特别是通过设施智能、数据融合、设计灵敏、管理精细、服务精准、安防协同等，智慧博物馆的大致趋势和方向已经越来越明确了，博物馆发展的跨代跃升已经不再是梦想；另一方面，科学技术，特别是信息技术的大规模应用也正在使人们脱离对历史文物内在价值的认知，而把更多的关注点从展览转移到具体文物上，进而聚焦到较为新颖的文物呈现形式上，忽略了展览的主题设计及其丰富的价值内涵，使得观展体验越来越微观化、零散化、碎片化，审美快感替代了价值欣赏和精神追求。由于博物馆类型繁多，规模不一，功能任务目标各不相同，技术标准缺乏统一，因而在对科学技术手段的认识、理解、应用上也存在重大差异。在这种情况下，各类不同博物馆如何围绕智慧博物馆建设进一步加强交流合作，真正实现费孝通先生倡导的"各美其美，美人之美，美美与共，天下大同"，是一个重大挑战。

五是如何更多地创造分享社会发展新知。博物馆是各种人类创造物的代表性物证的荟萃之地，在促进新知的传播推广和分享方面具有独特关键的重要作用，这一点是毋庸置疑的。但是，博物馆是否创造新的知识，这在许多公众心目中还是有疑问的，因为它所处理的是历史文物，而对这些文物的认识和理解，后人如何能够超越前人，这还是一个重要问题。实际上，博物馆创造的新知主要来自两个方面：一是通过深入扎实的学术研究，对文物本身的历史价值、文化价值、审美价值、科技价值有了更为深入的认识，比如对文物材质的新认识甚至规律性认识，对艺术技法的新理解，等等；二是通过围绕不同主题对既有文物藏品的空间组合，深化对不同历史时代经济社会发展和精神文化生活的认识和理解，以物释史、以物证史，这也是一种新知。正因为如此，有学者认为博物馆是一种分享和创造各种基于事实、记忆的相关知识、主张与叙事的社会机构。在新形势下，博物馆事业参与者众多、身份多元的情况下，如何深入挖掘文物藏品所蕴含的科技价值、文化价值、时代价值、艺术价值和审美价值，深入阐释并达成共识，实现创造性转化和创新性发展，进而达到传播新知的目的，确实是一个时代难题。

六是如何更大幅度地提升国家文化品位。当今博物馆已逐渐成为一个城市、一个国家的文化枢纽。好的博物馆应该是有性格有品位的。收藏是博物馆全部活动的基础，展览是博物馆最重要的公共文化服务产品，但是，收藏什么、不收藏什么，展览什么、不展览什么，这在很大程度上决定着一座博物馆的性格和品位。习近平主席说，中华优秀传统文化是中华民族的文化根脉，其蕴含的思想观念、人文精神、道德规范，不仅是中国人思想和精神的内核，对解决人类问题也有重要价值。必须牢记责任、紧贴时代，决不能脚踩西瓜皮，滑到哪里算哪里，让随意性随机性决定一座博物馆的收藏展览行为和内在价值追求。紧贴时代意味着对这个时代的认识和把握要有历史感，要把反映时代特点的典型物证有意识、有选择地留存下来；突出特色就意味着突出和强化博物馆评价体系的多样性、多层次性，就意味着承认和认可人类历史发展的丰富性，这本身就是多元文化呈现的内在要求和必然结果。

五、进一步明确博物馆事业的未来方向

新时代既要有新变化，更要有新作为。博物馆运营模式变化、展览结构优化、展陈手段提升、信息技术应用、公众形象塑造、文创产品开发等，都成为影响博物

馆未来发展的重要因素，必须加以高度重视。

第一，走向总分结合时代。为最大限度实现集群效应，最大限度集中博物馆品牌、藏品、展览、人才和研究优势，最大限度辐射服务不同地区文化建设，满足不同层次文化需求，近年来世界博物馆领域发展的一个重要趋势是探索总分馆模式，其中最具典型性的如美国史密斯学会博物馆群、德国柏林国家博物馆总分馆、韩国国立中央博物总馆，老牌博物馆卢浮宫也积极探索加入这个行列，此外，有的发展中国家博物馆也在积极探索总分馆模式，如肯尼亚国家博物馆拥有28个分馆。在国内，各地博物馆也都围绕总分馆制开启了积极主动的探索之旅。通过总分馆结合的方式盘活展览文物资源，实现博物馆总分馆管理体系和运行机制的创新，有利于实现文化旅游协同发展。

第二，走向展览为王时代。文物之所以让人动容，主要在于其背后所蕴含的人文精神，在于其蕴含的文化故事、文化基因，在于其内涵的富有永恒魅力、具有当代价值的文化精神。无论是藏品还是研究，归根到底都要加强文物研究，对隐藏在文物背后的人文精神进行深刻挖掘，都要支撑和服务于展览。展览是博物馆最重要的产品，策展能力是博物馆的核心竞争力，即使拥有再多再好的藏品，如果不能持续不断地推出展览展示，也难以满足人民群众的欣赏需求。这就要求博物馆要抓住展览这个博物馆工作的主责主业，强化策展能力这个博物馆工作核心能力，精心选择展品，凝练展览主题，丰富展览形态，把深藏在库房中从未展出的沉睡多年的藏品唤醒，分主题、成系列、成规模、有计划地推出更多更好的精品展览，大幅提高博物馆文物藏展比率，让更多的优质精品展览走进人们的精神世界。

第三，走向技术驱动时代。博物馆既是古老的，又是时尚的，既见证着古老文化，又散发着时代魅力，因而它本身就具有一种与时俱进的内在力量。随着观众对知识深度的渴求和了解，博物馆会越来越成为文化知识的生产者、时代风尚的见证者和先进技术手段的应用者。这就要求在博物馆建设与展示中充分运用先进科技手段，推进博物馆建设运营管理的智慧化智能化，同时也要求在博物馆的展陈内容中充实科技内涵，把第一生产力的作用充分展示出来。要以大数据、云计算、物联网、互联网、人工智能等先进信息技术手段大力推进文物资源数字化、展览展示智能化，主动采用信息技术让文物动起来，从静态展示到动态展示，利用各种技术让观众与文物互动起来，满足群众参与文物研究、文物鉴赏的多元化需求，力求使古老文物在新时代焕发新的活力。

第四，走向开放合作时代。在文化与旅游融合发展的大背景下，博物馆必须积极行动起来，加强联合协作，促进博物馆与其他业态的有机整合，盘活馆藏资源，实现互利共赢。这种合作不仅仅是博物馆之间的合作，也包括博物馆与考古发掘单位、科研院所、高等学校甚至企业之间的联合协作。这需要理顺博物馆之间的交流体制，理顺博物馆与科研单位的合作体制，理顺博物馆与考古文博单位的融合体制，形成合作关系而不是竞争关系，从源头上让长年封存的文物真正活起来，发挥应有的教化作用，这既需要开放的胸怀，更需要包容的政策。要跳出博物馆来看博物馆，建立健全馆际文物交流合作机制，促进博物馆藏品借展和重要展览巡展常态化制度化，让文物通过馆际合作和精品展览活起来，真正做到常展常新。要按照《中华人民共和国文物保护法》规定，积极探索馆藏文物依法交换与合法流动，盘活全国文物资源。要创新工作方式方法，改变思维理念，加强文物的精准开发和联合协作，鼓励博物馆与社会力量开展多种形式的合作，推动社会资金与博物馆文物资源相结合，拓展开发投资、设计制作和营销渠道，要充分发挥国家大馆的引领作用，打造更多的创意品牌，让中华文化走出国门。

第五，走向媒体融合时代。媒体融合意味着博物馆信息传播推广的即时化、便捷化，博物馆面临的形势也会瞬息万变，在这种情况下，博物馆靠什么来获得更多的关注度？一是高度重视传播手段建设和创新，加强互联网多媒体内容建设，提高新闻舆论的引导力、影响力和公信力；二是运营模式要发生变化，要根据观众需求积极调整运营方式，积极回应观众的需求；三是要学会讲故事，主动营造良好的运营氛围。博物馆故事很多，尤其是文物的故事特别多，要善于发掘文物后面的故事，用有特色的方式方法讲有特色的故事，文物是"死"的，故事是会长腿的，关键要有会讲故事的人！要围绕展览展示强化教育功能，提升文创水平，不断放大和提升展览社会效应，引导观众"不能只满足于欣赏它们产生的精美物件，更应该去领略其中包含的人文精神；不能只满足于领略它们对以往人们生活的艺术表现，更应该让其中蕴藏的精神鲜活起来"。

第六，走向高质量发展时代。解决博物馆发展中客观存在的不平衡不充分问题，最根本的就是通过供给侧结构性改革，矫正要素配置扭曲，扩大有效和中高端供给，"让收藏在博物馆里的文物、陈列在广阔大地上的遗产、书写在古籍里的文字都活起来"，使供给体系更好适应需求结构变化，实现博物馆事业的高质量发展。据不完全统计，2012年世界博物馆数量已超过55 000座，而2013年美国博物馆达到35 144座，约占世界总数的63%，平均每9000人就有一座博物馆；相比之下，中国现有博物馆已经达到5500余座，占世界总量的10%左右，平均每25万人才有一座博物馆。从这个角度看，中国博物馆建设还有很大的上升空间。同时也要注意，从世界博物馆发展趋势来看，博物馆发展与经济发展水平和社会文明程度是相适应的，并不是数量越多越好，低水平简单扩大博物馆数量必然导致社会边际收益递减，造成资源浪费。而且，由于藏品来源、管理机制和经费制约，迫使博物馆必须在做优做强上下功夫，走高质量特色发展的道路，切忌贪大求洋、千馆一面。珍贵文物的数量和质量，博物馆展览的质量和水平以及博物馆的专业化和科研深度等几个方面将刻画出不同博物馆的差异和特色。

综上所述，促进新时代新形势下的博物馆事业健康发展，必须坚持自觉对标以习近平同志为核心的党中央重大决策部署，清醒认识、准确把握世界博物馆事业发展大趋势，明确未来发展方向，在服务党和国家工作大局中找位置、选题目、做文章。就文博事业整体而言，社会公众是需求侧，博物馆就是供给侧，最重要的产品就是各种形式、不同层次的展览展示。每年10亿多人次的观众人群代表了一个庞大的消费需求市场，全国各地仍然"沉睡"在库房禁宫里的大量珍贵文物就是一个巨大的富矿和宝藏。策展能力就是博物馆的生产能力，藏品和研究则是两个核心要素。要充分满足广大观众的有效需求，就必须夯实文物藏品研究基础，提升学术研究能力，并在此基础上大幅度提高策展能力，优化产品结构，强化供给能力，提高产品质量和供给效率，要让更多的文物走出库房，让文物说话，让文物活起来。要认真学习以习近平同志为核心的党中央重大决策部署，积极主动在健全博物馆治理体系、推进博物馆治理能力现代化的事业大局中找位置、选题目、做文章，凝聚各方智慧、提升组织智商，实现高质量发展，为服务国家治理体系和治理能力现代化、建设社会主义文化强国、实现中华民族伟大复兴中国梦作出积极贡献。要做到这一点，需要加强政策研究，打造高端研究平台，把个人智慧凝练提升为有组织的集体智慧，积极建言献策，提供决策咨询，积极提升组织智商，努力在高处占位，放眼长远，充分发掘和利用好自身的专业优势，形成加快推进国家博物馆事业更加稳准的对策建议或行业共识，共同推动博物馆事业高质量发展。

《中国博物馆发展研究报告（2021）》正文共十二章，全书可以分为六大板块。其中，序言和第一章"世界发展大潮中的中国博物馆"为第一板块，主要对当代中国博物馆发展的时代背景、最新动向、重大趋势进行了深入分析；第二板块由第二章"中国博物馆的藏品规模与结构"、第三章"中国博物馆的学术研究"、第四章"中国博物馆的展览结构与展陈创新"构成，重点从藏品、研究、展览三个方面分析了中国博物馆的发展现状；第三板块由第五章"中国博物馆的社会功能"、第六章"中国博物馆的文化功能"、第七章"中国博物馆的经济功能"构成，较为深入地分析了中国博物馆的功能发挥，博物馆传统的教育功能融入到这一板块进行论述；第四板块包括第八章"中国博物馆发展背后的科技支撑"、第九章"中国博物馆人才建设"，实际上谈当代博物馆发展的两大支撑力量，即科技与人才；第五板块由第十章"中国博物馆公众形象的塑造和提升"和第十一章"中国博物馆的国际交流与合作"构成，重点分析博物馆的对外形象塑造与传播；第十二章"中国博物馆管理体制与机制"独立构成一个板块，试图对当代中国博物馆的宏观、微观管理体制和机制进行分析，提出建议。总体来看，本书各章既分别从不同的角度出发，努力勾勒多视野、多维度、多因素影响下的中国博物馆面貌，又相互呼应配合，试图探索和总结博物馆行业发展经验和规律，理性客观地呈现了当前中国博物馆的行业状况和发展态势，为社会各界人士全面了解中国乃至世界博物馆提供了观察视角和有益参考。当然，由于能力水平所限，参考资料不足，各章分析研究深度不够均衡，错漏之处在所难免，恳请读者不吝赐教，以便改正。

二〇二一年六月于中国国家博物馆

目录 contents

第一章　世界发展大潮中的中国博物馆 ……………………………………… 001
　　第一节　世界博物馆发展大潮 ………………………………………… 001
　　第二节　中国博物馆发展现状 ………………………………………… 012
　　第三节　中国博物馆发展面临的挑战 ………………………………… 025
　　第四节　小结 …………………………………………………………… 030

第二章　中国博物馆的藏品规模与结构 ……………………………………… 032
　　第一节　博物馆藏品规模 ……………………………………………… 032
　　第二节　博物馆藏品区域分布 ………………………………………… 039
　　第三节　博物馆藏品结构 ……………………………………………… 044
　　第四节　小结 …………………………………………………………… 049

第三章　中国博物馆的学术研究 ……………………………………………… 051
　　第一节　博物馆学术研究现状 ………………………………………… 051
　　第二节　博物馆科研课题 ……………………………………………… 059
　　第三节　博物馆学术交流 ……………………………………………… 068
　　第四节　博物馆学术成果 ……………………………………………… 073
　　第五节　小结 …………………………………………………………… 078

第四章　中国博物馆的展览结构与展陈创新 ………………………………… 081
　　第一节　博物馆展览发展概述 ………………………………………… 081

第二节　博物馆展览结构特征…………………………………………087

第三节　博物馆展陈创新与策展能力提升……………………………095

第四节　博物馆展览发展中存在的问题与对策………………………103

第五节　小结……………………………………………………………108

第五章　中国博物馆的社会功能……………………………………………109

第一节　博物馆社会价值愈发凸显……………………………………109

第二节　博物馆观众规模与结构………………………………………116

第三节　博物馆社会教育深入人心……………………………………125

第四节　社会服务能力不断提升………………………………………132

第五节　小结……………………………………………………………138

第六章　中国博物馆的文化功能……………………………………………139

第一节　博物馆文化功能的内涵………………………………………139

第二节　博物馆文化功能的实现………………………………………146

第三节　博物馆文化功能发挥重要作用………………………………149

第四节　小结……………………………………………………………159

第七章　中国博物馆的经济功能……………………………………………161

第一节　博物馆的经济活动……………………………………………162

第二节　博物馆文创发展空间广阔……………………………………168

第三节　博物馆带动就业增长…………………………………………173

第四节　博物馆促进文旅融合…………………………………………175

第五节　小结……………………………………………………………179

第八章　中国博物馆发展背后的科技支撑 ······ 181

第一节　新技术助推博物馆发展 ······ 182

第二节　博物馆发展需求牵引新技术的应用与发展 ······ 184

第三节　中国博物馆"智慧"建设现状 ······ 189

第四节　智慧博物馆建设是未来博物馆发展趋势 ······ 191

第五节　小结 ······ 194

第九章　中国博物馆人才建设 ······ 196

第一节　中国博物馆人才概况 ······ 196

第二节　中国博物馆人才队伍建设中的问题 ······ 200

第三节　对策建议 ······ 204

第四节　小结 ······ 208

第十章　中国博物馆公众形象的塑造和提升 ······ 209

第一节　博物馆形象塑造与提升的重要意义 ······ 209

第二节　中国博物馆品牌形象塑造的主体与策略 ······ 216

第三节　创新决定博物馆品牌形象的生命力 ······ 229

第四节　小结 ······ 234

第十一章　中国博物馆的国际交流与合作 ······ 236

第一节　博物馆国际交流与合作的功能定位 ······ 236

第二节　国际交流与合作组织化水平不断提升 ······ 240

第三节　展览交流的"金色名片"作用日益凸显 ······ 247

第四节　人员交流深化理解和共识 ······ 252

第五节　中国国家博物馆的对外交流与合作 ······ 255

第六节　小结 ………………………………………………………………… 262

第十二章　中国博物馆管理体制与机制 ………………………………… 263

第一节　中国博物馆管理体制的形成及特点 ……………………………… 263
第二节　中国博物馆管理体制新变化 ……………………………………… 272
第三节　博物馆评估导向作用日益显著 …………………………………… 278
第四节　小结 ………………………………………………………………… 288

跋 ……………………………………………………………………………… 291

第一章
世界发展大潮中的中国博物馆

当今时代，博物馆越来越受到世界各国政府的关注，成为人们了解历史文化艺术的重要场所。作为传承人类文明的主要载体，博物馆在推动社会发展、促进文明交流互鉴方面发挥着重要的作用。当前，中国博物馆积极吸收最新科学技术成果，利用一切有利因素积极为公众服务，博物馆发展呈现出许多新的特点与趋势。特别是在新时代的发展条件下，中国博物馆的发展数量、发展质量取得了前所未有的成就，为弘扬中华优秀传统文化、革命文化和社会主义先进文化，开展对外文化交流，促进人类命运共同体建设发挥了积极作用。

第一节 世界博物馆发展大潮

近代博物馆发轫于欧洲，并逐渐发展到世界各地，形成了具有不同地域特点和形态特征的欧洲博物馆、北美博物馆、苏联博物馆等近代博物馆系统。经历了第二次世界大战后50年的现代化历程，博物馆不仅在数量上有了巨大的增长，而且在质量上也产生了重大的飞跃，经历了从小众到大众、私人到公有、单一功能到多元功能、单一学科到多学科、非专业到专业等演变，成为当代社会不可分割的一部分。

一、世界博物馆总量庞大，但多数位于发达国家

自21世纪以来，博物馆数量在世界范围内飞速增长。联合国教科文组织最新的报告[①]指出，根据2015年的统计数据，全球共有近95 000家博物馆，数量较2012年几乎增加了60%。尽管博物馆数量有了大幅度增长，但其分布却极度不均——65%的博物馆位于北美、西欧，34%分布在东欧、拉丁美洲和亚太国家，而非洲和阿拉伯国

---

① 该报告为联合国教科文组织2020年5月发布的《全球博物馆应对新冠疫情报告》(*Museum Around the World: in the Face of COVID-19*)。

家只占全球博物馆总数的0.9%和0.5%。目前全球有16个国家拥有超1000座博物馆，分别为美国（35 144家）①、德国（6000余家）②、日本（5690家）③、中国（5354家）④、俄罗斯（约5000家）⑤、法国（4975家）⑥、意大利（3442家）⑦、加拿大（2849家）⑧、英国（2500家）⑨、巴西（超2000家）⑩、澳大利亚（1456家）⑪，以及西班牙、墨西哥、波兰、瑞典和阿根廷。（图1-1）而与此形成对比的，则是有30%的国家的博物馆数量不超过10个，有的国家甚至没有博物馆。

数据显示，全球超过千家博物馆的国家除了中国和巴西为发展中国家外，其余全部为欧美发达国家。这16个国家的博物馆数量之和占世界博物馆总数的近80%，一定程度上说明了博物馆事业的发展程度与国家经济的发展以及社会稳定有着十分密切的关系，也凸显了博物馆在世界范围内发展的严重不平衡。

---

① 美国博物馆图书馆管理局：《政府将官方估计数字翻倍：美国有35 000个活跃博物馆》，https：//www.imls.gov/news-events/news-releases/government-doubles-official-estimate-there-are-35000-active-museums-us，访问日期：2019年12月5日。
② 姜楠：《德国的博物馆》，《中国文物报》2013年2月20日第5版。
③ 半田昌之：《日本博物馆的现状与课题》，邵晨卉译，《东南文化》2017年第3期，第113—116页。该数据为2015年统计数据。
④ 国家文物局：《2019年"5·18国际博物馆日"中国主会场活动开幕式在湖南省博物馆举行》，https：//www.mct.gov.cn/whzx/whyw/201905/t20190520_843618.htm，访问日期：2019年12月5日。
⑤ 段勇：《当代中国博物馆》，译林出版社，2017，第10页。
⑥ 黄磊：《法国博物馆管理体制、发展现状的启示》，《中国文物报》2005年7月22日第5版。
⑦ 王宏钧：《中国博物馆学基础》（修订本），上海古籍出版社，2011，第129页。
⑧ 加拿大博物馆协会官网：http：//museums.in1touch.org/company/roster/companyRostecompa.html?companyRosterId=77，访问日期：2019年12月5日。
⑨ 英国博物馆协会官网：https：//www.museumsassociation.org/about/frequently-asked-questions，访问日期：2019年12月5日。
⑩ 中国新闻网：《2017年巴西博物馆共接待3200万游客》，https：//baijiahao.baidu.com/s?id=1606402175691558586&wfr=spider&for=pc，访问日期：2018年7月19日。此为2017年数据。
⑪ 澳大利亚统计局官网：http：//www.abs.gov.au/，访问日期：2019年12月5日。2008年发布，是官方可查的最新数据。

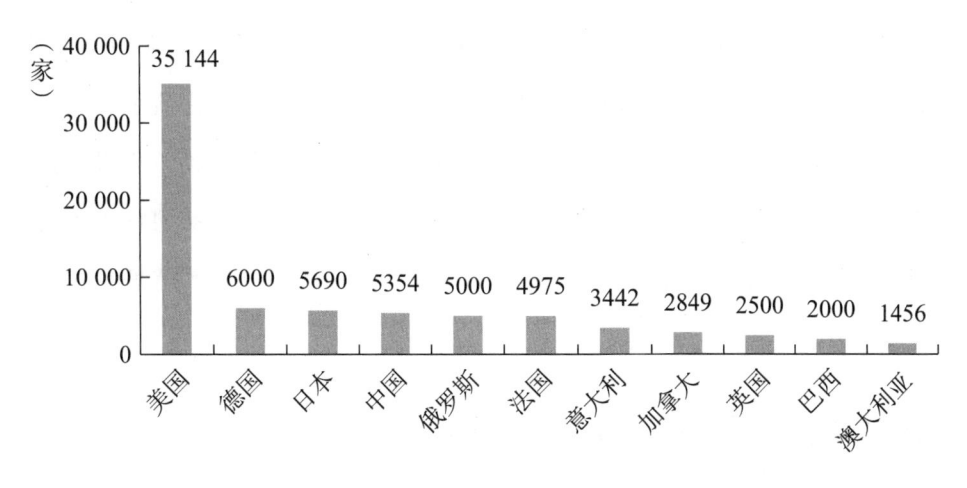

图 1-1 拥有千家以上博物馆的国家（单位：家）

美国 35 144；德国 6000；日本 5690；中国 5354；俄罗斯 5000；法国 4975；意大利 3442；加拿大 2849；英国 2500；巴西 2000；澳大利亚 1456

二、世界博物馆数量增长趋缓，新兴发展中国家正在成为新的增长点

世界博物馆数量的快速增长期是20世纪50年代至90年代末，其主要动力来自欧洲、北美洲和大洋洲国家的经济发展。20世纪50年代之前，世界博物馆总数为7000多座；20世纪70年代，以欧美为主的77个国家博物馆数量就已超过13 000座；20世纪80年代全世界博物馆数量增至28 000座；20世纪90年代末达到近50 000座[1]。这种几乎每10年翻一番的增长速度，反映了在社会经济发展下民众对科学、文化和艺术日益增长的需求。进入21世纪后，欧美等发达国家的博物馆体系日臻成熟，数量的增长已基本趋于稳定，部分国家在有些时段甚至还出现了数量减少的情况[2]。相比之下，随着世界多极化趋势愈加明显并日益向纵深发展，以金砖国家为代表的新兴市场国家和发展中国家群体性崛起，并且在国际事务和全球治理中的话语权和影响力不断提升，这些国家开始重视博物馆在文化传播方面的重要作用，纷纷发展博物馆事业，其博物馆数量正在持续快速上升，体系也逐步完善。例如，根据20世纪90年代初的统计，巴西拥有200座博物馆，而根据巴西国家博物馆研究所（Ibram）2017年

---

[1] 王宏钧：《中国博物馆学基础》（修订本），上海古籍出版社，2011，第121页。
[2] 半田昌之：《日本博物馆的现状与课题》，邵晨卉译，《东南文化》2017年第3期，第113—116页。文中提到，日本在21世纪初期因经济泡沫的破裂而导致经济萧条，许多20世纪末兴建的博物馆都因经费支持不足而面临关闭。

公布的消息，目前巴西博物馆总数已超过1001家，比2015年的博物馆数量增加了285座。又比如，南非政府对博物馆的建设十分重视，2010年后已经形成了北方以比勒陀利亚为中心的迪宗博物馆联盟和南方开普敦为中心的依兹科博物馆联盟，分别下辖一系列国家级自然、文化、历史和美术博物馆，标志着南非国家博物馆体系变革的完成[1]。这些国家的博物馆还存在巨大的发展潜力，将成为带动世界博物馆数量增长的主要动力。

三、博物馆类型不断扩展，主题日趋多元

博物馆类型主要是根据博物馆藏品的性质决定的。18世纪末期，已经出现按藏品的不同学科性质对博物馆进行分类，将博物馆区分为美术、考古、历史、人类学、自然科学以及各类专业博物馆，成为最初的博物馆分类，并至今在一些国家有效地使用着。随着博物馆功能的不断发展以及各国博物馆不同的发展轨迹，博物馆类型划分的依据也越来越多，类型也越来越丰富。

目前国际上虽然很难形成公认统一的博物馆分类标准，但常用的分类方法大致有两类，一是按照所有权性质或者投资主体分为国立、私立、团体与基金会三种；二是按照陈列和收藏所属的学科门类分为艺术类博物馆、考古学和历史博物馆、自然科学博物馆、科学技术博物馆、民族学与人类学博物馆、专题博物馆、社区博物馆、综合博物馆、其他类型博物馆以及历史纪念地和考古遗址、动物园植物园水族馆和自然保护区等[2]。

根据不同的博物馆定义，各个国家的博物馆类型会有些许区别。美国将博物馆分为历史博物馆、艺术博物馆、自然科学博物馆、人类学和自然历史博物馆、工业博物馆与科技博物馆、综合博物馆。其中历史类博物馆数量最多，占总数的55.5%，

---

[1] 中国文化报数字报：《南非国家博物馆体系变革完成》，http://nepaper.ccdy.cn/html/2010-06/15/content_26378.htm，访问日期：2010年6月15日。
[2] 王宏钧：《中国博物馆学基础》（修订本）上海古籍出版社，2011，第53页。

其次是综合博物馆，占33.1%[①]。根据日本2015年的博物馆分类统计，综合类450座，科学类449座，历史类3302座，美术馆1064座，野外博物馆109座，动物园94座，植物园117座，动植物园21座，水族馆84座[②]。荷兰博物馆历史类占58%，科技类20%，艺术类12%，自然史6%，人类学2%。根据2008年6月底澳大利亚统计局发布的数据，艺术博物馆/画廊160座，历史遗产/遗址381座，社会历史博物馆673座和其他类型的博物馆116座[③]。从这些数据中可以看出，历史类博物馆是不少国家博物馆的主要类型，有些占比甚至超过一半。而艺术类、科技类和自然类博物馆的数量会根据不同国家的侧重而有所增减，占比基本上在10%—20%。

除一些传统的博物馆类型外，博物馆还在不断发展中产生了新的类型，如以教育为主要目的、针对青少年而建立的儿童博物馆，伴随着"新博物馆学"的兴起而出现的"生态博物馆"，因互联网和信息技术的高速发展而出现的数字（虚拟）博物馆，以及社区博物馆、工业遗产类博物馆等。值得一提的是，世界各地专题类的博物馆越来越丰富，如银行博物馆、证券博物馆、警察博物馆、消防博物馆、汽车博物馆、钟表博物馆、兵器博物馆、间谍博物馆、新闻博物馆、服装博物馆、邮票博物馆、爵士乐博物馆、拖拉机博物馆、地下盐井博物馆、足球博物馆等等。

四、博物馆更加重视文化的传播与体验

近代博物馆发端于物的收藏、研究和向公众开放，归根结底是以藏品为中心。20世纪以来，越来越多的博物馆将主要精力转向展示、教育等以人为中心的功能，不断强化作为公共文化服务机构的属性，成为社会的知识传播与体验中心，成为能

[①] 美国博物馆图书馆管理局：《政府将官方估计数字翻倍：美国有35 000个活跃博物馆》，https://www.imls.gov/news-events/news-releases/government-doubles-official-estimate-there-are-35000-active-museums-us，访问日期：2019年12月5日。

[②] 半田昌之：《日本博物馆的现状与课题》，邵晨卉译，《东南文化》2017年第3期，第113—116页。

[③] 澳大利亚统计局官网：《澳大利亚博物馆情况》，http://www.abs.gov.au/，访问日期：2019年12月5日。此为2008年数据。

够促进社会、经济、政治发展的机构。

例如，20世纪开始兴起的科技馆，重视通过观众的参与、互动来实现知识和科技的普及，产生新的博物馆参观体验。科技馆没有固定通道和参观路线，可以随意逗留，随心所欲地实验、讨论，深受观众的青睐。据统计，20世纪50年代以前科技馆只有200余个，到了90年代已经发展到上千个，无论在发达国家或者发展中国家都成为博物馆事业引人注目的现象。在欧美国家，虽然科技馆只占博物馆总数的1/10，但他们的观众一般都要超过全国博物馆观众的一半。2018年之前的《TEA/AECOM主题公园指数和博物馆指数报告》显示，美国国家航空航天博物馆历年都排在全球最受欢迎博物馆前三的位置[1]，年接待观众700万人次，同时排在前20的还有上海科技馆和中国科技馆两座中国博物馆。

今天，许多国家已经把博物馆作为人们休闲娱乐和获取知识的场所，并因其具有形象、直观和非强制性的特点，已越来越受到本地观众和外地旅游者的喜爱。据英国博物馆协会官网报道，一项调查显示，比起去其他遗产类景点，更多父母会带孩子去博物馆，90%的受访父母称自己带孩子参观过博物馆[2]。

近年来，传统的历史或艺术博物馆，尤其是大型综合博物馆也开始顺应时代的变化而转变思维，以服务者的姿态，为公众提供更加丰富的文化产品。主要表现在：一是多数博物馆已基本认同采用"讲故事"的方式举办展览，围绕某一特定主题，充分利用先进的展示技术，将文物背后丰富的历史价值、艺术价值、科技价值和时代价值传达给观众，使观众不再仅仅关注文物本身，也不再仅仅是被动地接受知识，而是领悟展览所要传达的精神，进而产生思维的碰撞，由此探索思考问题的更多可能性。2011年，欧盟委员会资助成立了"通过社会—个人交互及叙事体验文化遗产"项目（简称CHESS）。CHESS提出了一种基于情节的方法，用于将传统叙事转化为个性化、交互式、富媒体的移动应用。为了创作"模拟考古挖掘"的叙事体

---

[1] 2019年美国国家航空航天博物馆开始改扩建，因此没有参与最新发布的2019年《TEA/AECOM主题公园指数和博物馆指数报告》统计。

[2] 艺术时间ArtTime：《英国调查显示90%的受访父母带孩子参观博物馆》，https://mp.weixin.qq.com/s/1oMVDBp6XHXNilTICmalRA，访问日期：2019年12月7日。

验，CHESS曾邀请17位成员组成创作团队，不仅包括考古学家、文物修复师等文博专家，还包括作家、媒体专家、艺术家、IT专家、文博专业学生等，分别负责视觉演绎、建筑、石器、遗骸、地质、植物学等方面的内容。二是博物馆通过开发文创产品、拍摄纪录片、制作电视节目、广播节目、网络节目、开发App、游戏等方式，不断走进民众的生活之中，用人们最喜闻乐见的方式传播博物馆文化[①]。如今，使用博物馆开发的文具、化妆品、生活用具已经成为新的文化时尚，其中，最为成功的是大英博物馆。据统计，大英博物馆每年接待600万来自全球各地的游客，艺术衍生品年均营业收入突破2亿美元。除此之外，大英博物馆还官方授权IP与酒店进行合作，满足大众对于文化的需求。

同时，博物馆也正逐渐摆脱对建筑和藏品等传统博物馆相对依赖的元素，向地铁站、机场、社区、商场、户外扩展，延伸和实现博物馆的新功能。

五、博物馆与新兴科技的联系日趋紧密

博物馆的发展始终依靠科技的进步。自20世纪80年代开始，欧美国家便率先开始了博物馆信息化的进程，首先应用于藏品管理，通过以藏品信息数据库为核心的网络平台，为博物馆征集保管、研究、展示、教育以及行政管理等各项工作提供帮助。进入21世纪，随着科技的高速发展，以云计算、物联网、移动通信、大数据、人工智能以及5G通信为代表的新技术逐渐进入博物馆领域，运用到博物馆藏品保管保护、展示、教育及服务中，实现了博物馆运营模式与移动应用、社交网络的紧密结合，形成了以博物馆业务需求为核心，用创新科技手段整合传统业务以及线上线下活动的新型博物馆发展模式。

例如，底特律艺术学院2017年的鲁米恩巡回展上，用AR在艺术品旁边显示相关信息，对一具古代木乃伊进行"X光"，让观众能够看到其外部和内部骨骼等被隐藏起来的信息。伦敦自然历史博物馆通过VR技术，将其收集的30万件标本全部"复

---

① 广州欧科：《欧洲用博物馆信息化讲故事》，http://www.okaygis.com/index.php?c=news&id=858&t_name=1573488000，访问日期：2019年11月12日。

活",观众可以不受玻璃挡板的限制360度地尽情欣赏它[1]。2016年,谷歌艺术与文化平台和巴西国家博物馆合作,将其藏品数字化。2018年,巴西国家博物馆遭受火灾,约2000万件文物损毁,其中包括原住民手工艺品、恐龙残骸等,这些损失难以弥补。而与此同时,由谷歌艺术与文化平台推出的虚拟访问博物馆计划利用其街景技术,将博物馆中曾经的展品和展厅呈现在人们眼前,网络访客们能够"进入"博物馆,360度地参观其中的文物。由于这一计划运用了虚拟街景技术,因此能够产生"亲眼所见"的体验,仿佛你自己在展厅中穿过。"即使图像无法取代失去的东西,但技术至少提供了一种途径让我们去记忆。"[2]再比如,2019年3月,美国宇航局(NASA)与欧洲核子中心(CERN)在谷歌平台上发布了有史以来规模最大的关于发明和发现的在线展览——"尝试,改变世界"。该项目汇集了包括中国在内的23个国家的110多个知名博物馆的馆藏、故事和专业知识,向网友们介绍一系列纪念科学与人类发现的视频和图像,以展现数千年来的重大突破及其背后的伟大天才。此次展览还运用了先进的"艺术相机"技术,拍摄了众多馆藏文物的超十亿像素照片,将文物的独特手工细节呈现出来,揭示出肉眼难以看到的细节,将前所未有的清晰细节呈现给全球的公众[3]。可见,新技术不仅为博物馆带来更加安全的保障和新的保护理念,也在展示方面和展示方法上为博物馆提供了新的模式,从而使观众的体验和博物馆的功能和使命得以进一步提升和发展。

六、博物馆间的国际交流日趋频繁

在当今社会世界多极化、经济全球化、文化多样化、社会信息化深入发展的背景下,博物馆在促进世界文明交流互鉴方面发挥着十分突出的作用。国际交流展

---

[1] 弘博网:《XR应用于博物馆,技术是否能成为拯救参观疲劳的"灵丹妙药"?》,https://www.sohu.com/a/350105942_426335,访问日期:2019年10月28日。

[2] New Media Lab:《全球共建巴西数字博物馆的背后:让文物"浴火重生"!》,https://www.sohu.com/a/290801592_120057219,访问日期:2019年1月22日。

[3] 弘博网:《Once Upon a Try,在线展览纪念人类科学与发现》,http://www.hongbowang.net/news/yj/2019-03-12/11998.html,访问日期:2019年3月12日。

览日益频繁。根据相关数据统计，近5年来中国累计举办文物出入境展览近500个。其中中国国家博物馆的"大美亚细亚——亚洲文明展"、河南省博物院的"金字塔·不朽之宫"展、美国大都会艺术博物馆的"秦汉文明"展等都受到追捧，收到广泛好评。尤其是大英博物馆推出的"100件文物中的世界史"展览在中国、日本、澳大利亚等国家进行国际巡展，成为博物馆促进世界文明交流互鉴的典范。

许多国家开始重视发挥博物馆的文化外交功能，为国际间的政治对话协商营造氛围。2018年4月27日，中国国家主席习近平与印度总理莫迪共同参观湖北省博物馆精品文物展，双方表示要携手应对全球性问题和挑战。2019年11月12日，中国国家主席习近平在访问希腊期间专程参观了雅典卫城博物馆，倡导文明对话，为推动不同文明和国家包容互鉴、和谐共处，为促进世界和平繁荣，建设人类命运共同体作出应有的贡献。

近年来，欧美国家博物馆纷纷向海外发展建设分馆，以扩大自身文化影响力，同时增强文明间的对话。2014年，英国维多利亚与艾尔伯特博物馆（V&A）在我国深圳蛇口建立分馆，成为外国博物馆在中国建立的第一个博物馆分馆。2017年11月，法国与阿联酋阿布扎比政府联合建设的卢浮宫阿布扎比分馆正式开馆，成为阿拉伯世界首座面向全世界的跨文化博物馆，为展示不同文明和文化间共同的人类故事提供了重要的平台。据统计，目前已有美国、英国、法国、俄罗斯等国家的6个博物馆拥有海外分馆。

同时，博物馆接待的观众也趋于全球化。据统计，2018年造访卢浮宫的参观者达1020万人次，比2017年增长了25%。这一数字也创下了卢浮宫参观人数的历史纪录。2018年卢浮宫的外国参观者人数占总参观人数的近3/4，他们主要来自美国、中国、欧盟国家（特别是西班牙、德国、意大利）和巴西。

七、新冠肺炎疫情下世界博物馆面临发展困境

新冠肺炎疫情突如其来，给世界博物馆界蒙上一层阴影。很多国家的博物馆因为疫情的影响，都面临着被迫出售藏品、裁员甚至闭馆等巨大风险。2020年5月18日国际博物馆日，联合国教科文组织与国际博物馆协会发布两份研究报告指出：由于

新冠肺炎疫情，全球有85 000多座博物馆已在不同时间段关闭，占全球博物馆总数的近90%，更有近13%的博物馆可能无法重新开放。报告强调，失去了参观者的博物馆将面临收入减少的问题，同时与博物馆有关的职业、运营和外联也将受到严重影响。[1]一些博物馆即使能够重新开放，也会出现参观人数骤减的问题，据德国首都18家博物馆组成的柏林国家博物馆报告，其重新开放后参观人数仅为平时的30%。阿姆斯特丹的梵高博物馆每天的参观者减少到了400人左右，仅占它去年同期每日6500名参观者的6%。而卢浮宫前馆长让—吕克·马丁内斯指出，自从2020年3月13日关闭以来，卢浮宫"损失超过4000万欧元（约合3.18亿元人民币）"。他说："我们流失了80%参观者，其中75%是外国人。"同时马丁内斯预计，卢浮宫重开后，访客量最多也只能达到去年夏季的两三成，每天"最多有4000至1万人"到访。[2]由于门票、零售、场地出租等其他收入来源的损失，大都会博物馆此前预计下一个财政年度的资金短缺可能会达到1.5亿美元，需裁员81人，并削减高管及其他岗位工资。[3]有些博物馆为了维持博物馆运营甚至不得不变卖藏品，如纽约现代艺术博物馆从4月中旬就开始出售其出版部门保存的已绝版的珍本书籍，所售得的资金将用于博物馆展览和教育项目[4]。美国布鲁克林博物馆也决定出售其馆藏的12幅珍贵油画以缓解资金短缺的问题[5]。很多国家和地区由于不能很好地控制疫情，导致重新开放后的博物馆又再次闭馆，包括大英博物馆、卢浮宫、史密森尼博物院在内的诸多家博物馆都出现了这样的情况。有些博物馆在挣扎着生存，有些却已经失去了再次迎接访客的机会。美

---

[1] 新华网：《近13%的博物馆可能永久关闭》，https: //www.xinhuanet.com/politics/2020-05/20/c_1126007178.htm，访问日期：2021年3月18日。

[2] 新华网：《卢浮宫将重新开放》，https: //baijiahao.baidu.com/s?id=1671355633264522913&wfr=spider&for=pc，访问日期：2021年3月19日。

[3] 齐鲁壹点：《纽约大都会博物馆8月底开放，结束长达5个月休馆》，https: //baijiahao.baidu.com/s?id=1670659867559472955&wfr=spider&for=pc，访问日期：2021年3月19日。

[4] 新华网客户端：《纽约现代艺术博物馆出售珍本书籍筹款》，https: //baijiahao.baidu.com/s?id=1665990508040738187&wfr=spider&for=pc，访问日期：2021年3月20日。

[5] 展览·每日美术馆：《布鲁克林博物馆决定出售12幅油画用于支付藏品保养等相关费用》，https: //art.icity.ly/entries/q9htae9，访问日期：2021年3月20日。

国博物馆联盟（AAM）2020年7月22日发布的调查显示，由于资金来源和财务储备枯竭，全美有1/3的博物馆机构可能会永久关闭[①]。

疫情防控期间，各国博物馆纷纷推出的"云观展"等项目，深受观众喜爱，成为新冠肺炎疫情下博物馆的另一个发展方向。法国卢浮宫不仅将2019年的"艺术家的诞生"展览搬上了云端，还在官网上上传了丰富的文博资料，供观众免费阅读学习。因此，2020年3月刚闭馆时，其网站访问量就剧增了10倍，从以前的每日4万人升至超过40万人，线上"云博"成为卢浮宫欢迎游客的主要方式。在全球"云博"大潮之中，大英博物馆则致力于将专业的线上策展呈现给大众，他们与谷歌公司进行技术合作，通过多媒体网页呈现互动性极强的世界文明史大展。观众只要轻轻点击鼠标，高清的文物照片配合文字解说就会快速呈现在眼前。此外，利用社交媒体打造"云博"，也是疫情防控期间的流行方式。阿姆斯特丹的梵高博物馆藏有许多伟大艺术家梵高的真迹，面对疫情的冲击，馆方选择将录制好的YouTube虚拟之旅视频、梵高生平深度介绍等内容放在推特上，获得用户点赞量远超疫情前。荷兰国立博物馆则在官网上用10种语言欢迎世界各地的游客来参观，在其已经上线的精品杰作"云展览"中，从前线下难得一见的精品，如伦勃朗的《犹太新娘》、维米尔的《倒牛奶的女仆》等名家大作都有展出[②]。国际博协（ICOM）2020年11月24日发布的最新报告指出：相较于半年前，新冠肺炎疫情对博物馆影响呈现了差异化趋势，但总体形势是愈发严峻。与2020年4月的调查情况相比，2020年9月至10月博物馆受疫情影响的情况因其地理位置而异，在博物馆数量较少、结构仍然脆弱的地区，其影响更为显著。因此在第二次调查中，亚洲、阿拉伯国家以及拉丁美洲和加勒比地区似乎是受影响最严重的地区。而全球有将近50%的博物馆都加强了包括社交媒体、

[①] 人民美术网：《全美三分之一博物馆或永久关闭 美国发布新报告》，编译自《The Art Newspaper》，https：//www.peopleart.tv/m/203767，访问日期：2021年3月18日。

[②] 中国青年报：《疫情大考下全球博物馆亮出云家底》，https：//baijiahao.baidu.com/s?id=1667544180070640079&wfr=spider&for=pc，访问日期：2020年5月24日。

直播等渠道在内的在线网络活动，与4月份相比有所增加[①]。

第二节　中国博物馆发展现状[②]

伴随着中国社会的近代化，具有现代意义的博物馆在中国出现并逐步发展，特别是在中华人民共和国成立后，中国博物馆事业进入快速发展时期。各类型的博物馆逐步产生并发展起来，成为观众接受科学文化艺术熏陶的重要场所。进入21世纪，特别是党的十八大以来，在党中央、国务院和各级政府、社会各方面的重视和支持下，中国博物馆事业出现空前繁荣发展的大好局面，经费投入、馆舍建设与数量增长、展览展示、公共文化服务和社会教育等方面都达到前所未有的历史高度。

一、博物馆数量总体呈高速增长态势

根据2012年至2019年全国博物馆名录统计，我国博物馆数量呈现快速增长趋势，2012年全国博物馆总数量为3866家，2013年4165家，2014年4510家，2015年4692家，2016年4826家，2017年5136家，2018年5354家，2019年达到5535家。（图1-2）8年时间全国博物馆数量由2012年的3866家增加到2019年的5535家，增长了43.2%。与1978年的349家相比增加了5000余家，增长近15倍，可见其规模日益庞大。这些博物馆性质多样、形式多元、主题各异，使我国的博物馆体系逐渐健全。特别值得注意的是，除了国有博物馆的快速发展之外，大量非国有博物馆也迅速兴起。我国目前基本形成了门类丰富、特色鲜明、专题突出、分布广泛的博物馆发展新格局。

[①] 博物馆头条：《国际博协：全球博物馆失业率居高不下 疫情影响依然严峻》，https://www.sohu.com/a/434045695_120104822，访问日期：2021年3月25日。

[②] 本节数据来源：国家文物局网站发布的历年全国博物馆名录和全国博物馆年度报告信息系统（https://nb.ncha.gov.cn/museum.html）。

图 1-2　2012年至2019年我国博物馆数量

当前，中国博物馆正处于重要的黄金发展期，中国博物馆快速发展呈现出几个特点：一是党的十八大以来博物馆事业处于高速增长期。从博物馆年新增数量来看，我国博物馆数量增长迅速：其中2013年新增299家，2014年新增345家，2015年新增182家，2016年新增143家，2017年新增310家，2018年新增218家，2019年新增181家。平均每年以200家左右的速度增长，特别是2014年达到平均每天增加一座博物馆的速度，可谓惊人。二是博物馆事业快速发展，为我国公共文化服务体系建设提供了更多的载体。国家文物局最新数据表明，2019年我国博物馆举办展览约2.86万个，教育活动近33.46万次，参观人数达12.27亿人次，比上年增加1亿多人次。博物馆在传承中华优秀传统文化、革命文化、社会主义先进文化，弘扬社会主义核心价值观方面发挥了更加突出的作用，已经成为人们日常生活的一部分。三是博物馆之城建设空前高涨。目前来看，北京、上海、广州、深圳、济南、杭州、武汉、南京、成都、郑州、西安、长沙、昆明、东莞、扬州、青岛、洛阳、潮州、梧州、唐山、十堰、佛山、大同、潍坊等20余个城市在城市规划中都纷纷提出建设"博物馆之城"的计划，"博物馆之城"建设已经成为目前博物馆发展热的一个突出特征。

二、博物馆区域分布仍不均衡

虽然我国博物馆发展速度很快，规模庞大，但博物馆发展不平衡不充分的问题依然存在，博物馆数量增长往往与地区经济发展和历史文化厚度有着较为密切的关系。从各省份博物馆增长速度来看，2019年全国博物馆名录显示，全国拥有300家博物馆以上的省份有4个，拥有博物馆200家以上的省份达7个，拥有博物馆数量在100家至200家的有12个，拥有博物馆数量低于100家的省份有9个。具体来看：山东省（567家）、浙江省（396家）、河南省（348家）、陕西省（307家）、广东省（293家），这5省博物馆数量位列前5位。相比2018年，山西、山东、湖北、浙江、广东这5省的博物馆数量增加最多，分别增长了46家、26家、26家、14家、12家，共计124家，占据了2019年全国博物馆增长总数（181家）的68.5%。博物馆最多的省份山东、浙江、河南、陕西、广东5省合计约占全国博物馆总量的34.5%；相比之下，天津、宁夏、海南、青海、西藏等省、自治区、直辖市及新疆生产建设兵团的博物馆数量较少，合计仅占全国博物馆总数量的3.7%。同时还出现有些省、自治区、直辖市博物馆数量下降的情况，如湖南、安徽、新疆、重庆、北京，较2018年度均有不同程度减少。

不同城市拥有博物馆数量差异较大。根据2019年全国博物馆名录统计，拥有博物馆数量前10名的城市依次是：北京（157家）、上海（135家）、西安（98家）、重庆（91家）、武汉（78家）、成都（72家）、青岛（68家）、天津（64家）、宁波（61家）、洛阳（59家）。北京、上海拥有博物馆数量超百家，西安、重庆、武汉、成都拥有量超过70家。各直辖市中，天津市博物馆数量最少。博物馆数量超过50家的城市依次还有：淄博（53家）、哈尔滨（52家）、广州（52家）。其中有一些非省会城市，如青岛、宁波、洛阳、黄山等，则由于城市经济发达和文化底蕴深厚，博物馆数量超过省会城市较多。还有一些大城市的博物馆数量不在少数，如南京（47家）、杭州（46家）、深圳（45家）、济南（41家）。除成都和西安两市博物馆数量较多以外，总体上，中西部城市比东部发达城市的博物馆数量要少很多。博物馆数量排名前10的城市，博物馆总量占全国博物馆总量的16%。而博物馆数量较少的省会城市，如沈阳、南昌、银川、贵阳、西宁、海口、南宁、拉萨，这8个城市博物馆数量均不超过20家，城市差异明显。

西安、武汉、成都、哈尔滨作为博物馆数量较多的省会城市，占本省博物馆总数量的比重较大，分别占到本省博物馆数量的31.9%、34.5%、29.8%和25.1%，原因在于这些大城市相对其他省城市而言本身历史文化厚重，经济相对发达，更具有博物馆发展的优势。这些城市中比较独特是青岛、宁波、洛阳，三者是非省会城市中博物馆数量最多的城市，其博物馆数量分别占本省总量的12%、15.4%和17%。从中可以看出，厚重的历史文化和发达的经济发展水平是博物馆发展的重要驱动力。

三、博物馆类型结构日趋完善

随着博物馆数量的大幅增长，我国博物馆类型体系逐步完备，国有博物馆进一步发展壮大，行业博物馆和非国有博物馆如雨后春笋般蓬勃发展，既有综合类、历史类、艺术类、故居旧址类、考古遗址类，也有民族民俗（含宗教）类、自然科学类、工业遗产类，以及各种专题博物馆，还出现了生态（社区）博物馆、数字（智慧）博物馆等新形态，广泛分布于各地区、各行业，已经形成了以国有博物馆为主体，非国有博物馆为补充的博物馆体系，构建起了辐射全国、面向世界的博物馆资源共享平台。

按照博物馆所有制来看，在5535家博物馆中，文物部门所属博物馆2929家，占52.92%，其他部门所属行业博物馆895家，占16.17%，非国有博物馆1711家，占30.91%。与2018年情况相比，非国有博物馆增长速度最快，增长了105家，行业博物馆增长了97家，文物部门博物馆则减少了21家。

从博物馆主题类型来看，我国博物馆涉及国民经济的方方面面，如自然、地质、航空、航天、农业、铁路、税务、邮政、电力、纺织等等，其中地质类博物馆较多，共有42家，占行业博物馆数量的4.7%；大学（包括学院）博物馆104家，占行业博物馆数量的11.6%，成为博物馆主题类型中不可忽视的一方面；美术类博物馆共有40家，科技类博物馆13家。综合类博物馆凭借充足的馆藏、精心的运营受到群众喜爱，专题性博物馆依靠特色的展示、创意的营销越来越赢得观众的青睐，更有大量以民俗记忆、非遗传承、工业遗产、近现代遗存、生活日用品为主题的博物馆竞相辉映，填补了博物馆传统门类的空白，丰富了博物馆结构体系。一大批省级、市县级博物馆完成新馆建设，设施更加齐全，馆舍面貌焕然一新，文化辐射力进一步增强，正成为城市文化的新中心、新门户和新客厅。

值得关注的是，近年来，我国非国有博物馆增长迅猛，已成为我国博物馆体系的重要组成部分。整体来看，我国非国有博物馆占博物馆总数的近三成，数量快速增长并超过国有博物馆，在我国博物馆体系中的比例呈不断扩大的趋势，已成为国有博物馆的有益补充和我国文化事业发展的重要力量。据统计，2013年至2019年这7年时间里，非国有博物馆数量从2013年的811家增长到2019年的1711家，占全国博物馆总数的比重由2013年的19.5%上升到2019年的30.91%，上升态势明显（图1-3）。截止到2019年底，我国有16家非国有博物馆被评定为国家一、二、三级博物馆（总数851家），其中国家一级博物馆1家、国家二级博物馆4家、三级博物馆11家，并且涌现出一批具有行业影响力的非国有博物馆代表。特别是2017年1月，西安大唐西市博物馆被评为第三批国家一级博物馆，成为第一家入选国家一级博物馆名单的非国有博物馆，这是我国博物馆事业的一次历史性的突破，充分体现了国家对非国有博物馆在发挥藏品管理、科学研究、公共服务、社会教育等方面作用的肯定。此外一些非国有博物馆在收藏上也形成了自己的特色，从中医药、木石金雕、织锦刺绣、皮影、印染等民间非物质文化遗产，到钟表眼镜、锁具剪刀、农机农具、老相机、茶叶茶具、徽章证件、邮品货币等具有时代印记的日常生活用品，都可以成为非国有博物馆的收藏对象，极大丰富了我国博物馆藏品的概念，填补了我国传统博物馆类型上的一些空白，对丰富近现代文物、民族民俗文物、现当代艺术品等方面的收藏起到了重要作用。

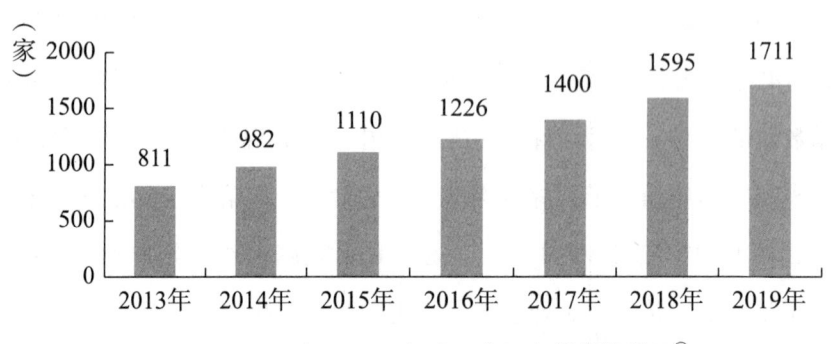

图 1-3 2013年至2019年我国非国有博物馆数量[①]

---

① 2017年因未发布具体非国有博物馆数据，此处数据采用国家文物局官网发布《国家文物局印发文化和旅游部、国家文物局领导在全国博物馆工作座谈会的讲话》中的数据"非国有博物馆超过1400家"，用1400家作为当年的非国有博物馆数量。

四、博物馆展览精彩纷呈

习近平总书记指出,要让收藏在博物馆里的文物、陈列在广阔大地上的遗产、书写在古籍里的文字都活起来。为贯彻落实习近平总书记指示精神,全国各博物馆大胆创新变革,推动博物馆成为文物活起来的主阵地。

展览是让文物活起来的主要手段和具体体现。一座博物馆,只有让文物藏品走出库房、进入展览、走上展线,才能焕发生命力,才能讲出有内蕴的故事,触发参观者的思想情感、审美享受。从这个意义上说,展览是博物馆最重要的公共文化服务产品,策展能力是博物馆的核心竞争力。据全国博物馆名录统计,2019年全国博物馆举办展览2.86万多个,举办教育活动近33.46万次,平均每个博物馆约举办5个展览。省级以上综合性博物馆中,中国国家博物馆2019年举办展览63个、故宫博物院举办展览34个。省级综合性博物馆中,天津博物院(含分馆)举办展览最多,达89个,其次是重庆中国三峡博物馆75个、甘肃省博物馆60个、福建博物院40个。这些大博物馆利用自身丰富的藏品资源和展览资源,举办大量高质量的展览,不断推动"文物活起来"。特别是中国国家博物馆在2018年举办的三大主题展览"复兴之路·新时代部分"、"真理的力量——纪念马克思诞辰200周年主题展览"和"伟大的变革——庆祝改革开放40周年大型展览",都在社会上引起了强烈反响,吸引观众总量超过600万人次,形成了特有的"国博现象"。其他如"石渠宝笈""美好中华""董其昌书画艺术"等展览也是引人入胜、观者如潮。

新技术是"让文物活起来"的新兴动力。随着新技术的不断发展,以云计算、物联网、移动通信、大数据和人工智能为代表的新技术,不但改变了人类的思维观念、价值取向和生活方式,同时也驱动着博物馆不断进行创新变革。近年来,博物馆积极转变思想观念,自觉将让文物活起来思想贯穿到博物馆工作的方方面面,以增强观众体验为导向,推动AR(增强现实技术)、VR(虚拟现实技术)、虚拟展览落地。在新的技术条件下,特别是大型综合性博物馆在展览形式上有了更多的探索。如故宫博物院利用巨型投影、数字交互和AR、VR等技术打造"清明上河图3.0"数字展览,吸引观众累计超过150万人次;陕西历史博物馆则开放了文物保护修复展示,推出"国宝厅"项目，每次遴选一组文物进行展示，并辅以多媒体演示、互动手段，深层次解读文物内容。探索"微展览"形式展示馆藏的，如黑龙江省博物馆的"微展览""每月一星"，每月只展一件/套单品，把展品背后的故事和相关知识系统介绍给观众，既满足了广大观众的好奇心和求知欲，又不会占用过多空间，使馆藏文物流动展示，做到了"常展常新"的有益探索。

五、博物馆社会服务和教育功能不断拓展

博物馆是重要的公共文化服务机构，也是最大的校外教育机构，开展公共文化服务是博物馆的本质属性和职能所在。自2008年实行免费开放政策以来，博物馆更加重视传播手段和传播方式，不断提升社会教育和公共服务水平，努力加强对藏品的诠释和解读。

近年来，随着经济社会的发展和人民生活水平的提高，观众的审美需求和审美层次越来越高，博物馆积极创新求变，日益得到公众认同。2019年我国博物馆参观人数达12.26亿人次，比2018年增加1亿多人次。其中上百家博物馆的年参观人数超过百万，居于世界领先水平。全国有超过4929家博物馆向社会免费开放，接近全国博物馆总数的九成。据报道，2018年中国国内旅游人数为55.39亿人次，其中博物馆总参观人数占旅游总人数的20.4%[1]。而且现在博物馆参观人数每年有上亿人次的增长规模，可以说，博物馆已经成为人们日常生活的一部分，公众从旁观者变成了参与者。

博物馆为了满足不同社会人群的文化需求，除了提供教育、讲解等常规服务外，还积极组织夏令营、音乐会、戏剧演出、体验课程、研学活动等一系列丰富多彩的社会活动。作为最大的校外教育机构，博物馆起着重要的教化导向作用。近5年来，我国博物馆年均举办教育活动超过20万次[2]。如中国国家博物馆推进分众化教育服务，面向亲子家庭观众、成年观众、社区以及残障群体等不同群体开发实施丰富

---

[1] 上游新闻：《2018年中国国内旅游55.39亿人次，同比增长10.8%》，https://baijiahao.baidu.com/s?id=1635490000615718432&wfr=spider&for=pc，访问日期：2020年12月25日。

[2] 现代快报：《2019年16亿人次逛了博物馆淘宝店，成为拉动文化消费新增长点》，https://dy.163.com/article/FCUC65HN053469KC.html，访问日期：2020年12月21日。

多彩的社会教育活动，课程内容涵盖历史、科技、绘画、音乐、舞蹈、瓷器、青铜器、文字、航天航空、国防建设等方面，每周提供至少4场次公益教育活动，惠及观众约13万人次；为对接2019年北京市教委"四个一"活动，共接待各个区、县中学生12万人。此外，中国国家博物馆全年提供讲解、课程服务13 150批次，惠及观众约50万人次，其中包含青少年观众约22万人次，受到观众热烈欢迎。

博物馆正在成为越来越多公众的大课堂，而公众也从旁观者变成参与者。2019年我国博物馆社会教育活动更是已达到近33.36万次，平均每个博物馆的社教活动约为60场次。据统计，2019年中国国家博物馆社会教育活动达13 150场次，故宫博物院1584场次。有的省级综合性博物馆社会教育活动也达1000场次以上，如广东省博物馆4065场次，南京博物院2171场次、湖北省博物馆1400场次、湖南省博物馆1238场次、河南博物院1200场次。

六、博物馆文化创意产业蓬勃发展

近年来，越来越多的博物馆参与到文化创意的潮流中，许多文创产品成为爆款，从传统的书签、明信片式的旅游纪念品，到如今衣食住行面面俱到的文化产品，博物馆的文化创意正走入千家万户，成为新的时尚"风向标"，博物馆本身也已经成为文化创意产业发展的重要策源地。在新媒体新技术的赋能下，创意让馆藏文物变得亲切。

以博物馆为核心的文化创意产业以及文化旅游产业已经成为令人瞩目的新经济增长点。2017年度全国博物馆（92家试点单位）的文化创意产品开发收入约35.2亿元，开发文创产品种类超过4万种。[①]据有关报告显示，中国博物馆文创市场2019年整体规模相比2017年增长了3倍。2018年仅在淘宝天猫上，博物馆旗舰店的累计访问量就达到了16亿人次，是全国博物馆接待人数的1.5倍。截至2019年6月，阿里平台上20多家官方博物馆店铺累计有超千万消费者成为粉丝，且"90后"占比几乎均超过

---

① 弘博网：《刘玉珠：作为文化中枢的博物馆》，https://mp.weixin.qq.com/s/TjrLbihIGnJ2HWdj-sMz0A，访问日期：2020年12月28日。

50%。[1]

  大型博物馆的文创产品广受热捧。2018年，中国国家博物馆设计开发"国博衍艺"文创产品90余款。通过IP资源授权开发新品共计70余款，其中包括国博日历、欧莱雅"千秋绝艳"口红等爆款商品，富含国博文物、品牌元素的产品形成的市场总销售规模为7.92亿元；2019年中国国家博物馆自主研发"国博衍艺"文创产品230余款、文创类食品共计6种，其中包括国博日历、"大观园"系列产品、"甲骨文"系列产品、"以梦为马"系列产品、"天文图"系列产品、"元宵行乐图"系列产品、福禄寿喜财棒棒糖礼盒等，受到社会欢迎。馆藏IP授权业务涉及食品、服饰、洗护、文具、家居品类14个品牌，其中伊利、肯德基、Lily等品牌授权成为经典授权案例。2019年故宫博物院在新闻上晒账本，2017年故宫文创部线下收入近1亿元，线上淘宝网店收入近5000万元，加上其他部门贡献的文创产品收入，其所有的文创产品全年总收入达15亿元[2]。就地方博物馆来说，苏州博物馆2018年就研发推出文创产品111款，自主研发新品62款，文创产品销售额超过2073万元，同比增幅达到41.8%，并且连续4年都有40%~50%的增幅[3]。上海全市博物馆累计开发的文创产品总数超过1.1万种，其中2018年新开发的文创产品1000余种，年销售额逾3000万元。[4]其他博物馆也都纷纷挖掘自身文物资源，大力发展文化创意产业，取得了可喜的成绩。文创让文物活起来变得更加有创意、更加符合时代需要，已经成为博物馆工作的重要组成部分。

七、博物馆有力推动文旅融合发展，日益成为人民美好生活的组成部分

  推动文化和旅游深度融合发展，以文促旅、以旅彰文，是新时代博物馆的重

---

[1] 清华大学文化经济研究院、天猫文创新文创：《2019年博物馆文创产品市场数据报告》，《公关世界》2019年第22期，第19—22页。

[2] 新民晚报：《故宫首晒"账本"：文创收入15亿，超1500家A股公司》，https://baijiahao.baidu.com/s?id=1625851410222921786&wfr=spider&for=pc，访问日期：2020年12月28日。

[3] 杭州网：《和故宫抢生意 苏州博物馆文创产品走红网络》，https://baijiahao.baidu.com/s?id=1630573440313250387&wfr=spider&for=pc，访问日期：2021年3月2日。

[4] 文化上海：《2018年度上海市博物馆运营大数据》，https://m.sohu.com/a/291116074_160984，访问日期：2021年1月5日。

要使命。面对公众强烈的文化需求,当下的博物馆积极创新求变,逐渐成为公共文化服务和旅游发展的前沿阵地与有效载体,同时也成为提升民众文化精神消费和生活幸福感的重要途径之一。根据携程网2017年底发布的统计数据,自2017年12月初《国家宝藏》开播以来,通过"博物馆"搜索国内旅游产品的数据骤然上升了50%。携程网工作人员预计,随着节目热度的攀升,这一涨势仍会持续。尤其寒假临近,不少有亲子游或游学计划的家长,已开始把目光转投这样的"寻宝之旅"。仅在携程网上,目前国内"博物馆"旅游线路已达到近千条,包含跟团游、自由行、当地玩乐、私家团等多种玩法,在目的地上覆盖了北京、陕西、湖南、江苏、浙江、山东等地区。故宫博物院、南京博物院、陕西历史博物馆等国内著名的博物馆,以及各地特色博物馆都越来越多地被安排进跟团游的行程中。而根据从《国家宝藏》开播以后对于博物馆游的搜索情况来看,北京、西安和南京三地的博物馆旅游线路最为热门,这三个地区主要凭借历史和人文方面的显著优势而格外受到游客青睐。[1]

参观博物馆不仅仅是看展览、赏文物,甚至能尝美食、做手工、选文创、听讲座、看演出,在数字技术的推动下,博物馆通过文字、图片、视频、VR、AR、AI等形式,展示出不同博物馆独家的文物藏品以及相关知识,通过教育功能的发挥,极大地满足了人民群众对于历史文化、自然社会、创新发展以及娱乐休闲的需求,带动了区域旅游。南京博物院2018年的旅游贡献度评估结果显示,该院对南京市旅游形象的贡献在南京市24家主要景区中排名第二,对南京市旅游社会福利贡献3.92亿元,带动了16.19亿元旅游收入。[2]

夜间的文化休闲逐渐成为满足公众文化旅游消费的一种趋势。如2019年,中国国家博物馆实施周六延时闭馆制度,从8月开始每周六开放夜场,夜场常态化运营。其规模及服务质量保持与白天一致,方便外地游客和上班族等群体错时参观。旺季时夜场观众也达万人以上。此外,首都博物馆、南京博物院、上海博物馆等博物馆

---

[1] 澎湃新闻:《〈国家宝藏〉播出引发寻宝热,博物馆旅游搜索量激增50%》,http://baijiahao.baidu.com/s?id=1587403704023866485&wfr=spider&for=pc,访问日期:2021年2月25日。
[2] 南京博物院:《文旅融合背景下南京博物院旅游贡献度研究》,《东南文化》2020年第1期,第143页。

也纷纷尝试夜场活动，有力地推动了城市夜经济的发展。

随着文旅融合的发展，中国博物馆研学活动越来越成为社会教育活动的重要方式。博物馆研学作为"学"与"游"的有机融合载体，在文化旅游融合发展的大背景下，越来越成为文化旅游发展的主要方向。博物馆研学以及各种研学旅行更是在游览的过程中潜移默化地传递优秀文化知识。2019年，中国国家博物馆与中国儿童少年基金会"护航计划"联合开展"'复兴之路'文化使者"研学营，与中国地质博物馆联合组织面向海峡两岸青少年的"历史中的文字"主题研学活动，与中国华夏文化遗产基金会联合开展"小灯泡"文博公益研学项目等，引导和培养青少年树立正确的历史观、民族观、国家观、文化观，发挥了爱国主义教育基地的积极作用。依托"大美亚细亚——亚洲文明展""古代中国基本陈列""友好往来　历史见证——党和国家领导人外交活动受赠礼品展"等展览，开发了"古今中外丝路行"系列课程。还整合优势资源策划了面向亲子家庭的"国博公共考古夏令营"系列课程等。自2014年起，南京博物院每年暑假都会面向中学生开展考古夏令营活动，安排专家专题导览及讲座，赴江苏各考古发掘工地考察，体验文物修复及拓片制作等。

八、博物馆国际交流日益广泛，中华文化影响力不断彰显

博物馆通过文物交流展示，能够直观鲜活地促进不同文明相互理解、尊重，为深化合作奠定坚实的文化基础，在保护传承文化遗产、促进文明交流互鉴、维护世界和平稳定发展中发挥着关键而独特的作用。近年来，中国博物馆界认真落实习近平总书记关于促进文明交流互鉴的重要论述精神，持续深化对外交流合作，积极推动中华文明"走出去"和世界文明"引进来"，在国际事务中的参与度逐步上升，不断增强中国博物馆在世界范围内的国际影响力，成为中外人文交流、世界文明对话活动中的亮点。

中国博物馆充分发挥文化客厅作用，配合国家外交大局，积极加强与世界博物馆特别是世界名馆的合作，开展文化对话交流。当前，博物馆已经成为文化客厅，成为国家领导人会见外国首脑，或外国领导人访问中国的重要一站，习近平总书记曾多次在博物馆会见外国领导人。中国博物馆不断创新方式方法，对外合作交流呈

现出多层次多渠道全方位的发展趋势。改革开放以来，中国已有1000余项文物展览在数十个国家和地区举办。2000年至2017年，累计举办文物出境展览超过840个，是之前50年总和的6倍之多[①]。近五年来，累计举办文物出入境展览近500个，配合国家外交大局的"汉风""秦汉文明""华夏瑰宝"等展览，作为靓丽的"外交使者"和"国家名片"，上演了丰富文化外交、推动文明交流互鉴的重头戏。[②]诸如大英博物馆"100件文物中的世界史"展、德国三大博物馆"启蒙的艺术"展、丝绸之路系列展、"文明的回响——来自阿富汗的古代珍宝"展等精品展览在中国成功展出，极大地促进了不同文明之间的交流互鉴。在推动国家重大战略落实上，中国博物馆不断拓展包括博物馆在内的文化领域对外合作空间，如在落实"一带一路"倡议上，博物馆推动深化与沿线国家政府间合作，共同提升博物馆领域合作水平，与20多个国家签订文化遗产领域合作协定。

中国博物馆努力提升在国际博物馆领域的话语权和影响力，是推动国际博物馆组织的重要力量，越来越多的国际博物馆重要活动在中国举办。近年来，中国博物馆界先后举办了国际博物馆协会第22届大会、国际博物馆高级别论坛、国际博物馆青年论坛等一系列重要活动，与国际博物馆协会合作设立了国际博物馆培训中心。国际博协主席特别代表卡瑞娜·亚蒂宁在参加2018年"国际博物馆日"中国主会场活动时评价，中国博物馆已经成为世界博物馆发展的中心与热点。

九、博物馆走出新冠肺炎疫情阴霾，重新走上正轨并焕发新的生机

面对突如其来的新冠肺炎疫情，在以习近平同志为核心的党中央的坚强领导下，中国人民众志成城、团结一心，取得了疫情防控阻击战的重大战略成果，中国

---

① 中国文物交流中心：《图说中国文物展览交流的成长故事"金色名片——改革开放40年中国文物出入境展览回顾"》，http://www.aec1971.org.cn/art/2018/5/7/art_430_35209.html，访问日期：2021年3月2日。

② 刘玉珠：《承前启后 勇于作为 探索博物馆事业发展的新途径——在全国博物馆工作座谈会上的讲话》，https://www.ncha.gov.cn/art/2019/2/22/art_722_153749.html，访问日期：2021年3月15日。

博物馆没有出现国外博物馆闭馆—开放—再闭馆以及倒闭、裁员、出卖藏品的现象。随着国内疫情的好转，2020年3月份开放的博物馆就不在少数。中国国家博物馆和故宫博物院于2020年5月1日重新开馆，标志着我国博物馆事业正式走出新冠肺炎疫情的阴霾。6月14日，湖北省博物馆宣布正式开馆，我国博物馆事业已基本回到正轨。重新开放后的中国博物馆采取了网上预约、戴口罩、保持距离、体温检测、消毒等手段，成为新冠肺炎疫情后中国博物馆的新常态，有效确保了观众的安全。由于社会运行较快地恢复正常，国内博物馆不仅没有出现倒闭的现象，而且随着疫情得到有效控制重新呈现出生机勃勃的景象：如中国国家博物馆推出了"金瓯无缺——纪念台湾光复七十五周年主题展""宅兹中国——宝鸡出土青铜器与金文精华""记住乡愁——山东民艺展""天地同和——中国古代乐器展""舟楫千里——大运河文化展"等大型专题展览，2019年重新开馆后已举办20余个临时展览；故宫博物院也推出了"千古风流人物——故宫博物院院藏苏轼主题书画特展""丹宸永固——紫禁城建成六百年"；辽宁博物馆推出"山高水长——唐宋八大家主题文物展"等展览，均引起社会高度关注。积极征集抗疫有关的实物资料，举办纪念抗疫主题展览，成为2020年博物馆发展的新亮点。

新冠肺炎疫情发生后短暂的闭馆，还在中国博物馆界催生了云展览等线上活动的博物馆公共文化服务新模式。各大博物馆充分运用新技术、新手段，整合馆内展览、课堂、文物等不同文化资源推出云展览等系列活动，据国家文物局统计，抗疫闭馆期间，全国各地博物馆共推出2000余个在线展览，访问量突破50亿次。国家文物局也积极协调各地文博单位在"博物馆网上展览平台"上扩增一批在线展览内容，不间断地进行推送。截至2020年3月3日，该平台已收录300多家博物馆的420余个线上展览，覆盖全国31个省级行政区。自2020年1月28日至3月15日，平台平均每天浏览量突破4万人次，总浏览量已超过60万人次，深受观众喜爱。[①]

---

① 光明网：《博物馆线上展览"破局走红"是机遇更是挑战》，https：//news.gmw.cn/2020-03/15/content_33650128.htm，访问日期：2020年11月2日。

第三节 中国博物馆发展面临的挑战

在各国政府的高度重视下，世界博物馆事业呈高速发展态势，博物馆数量日益庞大，类型不断完善，展览与文化活动更加丰富，观众日益增多，国际交流日趋频繁，博物馆在运营模式、组织结构、展陈手段、技术应用、文创开发等方面都有很大突破。中国博物馆作为世界博物馆的一员，正积极融入世界博物馆发展大潮中，担当重要角色，推动博物馆事业高质量发展，为世界博物馆发展也作出了突出贡献。中国博物馆既面临着世界博物馆的共性问题，也面临着不少特有的挑战。

一、在提升博物馆国际文化传播能力、系统展示中国文化整体形象方面还存在差距

博物馆作为跨文化交流和世界和平的使者，也是一种大众媒介，是意识形态国家机器展示政治意图、传播政治信息的文化教育机构，可以通过内容设计、政治话语、政治符号等润物细无声的形式潜移默化地影响教育对象，解决意识形态始终飘浮的尴尬。西方一些大型博物馆利用其丰厚的文物资源，举办了向世界各国积极表达西方话语权体系的展览，如大英博物馆在世界多地举办的"大英博物馆100件文物中的世界史"巡回展览，借助大英博物馆丰富藏品中精选出的100件（套）文物，以大英博物馆的方式讲述人类文明的发展以及人类文明的未来走向，强化其文化的解释权、话语权，其出版的《大英博物馆世界简史》更是畅销全球。中国博物馆面临一个现实问题：缺少用于展现世界文化的藏品和此类经验[1]。尽管中国博物馆配合国家外交大局举办了多个展览，但有限的外展资源扎堆欧美主要发达国家，一些展览题材相近、重复，一些办展单位缺乏策展能力，很多出境展览也主要由外方来策划这些"献宝展""精品展"，对国际文化传播及外国人文化需求研究不足，尚未形

---

[1] 人民网：《国际博物馆协会主席：中国的博物馆应该走出去》，https://culture.people.com.cn/n/2012/0925/c172318-19105808.html，访问日期：2021年11月5日。

成"中国故事、世界表达"的有效方式等①，在对外文物展览策划、阐释、展陈布局、品牌推广等方面还有很大的提升空间。反观我国博物馆引进的外展，很多都成为中国博物馆当年的热门展览，如"大英博物馆100件文物中的世界史""卢浮宫的创想——卢浮宫与馆藏珍品见证法国历史八百年""不朽之旅——古埃及人的生命观""穆夏——新艺术运动先锋"等。

在全球化语境下，我国博物馆在文化传播能力方面还存在短板，如何以物证史，让文物说话，用高水平的展览来挖掘、展示、阐释文物的历史、科学、艺术、时代价值；如何借助文化创意产品积极探索用文物讲好"中国故事"，拓展传播渠道，都对博物馆提出了严峻挑战，真正让文物活起来还任重道远②。这样的现状其实与中国博物馆在世界上的地位并不相称。党的十九届五中全会明确提出，繁荣发展文化事业和文化产业，提高国家文化软实力，到2035年建成文化强国。面对百年未有之大变局，中国博物馆应从建成文化强国的战略视角，深入分析中国博物馆的发展定位；充分发掘我国历史文化资源，平衡好中华优秀传统文化、革命文化、社会主义先进文化三者之间的关系；加强联合策展，提升传播能力，根据国别和受众需求差异，制定差异化的展览方案和传播策略③；主动推介国内优秀精品展览，讲好中国故事，将博物馆出境展览效果最大化，提升中华文化的国际影响力。

二、在提高公众参与度、吸引境外观众方面还有较大提升空间

近年来，博物馆日益重视公众需求，强调观众服务，履行社会责任，强化公共文化机构属性成为博物馆的共同追求。进入21世纪以后，各国博物馆积极探索创

---

① 中国经济网：《潘路委员：建议编制中华文物走出去精品工程五年规划》，https://www.sohu.com/a/396723082_120702，访问日期：2021年2月10日。
② 王春法：《打造新时代博物馆新型智库 推动博物馆高质量发展》，《博物馆管理》2019年第1期，第11页。
③ 中国文物交流中心、瞭望智库：《2019年度全国博物馆（展览）海外影响力评估报告》，https://www.sohu.com/a/396287577_200224，访问日期：2021年2月7日。

新，增强社会参与度，拉近与公众的距离，以吸引更多的观众走进博物馆。①在当今世界博物馆发展大潮中，知名大博物馆仍是吸引世界公众参观、引领博物馆行业发展的中坚力量，其运作模式、展览质量、观众体验、品牌影响仍然处在世界博物馆发展前列，越来越多的中国公民走出国门，参观国外著名博物馆已成为时尚。据报道，2019年莫斯科克里姆林宫博物馆共接待310万游客，其中中国游客超过75万人，约占客流总量的25%②。2018年法国巴黎卢浮宫共接待参观者1020万人次，较2017年增长了25.9%。特别是外国参观者人数大幅增加，占总参观人数的3/4，并且主要来自美国、中国、欧盟成员国和巴西③。据统计，2019年中国公民出境旅游人数达1.55亿人次，入境旅游人数达1.45亿人次，但其中外国人只有3188万人次④。以2019年为例，我国博物馆境外观众人次为2.9亿人次，仅占全国博物馆观众参观总人次的2.6%⑤。可见，其他国家到中国旅游的游客仍然偏少，参观中国博物馆的则更少。

我国博物馆数量虽然众多，类型多样，发展速度较快。但由于我国博物馆起步时间相对落后，在打造国际博物馆品牌、提升观众体验感、吸引更多国际观众上还与发达国家的博物馆之间存在一定差距。国内目前除了中国国家博物馆、故宫博物院等少数几个博物馆有世界影响外，鲜有综合性博物馆能够吸引到较多的国际游客，其他大都只满足于吸引本省本地区观众，许多展览针对的都是本地民众，各类服务如展览标识、导引、解说、休闲服务等也仅限于省内观众，针对国际观众的服务还很欠缺。在全球化语境下，世界博物馆的竞争愈加激烈，对如何提升中国博物

---

① 王春法：《打造新时代博物馆新型智库 推动博物馆高质量发展》，《博物馆管理》2019年第1期，第11页。
② 中国新闻网：《2019年超75万中国游客参观莫斯科克里姆林宫博物馆》，https://www.chinanews.com.cn/hr/2020/01-15/9060615.shtml，访问日期：2021年3月3日。
③ 新华社：《法国卢浮宫2018年接待观众超千万人次创历史纪录》，https://www.sohu.com/a/286477346_267106，访问日期：2021年3月9日。
④ 产业信息网：《2019年国内旅游收入、入境旅游人数及出境旅游人数》，https://www.chyxx.com/industry/202005/863224.html，访问日期：2021年3月9日。
⑤ 数据来源：中华人民共和国文化和旅游部编：《中国文化文物和旅游统计年鉴2020》，国家图书馆出版社，2020。

馆观众服务、社会教育、文化活动质量，吸引更多更广泛的国际游客，树立中国博物馆良好形象、提升国际影响力、打造具有世界影响力的博物馆品牌已成为新时代中国博物馆应该高度重视并为之努力的重要任务。

三、在世界大博物馆组织扩张中面临巨大的文化竞争压力

总分馆制可以最大限度实现博物馆管理的统一规范化，最大限度发挥博物馆藏品、展览、人才和研究资源的集约优势，最大限度进行文化传播，最大限度辐射、服务不同地区文化建设。[①]当前，世界博物馆正处于飞速发展的转型阶段，博物馆创新变革正处于量变到质变的累积阶段，建立总分馆成为世界博物馆界不可遏制的趋势。世界著名博物馆如卢浮宫、蓬皮杜国家艺术文化中心、大英博物馆、泰特美术馆、维多利亚与艾尔伯特博物馆、美国史密森学会博物馆群、韩国国立中央博物馆、日本独立行政法人国立博物馆、新西兰国家博物馆、肯尼亚国家博物馆等都已实施总分馆制。近年来，面对经济全球化、文化多元化的迅速发展以及经济危机所带来的资金短缺，为适应国家文化竞争的战略需求，发达国家博物馆建立总分馆开始从本土向海外发展，加大其文化输出力度，扩大文化影响力。美国古根海姆博物馆通过品牌授权方式大力发展海外分馆，成为连锁经营型博物馆事业发展的样板。特别值得注意的是，一些国外大型博物馆积极谋求在中国设立分馆。法国蓬皮杜中心2017年宣布在中国上海建设蓬皮杜西岸美术馆；英国维多利亚与艾尔伯特博物馆则在深圳蛇口海上世界文化艺术中心设置永久展厅；俄罗斯国家博物馆授权德衡律师集团独家在中国设立数字分馆，已于2019年9月在上海证券交易所大厦开放；等等。

虽然我国博物馆也正在积极探索总分馆模式，但还很不成熟，很多分馆硬件建设达不到国家标准，人员编制严重不足，文物保管、展览条件较差，有许多分馆成为事实上的"挂牌馆"，海外博物馆组织推广更是阙如。面对西方大博物馆的强

---

① 王春法：《打造新时代博物馆新型智库 推动博物馆高质量发展》，《博物馆管理》2019年第1期，第11页。

烈组织竞争，我国博物馆应该继续深化体制机制改革，推动国家级大馆探索总分馆制，积极加大海外文化传播力度，推动中华文化"走出去"。

四、在推动博物馆与新兴科技融合发展上亟须全面转型升级

近年来，随着全球信息革命的突飞猛进，以5G、物联网、大数据、云计算、移动互联及人工智能为代表的新技术应用，智慧博物馆应运而生并逐渐成为发展趋势。国际上如法国卢浮宫、大英博物馆、美国大都会艺术博物馆、美国盖蒂博物馆等机构都充分利用新技术，实现了博物馆运营模式与移动应用、社交网络的紧密结合，推动了智慧博物馆的快速发展。与此同时，国家文物局于2014年3月开始支持甘肃省博物馆、山西博物院等7家博物馆开展智慧博物馆建设试点。近年来，中国国家博物馆、重庆中国三峡博物馆、陕西历史博物馆、湖北省博物馆、上海博物馆等都积极探索推进智慧博物馆建设。特别是2020年新冠肺炎疫情以来，我国博物馆利用新型信息技术打造云端上的博物馆已成为博物馆发展的重要趋势，引起社会强烈反响，这也成为有力助推智慧博物馆发展的重要机遇。智慧博物馆是一项创新性系统性工作，涉及博物馆工作的方方面面。它不是简单地建立一些应用系统和多媒体展示，而是需要一整套透彻感知、泛在互联的"人+物+应用+管理"多端融合体系，需要在统一规范的标准体系指导下，结合各自博物馆实际情况有序建设和完善[1]。目前，我国一些基层博物馆的工作大多还停留在传统的手工阶段，藏品数字化尚未完成，思维理念、行动执行跟不上时代发展步伐。一些智慧博物馆建设还很不成熟，试点博物馆示范性不强，顶层设计不到位，行业标准体系尚未建立，藏品数据化基础工作没有开展，信息孤岛现象未消除，藏品及数据版权缺乏保护，资金和人才投入不足，过度依靠外部企业，博物馆间缺乏有效沟通，国际技术合作交流不畅……这些都是中国博物馆智慧化发展亟待破解的问题。有效破解智慧博物馆发展难题，顺利推进智慧博物馆建设，既需要进行工作格局重塑、业务流程再造、组织形态重构，奠定坚实的组织和制度基础，同时又需要坚持

---

[1] 王春法：《打造新时代博物馆新型智库 推动博物馆高质量发展》，《博物馆管理》2019年第1期，第12页。

标准先行，用统一的数据标准、技术标准、建设标准、运维标准和评估标准来统一数据接口，加快数据融合进程①。

在世界博物馆发展大潮中，中国博物馆还存在其他多种挑战，但应当看到，中国博物馆也面临难得的历史机遇，可谓机遇与挑战并存。特别是在新冠肺炎疫情的影响下，很多国家的博物馆面临闭馆、裁员等巨大风险。联合国教科文组织和国际博物馆协会的两项研究证实，全球博物馆受到了新冠肺炎疫情的严重冲击。疫情防控期间，8.5万家博物馆曾闭馆，已占到全球博物馆总数的近90%。此外，在非洲和小岛屿发展中国家，只有5%的博物馆能够向其受众提供在线内容。全球近13%的博物馆可能永久关闭②。在中国，在以习近平同志为核心的党中央坚强领导下，中国人民众志成城、团结一心，疫情防控阻击战已取得了重大战略成果，因此博物馆各项工作也逐步走上正轨，这样的发展条件是其他任何国家所不具备的，中国博物馆应该以更加积极的姿态，不断改革创新，积极参与世界博物馆建设，为建设文化强国、提高我国文化软实力发挥积极作用。

第四节　小结

21世纪以来，博物馆在世界范围内迅猛发展，博物馆数量日益增多，质量不断提高，特别是发展中国家博物馆异军突起，成为世界博物馆不可忽视的力量。博物馆开展的各项活动与日俱增，参观人数增长迅速，国家间的文化交流越来越频繁，为人类文明的交流发展作出了突出贡献，这充分说明博物馆越来越成为人类了解世界文明发展的重要窗口，越来越成为人们了解历史、欣赏文化艺术、开启科学智慧之门的重要场所，越来越成为构建人类命运共同体的重要桥梁。同时，伴随着世界政治经济发展的不平衡，博物馆仍然存在着国家和地区发展不平衡的问题，发达国家与不发达国家之间博物馆数量和发展质量以及发展内涵上还存在着巨大差距，需要各个国家相互合

---

① 王春法：《关于智慧博物馆建设的若干思考》，《博物馆管理》2020年第3期，第15页。
② 金台资讯：《疫情影响 近13%的博物馆可能永久关闭》，https://baijiahao.baidu.com/s?id=1667168773016431210&wfr=spider&for=pc，访问日期：2021年2月1日。

作，共同为实现博物馆的繁荣发展和促进世界文明的交流互鉴而努力。

在世界博物馆发展大潮中，中国的博物馆呈现出自己的发展特点。中国各类博物馆在场馆设施建设、藏品保护研究、陈列展示和免费开放、满足民众需求、推动中外文化交流等方面不断取得进展，基本形成了门类丰富、特色鲜明、专题突出、分布广泛的博物馆体系，博物馆日益成为满足人民精神文化生活的地标和文化交流的客厅。各地建设博物馆热情高涨，都在希望能借助博物馆的建设促进其地区经济文化发展。我们也要看到，中国的博物馆发展还存在体制机制不完善、地区发展不平衡、发展质量不高、城市博物馆盲目扩建、体系布局待优化、"千馆一面"同质化等问题，西部欠发达地区与中东部地区、城市之间还存在很大差距，需要采取切实措施不断提高一些地区博物馆发展数量和质量，解决博物馆发展不平衡不充分的突出问题。同时，博物馆资源的利用率不高、博物馆区域发展不平衡、博物馆馆际之间发展不平衡、博物馆经费来源有限、博物馆等级评价覆盖面有限、博物馆评价体系不健全等问题，都是博物馆事业进一步发展的制约性因素。

当前，博物馆越来越成为推动文化繁荣发展的重要载体，成为国际文化交流的重要力量。伴随着世界博物馆的快速发展和信息技术的持续推动，中国博物馆要正视挑战与问题，把握时代赋予的机遇，创新博物馆发展理念，完善博物馆体制机制，加大文物资源开放以及与社会合作的力度，充分运用现代科学技术，提高博物馆信息化水平，激发博物馆文化创新发展活力，不断推动中国博物馆高质量发展。

第二章
中国博物馆的藏品规模与结构

博物馆藏品是根据本馆的性质、特点、任务，按一定标准有计划入藏的具有历史价值、艺术价值和科学价值的有关文物、标本和实物资料等物件，是国家和民族宝贵的科学文化财产，是博物馆业务活动的物质基础[①]。党的十八大以来，我国博物馆事业高速发展，对博物馆藏品的理解也不断更新，博物馆的收藏范围和藏品种类得到不断扩展，使得博物馆藏品呈现出规模不断扩大，结构日趋完善的特征，为博物馆的展览展示、科学研究、社会教育等提供更加丰富的资源。

第一节 博物馆藏品规模

中华民族5000多年延绵不断的悠久历史为我们留下了丰富的文化遗产。博物馆作为收藏和保护人类活动和自然环境见证物的机构，始终致力于将这些遗产进行合理的征集与管理。随着我国博物馆事业的快速发展以及博物馆数量的持续增加，博物馆藏品的规模也在不断扩大，并呈现持续快速增长的趋势。

一、近年来全国博物馆藏品数量增长迅速

根据2017年公布的《全国第一次可移动文物普查数据报告》数据，截至2016年底，我国可移动文物共计10 815万件/套，其中完成登录备案的国有可移动文物2661万件/套，实际数量6407万件/套。博物馆（包括纪念馆）作为可移动文物收藏最主要的收藏机构，共有藏品4196万件/套，占全国可移动文物总量的65.49%[②]。

博物馆收藏到如今的规模，离不开百余年来的不断积累。在中华人民共和国成

[①] 博物馆学概论编写组：《博物馆学概论》，高等教育出版社，2019，第83页。
[②] 国务院第一次全国可移动文物普查领导小组办公室、国家文物局：《第一次全国可移动文物普查数据公报》，《中国文物报》2017年4月8日第3版。

立初期，我国共存博物馆25个，共收藏藏品约1038万件/套[①]。根据可移动文物普查数据，这些藏品占目前可移动文物总量的16.21%，形成了我国博物馆藏品的基础。中华人民共和国成立后，国家在恢复生产的同时，也开始重视文物保护工作，并相继建立了多家博物馆。其中中国历史博物馆、中国革命博物馆、中国人民革命军事博物馆以及各地省级博物馆的建立，为博物馆收藏规模的扩大带来了重要契机。据普查数据统计，1949年至1965年，全国新增可移动文物近848万件/套，占现有总量的13.23%，相比新中国成立时增长了近85%，新中国的文物收藏事业有一个良好的开端。然而，在1966年至1976年，文物收藏工作受到了严重的阻碍，10年间仅收藏文物226万件/套，占现有总量的3.54%。改革开放以来，随着中国经济的腾飞和社会文化消费的增长，博物馆事业也取得了巨大的发展，在各地大力兴建博物馆、推动科学考古挖掘的同时，全国博物馆藏品数量也与日俱增，迎来了增长飞跃期。普查数据报告显示，1977年至2013年的36年间，全国共入藏可移动文物4294万件/套，占现有总量的67.03%，其中2001年至2013年共入藏1667万件/套，占总量的26.02%[②]。

根据历年《中国文化文物统计年鉴》的统计数据，1995年全国文物业共有藏品1133万件/套，2000年为1249万件/套，2005年为1996万件/套，10年间共增长863万件/套。到了2006年，全国博物馆藏品总数为1302万件/套，2011年增长至1902万件/套，用了5年的时间就增长了600万件/套。党的十八大以来，全国博物馆藏品数量依然呈现这种高速增长势头，从2012年的2318万件/套发展到2018年的3754万件/套，增加了近1436万件/套，这一数字超过了2006年全国博物馆已有的藏品数量，充分体现了近年来博物馆藏品数量增长之迅速。不过，从各年份全国博物馆的藏品数量来看，近年来我国博物馆藏品增长速度并不稳定，其中2013年最快，同比增长17.30%，而

[①] 国务院第一次全国可移动文物普查领导小组办公室、国家文物局：《第一次全国可移动文物普查数据公报》，《中国文物报》2017年4月8日第3版。

[②] 国务院第一次全国可移动文物普查领导小组办公室、国家文物局：《第一次全国可移动文物普查数据公报》，《中国文物报》2017年4月8日第3版。

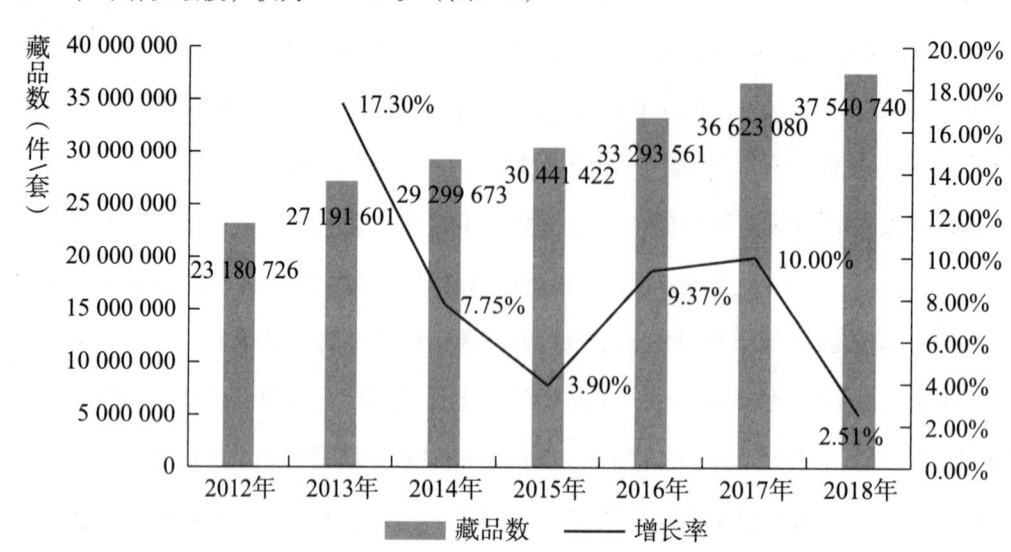

2018年的增长最慢,仅为2.51%①。(图2-1)

图 2-1 2012年至2018年全国博物馆藏品总数

二、博物馆藏品数占全国可移动文物数量的比重逐年上升

在中国,有近2/3的可移动文物收藏于各级博物馆之中。根据第一次全国可移动文物普查统计的数据,截至2016年底,我国博物馆、纪念馆收藏可移动文物共41 963 657件,占所有可移动文物的65.49%。图书馆、档案馆收藏的可移动文物分别占比11.02%和4.15%。

从另一组数据可以看出博物馆藏品数量占所有文物比重的变化趋势(表2-1)。根据历年《中国文化文物统计年鉴》的数据可以看出,博物馆藏品数量占文物业藏品数量的比重稳步上升,从2012年的66.13%逐步攀升到2018年的75.68%,这与近年来博物馆数量的增长以及博物馆藏品数量的增长趋势有直接关系。值得注意的是,尽管博物馆藏品占比持续增高,但占比的增速7年来呈现出逐步趋缓的迹象,从一个侧面体现出

---

① 数据来源:中华人民共和国文化和旅游部编《中国文化文物统计年鉴2013》《中国文化文物统计年鉴2014》《中国文化文物统计年鉴2015》《中国文化文物统计年鉴2016》《中国文化文物统计年鉴2017》《中国文化文物统计年鉴2018》《中国文化和旅游统计年鉴2019》。分别由国家图书馆出版社于2014年、2015年、2016年、2017年、2018年、2019年、2020年出版。

目前博物馆藏品征集工作的局面已经发生变化，在开展中存在一定的困难。

表 2-1　2012年至2018年博物馆藏品占比情况①

年度	文物业藏品数（件/套）	博物馆藏品数（件/套）	占比（%）
2012	35 054 763	23 180 726	66.13
2013	38 408 146	27 191 601	70.80
2014	40 635 827	29 299 673	72.10
2015	41 388 558	30 441 422	73.55
2016	44 558 807	33 292 561	74.72
2017	48 506 647	36 623 080	75.50
2018	49 604 379	37 540 740	75.68

三、博物馆藏珍贵文物占比逐年减少

根据《中国文化和旅游统计年鉴2019》的数据，2018年全国博物馆藏珍贵文物共3 423 358件/套，占藏品总数的9.12%。其中一级品84 201件/套，二级品566 177件/套，三级品2 772 980件/套。对照近年来的统计数据，2012年至2018年，博物馆藏珍贵文物的数量虽总体呈上升趋势，但其占全部藏品总数的比例却逐年下降，比2012年的占比下降了近6.80%。（表2-2、图2-2）

表 2-2　2012年至2018年中国博物馆珍贵文物数量②

年度	珍贵文物（件/套）	藏品总数（件/套）	占比（%）
2012	3 690 402	23 180 726	15.92
2013	3 864 086	27 191 601	14.21
2014	3 928 646	29 299 673	13.41
2015	4 427 833	30 441 422	14.55
2016	4 200 075	33 293 561	12.62

---

① 数据来源：历年《中国文化文物统计年鉴》及《中国文化和旅游统计年鉴2019》。
② 数据来源：历年《中国文化文物统计年鉴》及《中国文化和旅游统计年鉴2019》。

续表

年度	珍贵文物（件/套）	藏品总数（件/套）	占比（%）
2017	4 121 723	36 623 080	11.25
2018	3 423 358	37 540 740	9.12

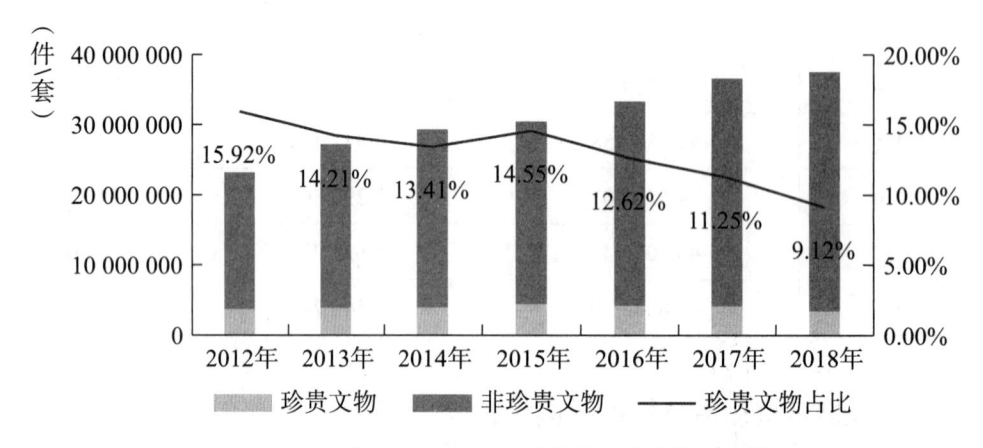

图 2-2 2012年至2018年中国博物馆珍贵文物占比情况

这种现象的形成，是因为近年来我国博物馆藏品定级工作一直没有及时有效地开展。根据第一次可移动文物普查数据，全国仍有未定级文物35 863 164件，数量占比为55.97%。究其原因，一是定级工作需要以大量研究工作为基础，并且十分耗时，若不是博物馆评级需要有珍贵文物比率这个指标项，多数博物馆不愿投入时间和精力进行藏品评级工作。二是目前定级标准还比较抽象，分类不细，对定级工作的实际操作缺乏指导性。三是藏品级别对于藏品管理、展览展示等工作的开展并未起到有效的指导作用。虽然藏品评级制度对藏品的分级保护管理以及挑选展品等工作具有十分重要的价值，但鉴于当今全国博物馆的藏品保管条件参差不齐，严格落实分级保管的难度较高。同时，由于存在一级品出借限制的规定，评级制度甚至对目前展览交流的开展造成了一定的阻碍。

四、博物馆藏品规模仍有较大提升空间

自中华人民共和国成立以来，我国博物馆藏品数量从1000万件/套增长到近4200万件/套，这是在党和政府的领导下，几代博物馆人在全社会的共同支持下取得的突

出成绩。但若与世界发达国家的情况相比，我国博物馆的藏品规模仍有较大的提升空间。据美国史密森协会官方公布，其下属博物馆集群共有藏品1.4亿件/套；英国自然历史博物馆官网显示，其藏品总数超过8000万件/套。可见，在一些发达国家，仅一家博物馆的藏品总数就已经超过我国可移动文物的总量，足以说明我国博物馆藏品总量还有较大的提升空间。

近年来我国藏品规模虽然不断增长，但与改革开放后的30年相比，总体的增长速度则有所下降。第一次全国可移动文物普查的统计数据显示，1977年至2000年间我国入藏的可移动文物数量最多，为26 273 477件/套，占总量的41.01%。2001年以后入藏数为16 672 627件，占总量的26.02%。可以推测出，进入21世纪以来，我国博物馆藏品增速趋缓。（表2-3）

表 2-3 我国可移动文物入藏时间情况统计表[①]

可移动文物入藏时间范围	可移动文物实际数量（件/套）	数量占比（%）
1949年10月1日前	10 383 278	16.21
1949年10月1日—1965年	8 478 646	13.23
1966—1976年	2 265 150	3.54
1977—2000年	26 273 477	41.01
2001年至今	16 672 627	26.02
合计	64 073 178	100.00

一方面，从2013年至2019年中国文化文物统计年鉴的数据来看，我国近年来藏品征集工作开展情况并不稳定，既有2015年的一定幅度的数量回落，又有2017年的巨大增长，这说明目前博物馆藏品征集工作开展并不顺利。主要表现在两个方面。一是古代藏品入藏来源受阻。由于文物系统自身体制上的原因，许多文物机构长期不向博物馆移交藏品，导致博物馆尤其是综合性博物馆中古代藏品的征集来源枯竭，最新考古发现不能及时在博物馆中得到展示，许多为陈列和研究工作所急需的

---

① 国务院第一次全国可移动文物普查领导小组办公室，国家文物局：《第一次全国可移动文物普查数据公报》，《中国文物报》2017年4月8日第3版。

重要文物难以充实到博物馆中。这一问题自20世纪90年代初便有学者提出讨论并呼吁改进，但至今仍未得到有效解决，并有愈演愈烈之势。根据历年《中国文化文物统计年鉴》及《中国文化和旅游统计年鉴2019》的数据，2012年至2018年，综合性博物馆的藏品征集数量共计超过了70万件/套，但考虑到此类型博物馆数量已超过1700家，平均每年每家博物馆仅仅417件/套藏品的征集量实在是有些不尽如人意，综合类博物馆在藏品征集方面面临的困境也在数字上有明显的体现。二是随着文物市场在我国的建立和不断繁荣，博物馆通过购买以及接受捐赠的方式获得藏品的难度越来越大。一些重要的文物在拍卖会上的价格动辄上亿元，远远超出了一般博物馆的购买能力。

另一方面，自然和科技类藏品的征集在我国一直没有得到足够的关注。在欧美发达国家，自然博物馆和科学技术博物馆是十分重要的博物馆分支，尤其是自然博物馆，其藏品数量动辄上千万件/套。而在我国，2018年自然科技类博物馆的藏品总数仅为378万件/套，而2012年至2018年新增藏品也只有近26万件/套。（表2-4）

表 2-4 2012年至2018年各类型博物馆藏品征集情况[①]

单位：件/套

年度	综合性	历史类	艺术类	自然科技类	其他	合计	同比增速
2012	125 843	72 491	6109	16 046	36 451	256 940	54.36%
2013	208 837	188 501	23 494	21 042	108 403	550 277	114.17%
2014	500 586	241 792	14 703	22 971	177 754	957 806	74.06%
2015	207 980	105 574	9924	15 008	114 336	452 822	−52.72%
2016	655 055	263 224	20 084	127 376	106 700	1 172 439	158.92%
2017	211 284	1 472 146	13 697	52 679	167 906	1 917 712	63.57%
2018	350 319	129 485	18 421	73 615	99 418	671 258	−65.00%

---

① 数据来源：历年《中国文化文物统计年鉴》及《中国文化和旅游统计年鉴2019》。

第二节　博物馆藏品区域分布[①]

由于我国不同地区人类和自然遗产分布不均,以及各地博物馆事业发展水平不同,我国博物馆藏品的区域分布上呈现不同的特点。

一、近半数藏品收藏于东部地区博物馆中

根据《中国文化和旅游统计年鉴2019》的统计数据,我国博物馆藏品的区域分布总体上呈现东部遥遥领先,中部与西部基本持平的状况。数据显示,2018年我国东部地区博物馆共有藏品约2271万件/套,中部地区约1133万件/套,西部地区约1217万件/套,东部地区博物馆藏品约占总数的一半。

具体按照六大区域划分,华东和华北地区博物馆藏品更为丰富,分别占总量的28.47%和23.21%。这两个地区经济发达,人民对精神文化需求较高,因此博物馆数量多,并且历史遗存丰富,不仅分布着良渚文化、河姆渡文化、大汶口文化等早期文化遗址,还有北京、南京等古代都城和重要城市,成为这两个地区博物馆藏品资源丰富的主要原因。中南、西南、西北三个地区藏品分布相对平均,其中西南地区因自然资源较为丰富,许多博物馆中藏有大量标本,故藏品数量比中南、西北地区略显丰富。相比之下,东北三省博物馆藏品数量最少,仅占全国博物馆藏品总数的5.65%。(图2-3)

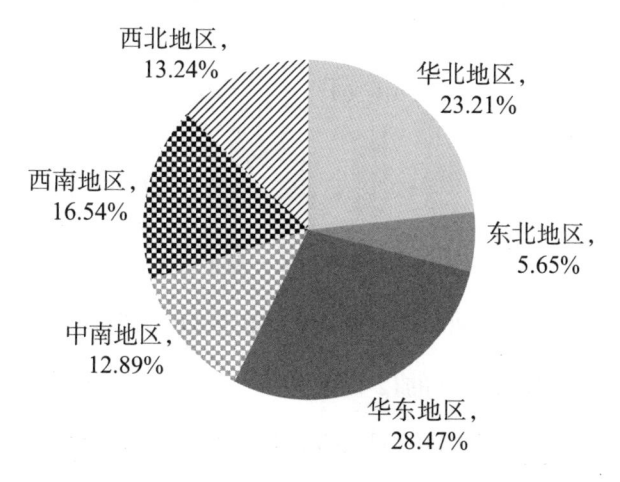

图 2-3　2018年全国六大区域博物馆藏品占比情况

[①] 本节数据来源:历年《中国文化文物统计年鉴》及《中国文化和旅游统计年鉴2019》。

二、近四成省（区、市）博物馆藏品超过百万

从各省（区、市）来看，除港澳台地区之外的全国31个省（区、市）中，2018年中国博物馆藏品超过100万件/套的省（区、市）有12个，分别为：北京、四川、陕西、山东、上海、江苏、湖北、云南、山西、浙江、广东、河南。（图2-4）其中北京藏品最多，为532.46万件/套，包括隶属中央部委管理的博物馆和隶属北京市博物馆的藏品总和。这一方面源于北京作为古都，历史遗存丰富，另一方面也与中华人民共和国成立初期"地方支持中央"，全国各地积极向首都调拨大量珍贵文物的历史有很大关系。位于华东地区的山东、上海、江苏、浙江4省（市）经济相对发达，民众的精神文化需求日益提高，使得近年来博物馆事业发展迅速。陕西、湖北、河南、山西、四川等地历史底蕴雄厚，藏品数量也居于国内前列。云南省因自然资源丰富，因此自然类博物馆中的标本等藏品数量庞大。另外，黑龙江、内蒙古的藏品数分别为97.24万件/套和91.21万件/套，将很快突破百万大关。相比之下，内陆地区及经济发展水平欠发达的地区藏品数量较少。其中西藏文物藏品最少，仅6.76万件/套，青海7.45万件/套、贵州16.39万件/套。

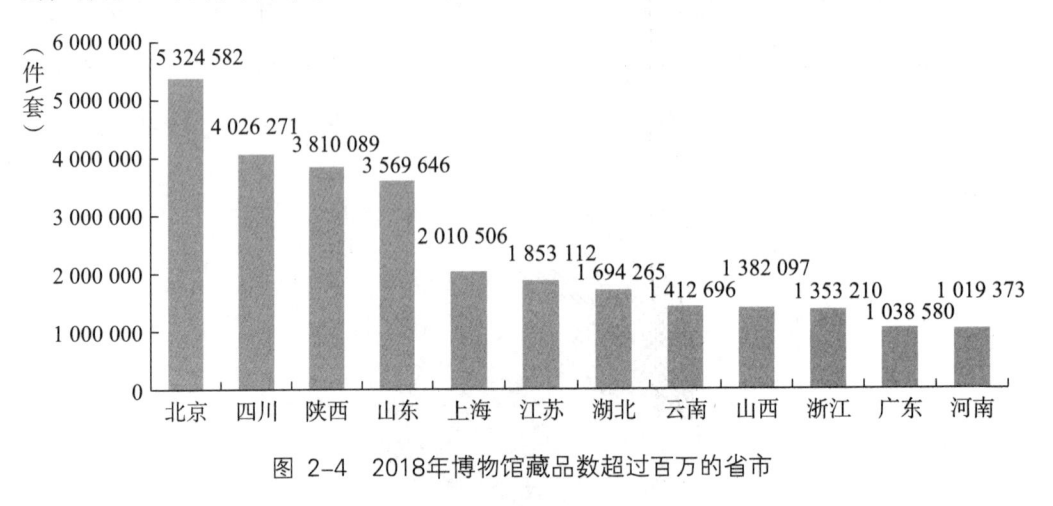

省市	藏品数（件/套）
北京	5 324 582
四川	4 026 271
陕西	3 810 089
山东	3 569 646
上海	2 010 506
江苏	1 853 112
湖北	1 694 265
云南	1 412 696
山西	1 382 097
浙江	1 353 210
广东	1 038 580
河南	1 019 373

图 2-4 2018年博物馆藏品数超过百万的省市

分析得知，藏品数超过百万的12个省（市）中，其博物馆数量排全国前10位的就有7个，而藏品最少的3个省即是博物馆数量最少的3个省。这说明各省（区、市）博物馆藏品的数量与该省（区、市）拥有博物馆的数量之间具有一定的正相关性（表2-5）。

表 2-5 2018年各省（区、市）博物馆数量与博物馆藏品数量位序情况

博物馆数量位序		博物馆藏品数量位序	
排名	省（区、市）	排名	省（区、市）
1	山东	1	北京
2	浙江	2	四川
3	河南	3	陕西
4	江苏	4	山东
5	陕西	5	上海
6	四川	6	江苏
7	甘肃	7	湖北
8	安徽	8	云南
9	湖北	9	山西
10	黑龙江	10	浙江
11	广东	11	广东
12	山西	12	河南
13	江西	13	黑龙江
14	云南	14	内蒙古
15	河北	15	安徽
16	广西	16	天津
17	福建	17	福建
18	湖南	18	吉林
19	内蒙古	19	湖南
20	吉林	20	重庆
21	上海	21	辽宁
22	重庆	22	甘肃
23	贵州	23	江西
24	新疆	24	河北
25	北京	25	宁夏
26	天津	26	广西

续表

博物馆数量位序		博物馆藏品数量位序	
排名	省（区、市）	排名	省（区、市）
27	辽宁	27	新疆
28	宁夏	28	贵州
29	青海	29	海南
30	海南	30	青海
31	西藏	31	西藏

值得注意的是，2015年至2018年的《中国文化文物统计年鉴》数据显示，4年来海南、宁夏两省（区）博物馆藏品数量出现成倍增长，分别增长了269%和281%。尤其是海南，从2015年的仅45 155件/套藏品增长到2018年的166 662件/套，从博物馆藏品最少的梯队中脱离出来。同时，内蒙古、山西、吉林、陕西、贵州等地藏品增长也较为迅速，分别增长76%、50%、42%、40%和31%。（表2-6）

表 2-6 2015年至2018年各省（区、市）博物馆藏品数量

单位：件/套

省（区、市）	年度			
	2015	2016	2017	2018
北京	3 678 397	3 684 368	4 356 056	4 422 918
天津	1 025 328	986 885	1 055 710	1 049 957
河北	613 234	558 198	533 944	553 930
山西	1 197 673	1 458 367	1 626 580	1 799 227
内蒙古	572 423	731 444	754 368	1 009 656
辽宁	754 521	827 168	624 845	644 488
吉林	461 091	482 126	658 898	653 784
黑龙江	773 220	1 013 359	1 018 121	990 509
上海	3 850 202	4 005 831	4 608 884	4 692 055
江苏	2 601 976	2 519 959	2 659 818	2 676 969

续表

省（区、市）	年度			
	2015	2016	2017	2018
浙江	1 331 284	1 446 109	1 532 324	1 504 325
安徽	1 021 742	1 006 694	1 023 988	1 057 972
福建	561 053	541 462	648 149	710 838
江西	609 512	517 401	627 413	626 591
山东	2 090 547	4 306 999	4 506 067	4 506 001
河南	2 101 398	1 963 555	2 001 997	2 065 508
湖北	1 947 865	1 980 655	2 076 765	2 112 271
湖南	985 246	976 723	1 000 353	1 012 975
广东	1 283 237	1 290 857	1 362 898	1 398 121
广西	508 649	342 356	324 351	379 337
海南	45 155	75 795	80 486	166 662
重庆	689 914	603 577	643 174	625 321
四川	3 679 655	4 455 953	4 301 584	4 241 906
贵州	139 048	149 523	192 914	182 108
云南	1 301 043	1 345 420	1 394 886	1 518 885
西藏	262 984	278 587	276 213	265 886
陕西	2 885 836	2 617 470	4 004 127	4 046 736
甘肃	609 895	573 857	537 364	556 849
青海	179 008	189 988	103 128	93 724
宁夏	103 783	75 362	387 188	395 521
新疆	241 046	228 185	246 548	245 892
总计	41 388 558	44 558 807	48 506 647	49 604 379

第三节　博物馆藏品结构[①]

博物馆藏品类型分布主要包括所在博物馆的级别分布、类型分布和属性分布、年代分布等。通过对类型分布的梳理，分析出我国博物馆藏品在类型上的分布特点。

一、博物馆藏品高度集中于省级以上博物馆

根据《中国文化和旅游统计年鉴2019》的数据，我国博物馆隶属关系上分为中央、省（区、市）、地（市）和县市区级。2018年全国县级博物馆藏品数量最多，为1667万件/套，占总量的44.41%。中央及省级博物馆藏品数量为1321万件/套，占比为35.20%。县级博物馆虽然在藏品总量上高于中央及省级博物馆，但其数量多达3691座，平均每座博物馆拥有藏品数仅为4517件/套。相比之下，数量仅3座的中央属博物馆共有藏品330万件/套，平均每座博物馆拥有110万件/套；而省级博物馆共146座，平均每座博物馆拥有藏品6.79万件/套。（表2-7）不难看出，我国博物馆的藏品资源是从地方向中央呈指数级高度集中的。

表 2-7　2018年全国各级博物馆藏品数量表

隶属关系	机构数（个）	博物馆藏品数（件/套）	平均拥有藏品（件/套）
中央	3	3 303 701	1 101 234
省区市	146	9 909 371	67 872
地市	1078	7 656 078	7102
县市区	3691	16 671 590	4517

从珍贵文物的分布情况来看，同样呈现了集中于省级以上博物馆的面貌。据统计，2018年全国博物馆珍贵文物总数3 423 358件/套，占藏品总数的9.1%。其中一级品84 201件/套，占总数0.22%，二级品566 177件/套，三级品2 772 980件/套。从珍贵文物在各级博物馆的分布数据来看，省级博物馆中收藏的珍贵文物数量最多，占比

[①] 本节数据来源：历年《中国文化文物统计年鉴》及《中国文化和旅游统计年鉴2019》。

为34.33%，中央属博物馆紧随其后，县级博物馆珍贵文物占比最少。考虑到中央属和省级博物馆的机构数量，可以分析出，我国珍贵文物呈现自地方向中央集中的特点，仅中央属的3座博物馆就收藏了全国31.47%的珍贵文物，而占全国博物馆总数3/4的县级博物馆，却只收藏了全国珍贵文物的14.58%。（表2-8）

表 2-8 2018年珍贵文物在各级博物馆中的分布情况

单位：件/套

隶属关系	一级品	二级品	三级品	珍贵文物总量	占比
中央	14 941	282 725	779 591	1 077 257	31.47%
省区市	28 879	148 760	997 759	1 175 398	34.33%
地市	21 710	74 541	575 460	671 711	19.62%
县市区	18 671	60 151	420 170	498 992	14.58%

二、近半数博物馆藏品收藏于综合性博物馆中

《中国文化文物统计年鉴》中将我国博物馆分为综合性博物馆、历史类博物馆、艺术类博物馆、自然科技类博物馆和其他博物馆五类[①]。2018年，综合性博物馆藏品数为1639万件/套，占收藏总数的43.65%；历史类博物馆藏品数为886万件/套，

---

① 根据《中国文化文物统计年鉴2013》中的统计指标解释，综合性博物馆指"综合收藏、展示自然、历史（含革命史和建设成就）、艺术等方面藏品的博物馆。如：黑龙江省博物馆、内蒙古博物馆、甘肃省博物馆、贵州省博物馆、南通博物苑、旅顺博物馆等"。历史类博物馆指"主要收藏、展示关于国家（地区）、民族、社会发展、重大事件和任务的历史（古代史、近代史、战争史、革命纪念馆、历史名人纪念馆等）的文物资料的博物馆。如国家博物馆、陕西历史博物馆、泉州海外交通史博物馆、东北烈士纪念馆、韶山毛泽东同志纪念馆、遵义会议会址纪念馆、黑龙江省民族博物馆等"。艺术类博物馆指"主要收藏、展示艺术品、工艺品文物（艺术品、绘画、书法、篆刻、民间艺术）的博物馆。如故宫博物院、上海博物馆、南阳汉画像馆、广东民间工艺馆、武强年画博物馆、徐悲鸿纪念馆、天津戏剧博物馆、景德镇陶瓷历史博物馆等"。自然科技类博物馆指"主要收藏、展示自然物种历史、发展以及反映科学技术成果方面标本、实物的博物馆。如天津自然博物馆、自贡恐龙博物馆、中国科学技术馆、中国地质博物馆、柳州白莲洞洞穴博物馆等"。其他博物馆是指"上述4类博物馆之外，内容独特的行业性、专门性博物馆。如中国丝绸博物馆、中国茶叶博物馆以及农业、体育、邮电、中药、交通、水利、煤炭、林业、公安、儿童等专门博物馆"。

占比为23.61%，排名第二；艺术类和自然科技类博物馆藏品数相对较少，分别为239万件/套和378万件/套，仅占藏品总数的6.37%和10.07%；而其他类博物馆由于包含类型广泛，藏品数量上也较大，总数为612万件/套，占总数的16.29%。

从7年来各类型博物馆藏品数量的增长趋势来看，综合性博物馆增加藏品491万件/套，较2012年增长了42.7%。虽然与艺术类博物馆藏品增长54.9%、自然科技类博物馆藏品增长139%相比并不算高，但由于藏品基数大，占博物馆藏品总数的比重则始终接近半数。同时，其他类博物馆藏品从2012年的177万件/套一跃增长至2018年的612万件/套，共增加藏品463万件/套，6年增长了2.5倍，并且从2015年开始，其总量就已超过了艺术类和自然科技类博物馆藏品数的总和，这体现了其他类博物馆近年来的迅速发展。相比之下，历史类博物馆藏品数量占比在2012年至2016年期间呈逐年下降趋势，体现出其在征藏方面缺乏一定的活力。（表2-9、图2-5）

表 2-9　2012年至2018年全国各类型博物馆藏品数量情况

单位：件/套

	年度						
	2012	2013	2014	2015	2016	2017	2018
综合性	11 480 135	13 301 703	14 357 900	14 470 159	15 277 363	15 525 628	16 387 457
历史类	6 808 182	6 292 906	6 512 471	6 475 151	6 798 964	8 599 133	8 864 766
艺术类	1 543 104	1 749 465	1 832 059	1 872 500	2 326 854	2 390 623	2 389 777
自然科技类	1 581 131	2 308 201	2 530 411	2 350 882	2 882 173	3 708 443	3 780 872
其他	1 768 174	3 539 326	4 066 832	5 272 730	6 008 207	6 399 253	6 117 868
总数	23 180 726	27 191 601	29 299 673	30 441 422	33 293 561	36 623 080	37 540 740

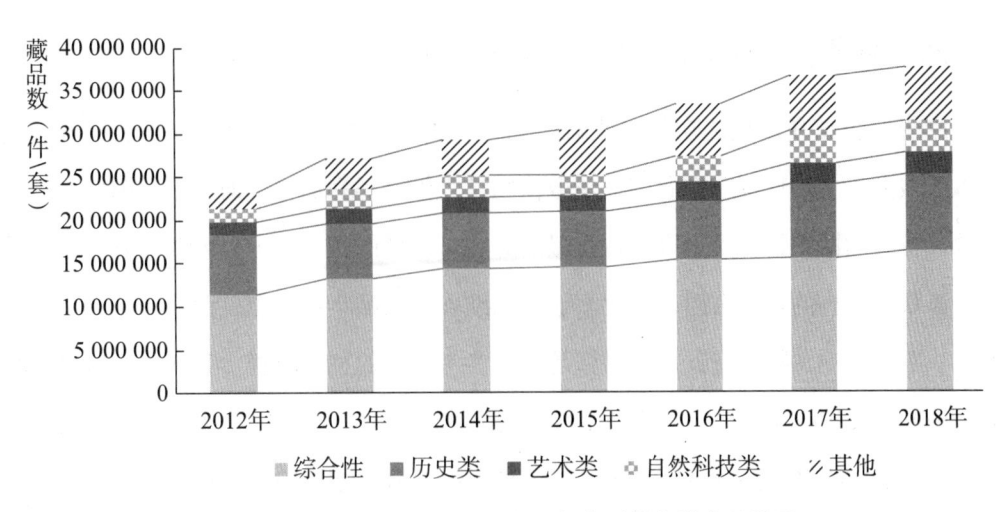

图 2-5　2012年至2018年全国各类型博物馆藏品数量

三、非国有博物馆藏品数量占比迅速提升

2018年，我国非国有博物馆拥有藏品数量为725万件/套，占博物馆收藏文物总量的19.3%。虽然这个比重并不高，但从历史数据能够看到，非国有博物馆近年来的藏品数量增长速度迅猛，从2012年的106万件/套迅速增长至2017年的725万件/套，增长了6倍。从图2-6中可以明显看出，2012年至2016年非国有博物馆藏品数量占全国博物馆藏品比重不断上升，已经从占比4.6%增长至20%，这与近年来非国有博物馆数量迅速增长的趋势相吻合。然而之后3年非国有博物馆藏品的占比稳定保持在20%，也显示了非国有博物馆发展后劲不足。

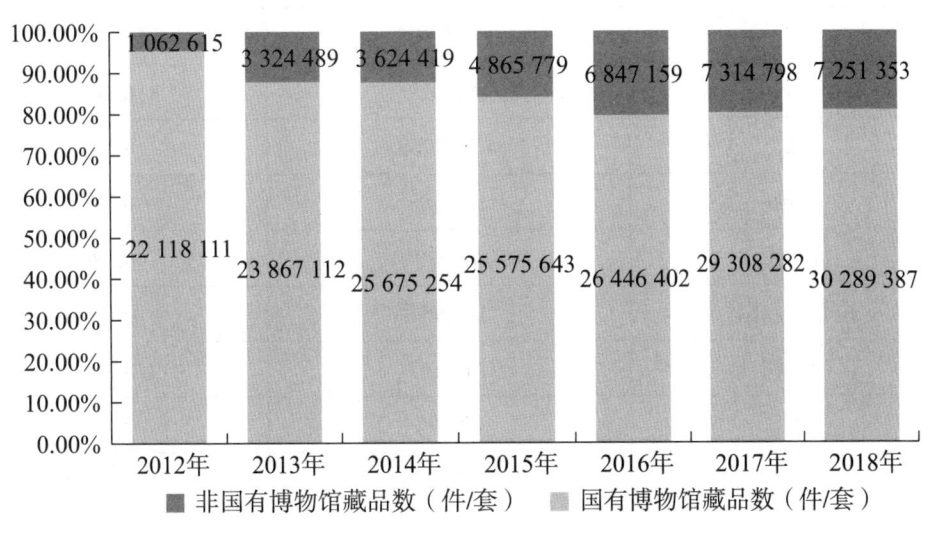

图 2-6　2012年至2018年国有博物馆与非国有博物馆藏品情况

四、清代及以前藏品在博物馆藏品中占比较高

由于博物馆在发展之初就以收藏古物为目的，因此在藏品年代分布上一般呈现出古代藏品为主的情况。在我国，多数博物馆为综合类和历史类博物馆，因此从宏观来看，我国的博物馆藏品也应以古代藏品为主。遗憾的是，我国目前并没有公布有关博物馆藏品结构的具体数据，因此不能得到准确的藏品年代分布。而2017年公布的全国第一次可移动文物普查数据可以算是最具参考价值的相关数据。基于博物馆是可移动文物最主要的收藏机构，其收藏的可移动文物占全国总量的2/3，可以认为，通过对全国可移动文物结构的分析，基本可以体现博物馆藏品结构的样貌和特点。

根据第一次全国可移动文物普查的公布数据，按时代统计，我国清代及以前的藏品共4186万件，占藏品总数的76.49%，这基本符合博物馆以古代文物为收藏主体的判断。

表 2-10　全国可移动文物所处年代结构表

可移动文物年代	可移动文物实际数量（件/套）	实际数量占比（%）
合计	54 727 757	100.00
旧石器时代	114 763	0.21
新石器时代	782 177	1.43
夏	22 432	0.04
商	213 491	0.39
周	1 406 805	2.57
秦	198 027	0.36
汉	4 710 963	8.61
三国	122 588	0.22
西晋	45 999	0.08
东晋十六国	184 951	0.34
南北朝	145 697	0.27
隋	62 292	0.11
唐	3 421 490	6.25

续表

可移动文物年代	可移动文物实际数量（件/套）	实际数量占比（%）
五代十国	87 656	0.16
宋	9 914 814	18.12
辽	99 918	0.18
西夏	32 226	0.06
金	126 694	0.23
元	193 795	0.35
明	1 548 018	2.83
清	18 424 094	33.66
中华民国	9 220 037	16.85
中华人民共和国	3 648 830	6.67

从统计数据中可以看出，我国可移动文物的年代分布悬殊较大，高度集中于清、宋、中华民国、汉、中华人民共和国等几个时期[1]，5个时期的藏品合计45 918 738件/套，占可移动文物总量的83.90%。除去唐代、明代和新石器时代以外，其他时期的文物占比均不超过1%，而藏品最少的西晋、隋、五代十国、辽、西夏5个时期，占比均不足0.2%。值得注意的是，相比于清代和中华民国时期，中华人民共和国成立以来的可移动文物占比略显不足，共364.9万件/套，仅占总量的6.67%。这一情况也充分显露出我国博物馆对现当代文物收藏意识的不足。

第四节 小结

通过对我国博物馆藏品规模和结构进行梳理和分析，可以从中得出一些基本规律，即我国博物馆藏品数量与各省（区、市）博物馆数量成基本正相关，主要分布在华东、华北地区；绝大多数藏品集中收藏于各省（区、市）的综合博物馆内，并

---

[1] 国务院第一次全国可移动文物普查领导小组办公室，国家文物局：《第一次全国可移动文物普查数据公报》，《中国文物报》2017年4月8日第3版。

且以清代以前的文物占多数。我国的博物馆藏品虽然数量庞大，品类丰富，但仍然在规模和结构上具有很大的发展空间，目前在藏品的管理及使用上还存在着许多问题，例如藏品征集面临困境、藏品定级亟待推进等。若要进一步使藏品得到充分保护与利用，改善藏品的结构和分布情况，使藏品能够在当今博物馆展览、研究的功能下发挥应有的支撑作用，需从以下方面加以改进。

一是进一步扩大藏品规模，持续推进藏品征集工作。需进一步扩大博物馆收藏范围，大力发掘现当代见证物资源，各地各类型博物馆都应增强主动征集意识，挖掘当地藏品资源，尤其是行业、地区发展成就，非物质文化遗产以及体现新中国、改革开放以后生产生活新面貌的见证物等，"为明天收藏今天"，使博物馆真正成为当代中国的见证者和参与者。需在各个层级做好征集规划，针对藏品类型上的明显短板做好专项征集。需努力加强与考古单位等文物机构在机制和法律上的沟通，疏通考古成果的入藏渠道。同时，也应在条件允许的情况下适当收藏外国文物，不断完善我国的藏品结构。

二是进一步提高藏品管理水平。细化藏品分类方式，出台科学的分类标准，使藏品保管及征集工作更加科学地开展。加强文物保护工作，有计划地开展文物修复，加大藏品预防性保护的投入力度，有针对性地系统开展标准化文物库房提升。培养专业藏品保管人员和征集人员，注重吸纳具备专业素质的藏品管理人员，加强专项培养，强化培训体系和机制。

三是推进藏品定级工作。完善、细化不同类别的藏品定级标准，如古代文物、革命文物、民族民俗类文物、科技类文物等，提出具有实操性的评级方法。大力推动未定级藏品的定级工作，尤其是藏品较多的综合类博物馆，应加强规划，尽快将长期未完成的基础工作完成，以更好地增强藏品的分类分级管理，提升藏品保护和利用的效率和品质。

第三章
中国博物馆的学术研究

高质量的学术研究既是博物馆开展业务工作的基础,也是博物馆管理理念升级和服务公众能力提升的持续推动力,不仅能为藏品征集保管、保护修复、展览展示、公共教育等博物馆主责主业的开展提供学术支撑,也能为新闻传播、对外交流、运维保障等专业领域提供学术支持。

近年来,随着我国博物馆事业的高速发展,学术研究越来越受到重视,博物馆科研氛围渐趋浓厚,尤其是国有大型博物馆开展的一系列文物藏品研究和博物馆学科建设,都取得了长足进展,起到了较好的示范引领作用。与高校科研院所相比,博物馆的学术研究有其独特性,如研究选题与博物馆各项业务紧密相关,研究成果除著作、论文外还包括展览、图录、文创产品、文物复制品与修复品等。面对当前新形势下的新要求,博物馆在追求卓越学术研究的道路上,只有充分发挥自身的特点与优势,才能不断推出高水平的科研成果,培养出专业化的人才队伍,与博物馆文化事业的高速发展相得益彰。

第一节 博物馆学术研究现状

一、博物馆学术研究概况

博物馆的学术研究是体现博物馆综合实力的重要测评项目,而学术成果是衡量一座博物馆学术研究质量和水平的重要标志。过去几年来,各地博物馆围绕党和国家事业全局,聚焦主责主业,发挥博物馆在文物藏品方面的突出优势,整体研究能力和学术水平稳步提高。根据历年《中国文化文物统计年鉴》,最近几年来博物馆的学术成果数量不断增长,尤其是2014年至2017年,专利数量由53个猛增到4560个,增长了85倍之多,说明博物馆越来越重视知识产权的保护;专著或图册数量增长7倍;获省部级奖励数量增长135%;获国家奖数量也增长了152%。(表3-1)

表 3-1 2014年至2018年博物馆学术成果整体情况

年度	省部级以上科研课题（个）	专利（个）	专著或图册（册）	论文（篇）	古建维修、考古挖掘报告（册）	获国家奖（个）	获省、部奖（个）
2014	421	53	924	5597	131	46	194
2015	404	51	885	5368	106	85	269
2016	451	318	1022	6016	121	112	323
2017	561	4560	7401	6394	141	116	455
2018	497	162	1117	6051	121	114	361

论文和著作是学术研究的两项重要成果，近年来时有涨落，但每年的成果数量从总体上看保持较为稳定的态势。具体分析，国有大馆是论文和著作的主要"制造者"。根据中国知网2015年至2019年统计数据[①]，5年来博物馆发表论文总量较高的前10家博物馆依次为故宫博物院（2586篇），中国国家博物馆（1641篇），南京博物院（753篇），首都博物馆（700篇），敦煌研究院（486篇），陕西历史博物馆（248篇），湖北省博物馆（239篇），沈阳故宫博物院（181篇），四川博物院（178篇），重庆中国三峡博物馆（140篇）。10家博物馆均为国家一级博物馆，论文数量变化情况如图3-1所示。

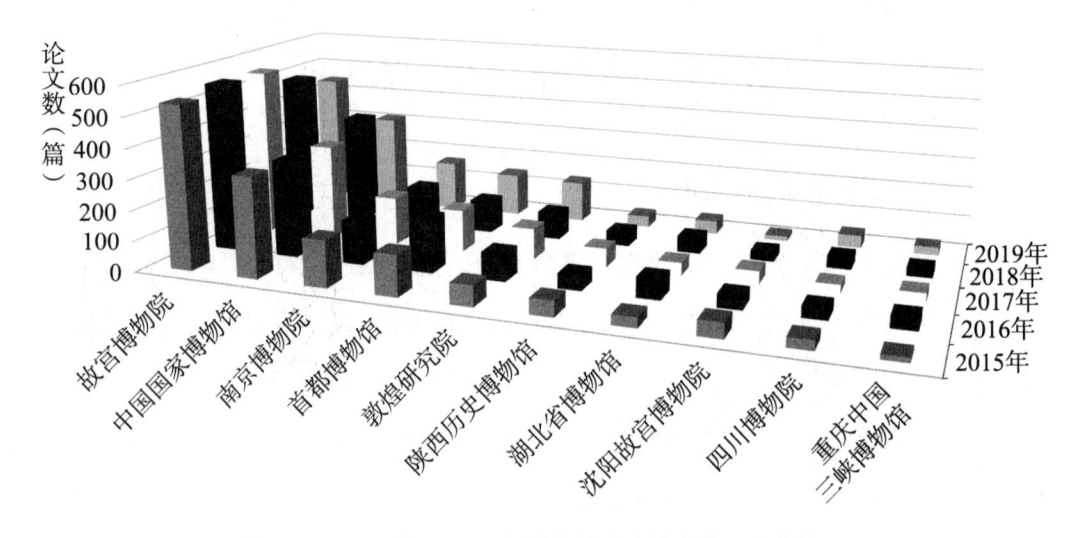

图 3-1 2015年至2019年博物馆发表论文数量变化情况

---

① 数据来源：中国知网官网，https://wenbo.cnki.net/chnmuseum/。

著作仅以博物馆出版的较大体量丛书、文集为例。故宫博物院经过多年的学术积累沉淀，硕果累累，先后出版《故宫专家学术全集》系列丛书、《紫禁书系》，推出《明代宫廷史研究丛书》《故宫学视野丛书》，还组织编写了大型资料丛书和工具书，包括《明清宫廷建筑大事史料长编》、《故宫古建筑保护工程实录》、《故宫博物院藏品大系》、《故宫博物院藏品总目》、《故宫博物院藏文物精品集》（10卷英文版）等。

中国国家博物馆近年相继推出了《中国国家博物馆馆藏文物研究丛书》《中国国家博物馆馆藏文献研究系列丛书》《中国国家博物馆历史文化系列丛书》《中国国家博物馆古代艺术系列丛书》《中国国家博物馆国际交流系列丛书》《中国国家博物馆捐赠系列丛书》《中国国家博物馆名家艺术系列丛书》《中华宝典——中国国家博物馆馆藏法帖书系》《中国国家博物馆学术丛书系列》《中国国家博物馆学者丛书》《中国国家博物馆青年学者丛书》等。以2019年为例，出版学术著作39部，展览图录17部。

敦煌研究院一直致力于敦煌艺术和敦煌学研究，出版《敦煌石窟美术史·十六国北朝》、《敦煌石窟全集》（26卷）、《敦煌莫高窟北区石窟》三卷本考古报告、《甘肃藏敦煌文献》六卷本、《敦煌遗书总目索引新编》、《甘肃藏敦煌藏文文献叙录》等，并开拓敦煌学研究的新领域，包括社会生活、音乐与舞蹈、敦煌石窟西夏时期密教图像、供养人画像与世家大族研究、关于吐蕃时期石窟图像和相关藏文文献的研究等。

南京博物院先后整理出版《南京附近考古报告》《华东新石器时代遗址》《南唐二陵》《沂南古画像石墓发掘报告》《北阴阳营：新石器时代及商周时期遗址发掘报告》《四川彭山汉代崖墓》《花厅——新石器时代墓地发掘报告》等大型发掘报告，还出版《南京博物院珍藏大系》《南京博物院学人丛书》《南京博物院文物保护科技丛书》等系列丛书。尤其是在文物保护技术方面，有5项前沿科技成果获得国家专利，且主持编纂了文博、考古图书百余部。

学术专著和论文是各学科主要的学术成果，博物馆学术研究也是如此。据统计，2014年至2018年博物馆出版的专著、图录和发表的论文数量均无明显增加，有的甚至在减少。但随着博物馆行业迅速发展壮大的趋势，2017年专著或图录数量出现井喷式增长，是2016年的6.2倍之多，达到7401部，创历史新高；同时，论文（省部级以上刊物）发表量与2016年相比也增长了6.28%，为6394篇。（图3-2）

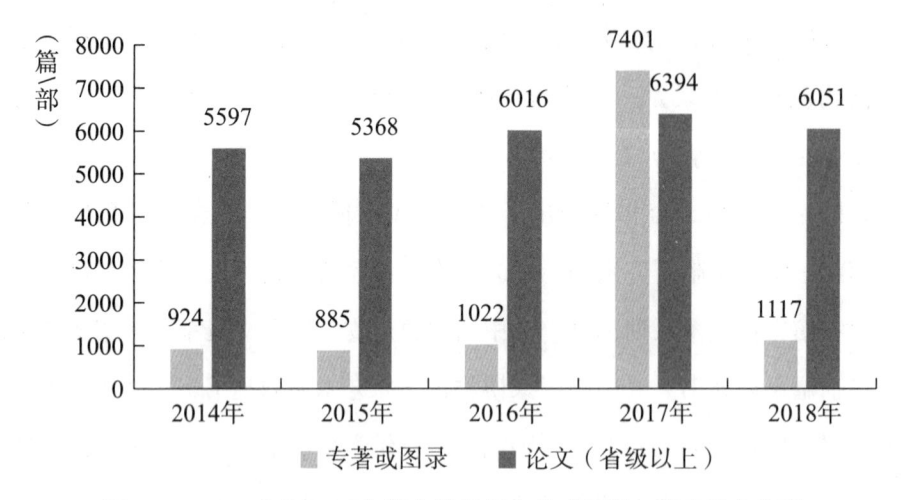

图 3-2　2014年至2018年博物馆出版专著或图录、发表论文情况

最近几年来，中国博物馆取得的各类学术成果总体上数量都在稳步增加，特别是综合性大馆与其他博物馆相比，在学术研究上发展的势头更加迅猛，在中国博物馆学术成果总量中占据了重要位置。这也反映出博物馆之间的差距正逐渐扩大。

二、博物馆学术研究特点

博物馆是代表国家或者地区水平、展示对外形象的公共文化机构，具有特殊地位、发挥特殊作用。正因如此，博物馆的学术研究不仅要有鲜明正确的政治导向和问题意识，而且要充分发挥出独有特点和优势，主要表现为以下三点。

（一）以文物研究为中心

截至2018年底，我国博物馆拥有藏品近4000万件/套，规模庞大、门类丰富、形态多样，是中华优秀传统文化、革命文化、社会主义先进文化的代表性物证。博物馆可以通过学术研究构建起中华文化的物化表达体系，达到以物证史、以物说史、以史明理的目的，这是博物馆学术研究与大学和科研院所学术研究的最大区别，同时也是最大优势。习近平总书记多次强调："要把优秀传统文化的精神标识提炼出来、展示出来，把优秀传统文化中具有当代价值、世界意义的文化精髓提炼出来、展示出来。"博物馆从业者需要通过扎实细致的学术研究，把藏品丰富深刻的历史价值、文化价值、审美价值、科技价值和时代价值挖掘出来，让更多深藏在库房中的文物走上展线，登上展台，客观全面立体地展现在社会公众面前。

（二）跨专业多领域综合性研究

博物馆的学术研究既有藏品研究，也有展览研究；既有人文社会科学研究，也有工程技术科学研究；既有宏观管理研究，也有微观业务研究；各项工作的开展几乎都需要跨学科的综合研究做支撑。例如，藏品征集工作的顺利开展，既要通过扎实深入的历史研究准确把握历史发展演变的脉络，又要通过细致的文物研究判断什么文物才是各个历史阶段的典型物证，还要研究馆藏体系和缺项，研究市场价格，研究相关的法律法规和政策，甚至谈判技巧等，是跨专业、多领域的综合性研究。馆藏品的保护与利用、库房的管理与分类、展览的策划与实施、设备楼宇的管控与运维等也是如此。博物馆工作的性质和需求决定了博物馆学术研究的特点必然是全方位的综合性研究。

（三）明确的应用导向

高校、科研机构的学术成果主要以传统的论文、著作等形式为主，与之形成鲜明对比的是博物馆科研成果转化途径较多，不仅限于论文与专著，还可以直接转化为展览、文物文化创意产品、文物复制品与修复品。博物馆的学术研究主要是围绕馆藏文物展开的，真正意义上的馆藏研究是把馆藏文物的综合价值阐述清楚，揭示其所隐含的社会文化信息。同时馆藏研究也要服务于征集工作，还要服务于展览策划工作，更要服务于社会教育、文化传播、文创开发等工作，才能实现文物活化，达到展示好、传承好中华文化独特魅力的目的。博物馆的学术成果只有转变成能够具体应用的学术成果，才能更好服务于博物馆的各项工作，有力支撑主责主业，这也是博物馆拥有的独特优势。

三、博物馆学术研究形势与挑战

近几年，博物馆学术水平和研究能力稳步提升，但是，面对新形势与新要求，博物馆的学术研究仍存在发展战略不够明确，学科体系、学术体系、话语体系建设水平总体不高，研究资源配置不尽合理，学术原创能力不强等问题，这种局面与我国博物馆事业蓬勃发展所需的强劲学术支撑力和推动力不相匹配，亟待改善。

（一）博物馆学术研究基础相对薄弱，区域发展不均衡

通过博物馆定级评估的一级博物馆，一般都具有较好学术研究能力和成果。根据2008—2009年度国家一级博物馆运行评估发现，一级博物馆的学术得分率是同级指标中最低的，为43%，代表性学术成果仅为27%[1]。2010年后，评估结果虽总体状况不断好转，但关系到博物馆发展动力的学术研究得分率仍然较低，为58%，代表性学术成果只有46%。[2]如果进行横向对比，一级博物馆学术研究成绩更为突出，2016年的评估中学术研究得分率接近80%，科研产出得分率为65.1%，两者之间还是存在一定差距。同时，根据《中国文化和旅游统计年鉴2019》，学术成果主要集中于经济较发达地区，呈现出"东部＞中部＞西部"的态势，区域发展呈现出不均衡特征。此外，在学术研究能力和水平上，各博物馆之间的差距明显，国家一级博物馆超过其他博物馆，经济发达地区的博物馆超过经济欠发达地区的博物馆（表3-2）。

表 3-2 各省（区、市）2018年科研成果情况

省（区、市）	省部级以上科研课题数（个）	专利（个）	专著或图册（册）	论文（篇）	古建维修、考古挖掘报告（册）	获国家奖（个）	获省、部奖（个）	合计
贵州	3	4330	6009	99	1			10 442
江苏	57	16	114	594	24	10	65	880
山东	52	24	283	376	12	12	54	813

---

[1] 数据来源：中国博物馆协会《国家一级博物馆运行评估报告（2008—2009年度）》。
[2] 张书慧：《博物馆的科研评估——以伪满皇宫博物院为例》，硕士学位论文，吉林大学，2011。

续表

省（区、市）	省部级以上科研课题数（个）	专利（个）	专著或图册（册）	论文（篇）	古建维修、考古挖掘报告（册）	获国家奖（个）	获省、部奖（个）	合计
上海	44	4	78	431	11	3	26	597
四川	55	56	88	301	1	2	28	531
浙江	17	14	144	277	3	14	42	511
重庆	26	10	29	430	3		11	509
河南	34	20	55	289	5	8	19	430
甘肃	31	22	36	306	5	5	7	412
北京	42	6	45	283	1	4	29	410
陕西	33	12	70	253	3	3	5	379
广东	8	1	71	275	1	5	3	364
湖南	15	11	27	265	9	5	11	343
湖北	16		33	246	20	3	22	340
广西	6		10	208	4	2	6	236
辽宁	4		46	179		3	3	235
安徽	1	2	10	174	5	2	4	198
河北	3		16	144	2	1	8	174
福建	10		18	125	5	1		169
江西	4	5	13	117	9	6	4	158
黑龙江	7		16	92		2	19	136
吉林	5		7	97				109
云南	11		8	59	4	5	11	98
内蒙古	1		8	51	1	4	17	82
宁夏		3	4	66				73
海南	1		8	55	8			72
新疆	7		6	46				59
山西	3	1	15	29				48

续表

省（区、市）	省部级以上科研课题数（个）	专利（个）	专著或图册（册）	论文（篇）	古建维修、考古挖掘报告（册）	获国家奖（个）	获省、部奖（个）	合计
天津	6	3	16	17			1	43
西藏	1		12	18			1	32
青海				6			1	7

（二）博物馆学术研究与高校、科研院所差距较大

近年来，我国博物馆的学术研究虽然取得了一定的成绩，但与当地的高校和科研院所相比，在课题立项、著作出版、论文发表以及获得省部级以上奖励方面都有一定差距。究其原因，博物馆在整体学术氛围营造以及科研人员培养和引进等方面，重视程度和力度都有所欠缺；高校的学术研究以理论和基础研究为主，科研成果主要是论文和著作，符合传统意义上对成果的认定，而博物馆更偏重于应用型研究，学术成果不局限于论文和著作，还有业务工作报告、展览、文物复制品与修复品、文创产品等，而这部分成果还未被正式纳入科研考核指标。

（三）博物馆学术成果未能有效转化，对主责主业支撑力不足

随着时代的发展，博物馆学术成果的数量逐年增加，形式也逐渐多样化，但对目前蓬勃发展的博物馆事业来讲，学术支撑力明显不足，学术成果未能有效服务于博物馆的主责主业，因此尚未形成突出鲜明的博物馆学术特色。例如，藏品的分类、整理等基础工作尚不充分，藏品的研究工作相对薄弱，藏品的信息化工作推进缓慢，无法为藏品征集、展览策划、文化传播等核心业务助力，无法为运维管理智慧化、科学化等业务保驾，不利于促进博物馆事业的发展，不利于为公众提供更好的服务。

（四）博物馆研究人员积极性不足，研究偏重于个人兴趣爱好

由于博物馆相关制度设计和学术管理体制的局限，在研究人员中存在自主研究意识薄弱的现象，部分研究人员的科研动力在于评职称，学术研究激情不足。另外，"单干"也是博物馆科研状态的一个特点，学术研究偏重于个人兴趣爱好，缺

乏宏观视野和战略把握，难以形成能够解决博物馆发展中突出问题的重要成果。尤其是在当今科研活动综合性与复杂性日益增强的情况下，为了评职称的突击式研究和出于个人兴趣的"单打独斗"式的研究，难以满足大数据、大科学发展的时代要求，更难形成对促进文物活化、促进传统文化创造性转化和创新性发展有助益的重大成果。

第二节　博物馆科研课题

一、博物馆承担科研课题概况

博物馆的课题研究是针对藏品的研究、保护、利用以及博物馆发展理论、制度、标准制定所进行的一系列独特的、复杂的并相互关联的活动。由于课题均设有具体的目标，必须在特定的时间、预算、资源限定内依据规范完成，因此科研课题的申报与研究不仅是学术能力和学术影响力的体现，也是激发研究人员积极高效取得学术成果、提高博物馆业务工作效率的重要手段。

由国家各级部门和机构设立基金支持的纵向课题和横向课题是博物馆承担课题的重要组成部分。纵向课题是指由各级政府指定的科研行政单位代表政府立项的课题，如国家科技部、省科技厅，国家社科联、省社科联，国家教育部、省教育厅等发布的课题。横向课题是指受地方政府和企事业单位委托并由其出资用于解决实际问题的课题以及博物馆自筹课题。目前博物馆可申报的国家级课题主要有国家社会科学基金、国家自然科学基金、国家艺术基金等，省部级课题主要有国家文化和旅游科技创新工程项目、国家文物局文化遗产保护科学与技术研究、国家民族事务委员会主管的民族问题研究以及各省（区、市）设立的哲学社会科学基金、自然科学基金等。数据显示，2014年至2018年，博物馆申请的省部级以上科研课题共有2334项[①]，平均每年约467项。（图3-3）

[①] 数据来源：《中国文化文物统计年鉴2015》《中国文化文物统计年鉴2016》《中国文化文物统计年鉴2017》《中国文化文物统计年鉴2018》《中国文化和旅游统计年鉴2019》。

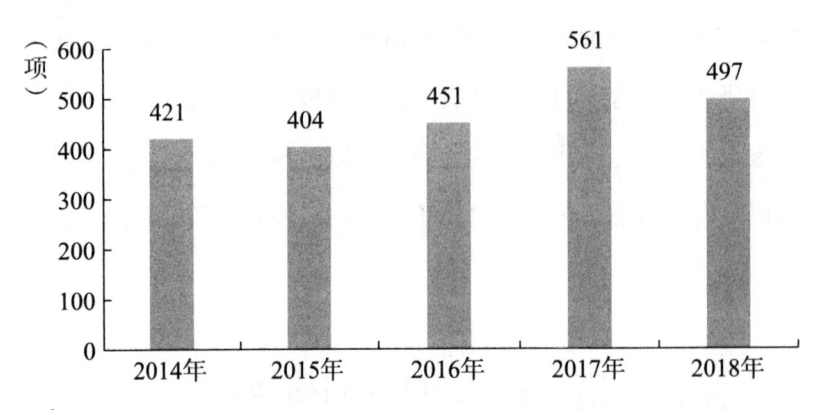

```
      (项)
      600                         561
                                        497
      500          451
          421  404
      400
      300
      200
      100
        0
          2014年 2015年 2016年 2017年 2018年
```

图 3-3　2014年至2018年博物馆申请的省部级以上课题情况

从图3-3中可以看出，2014年至2017年连续4年的省部级以上科研课题数量都在逐年增加，2017年为561项，增长量最多，较2016年增长110项，2018年与2017年相比则减少了64项。可以看出，立项课题数量并没有随着近年来博物馆建设的飞速发展呈现出快速增长的趋势。同时，由于课题申报制度和范围的限制，博物馆主持的省部级以上科研项目主要以藏品研究、藏品保护研究以及考古学研究为主。

国家社科基金是我国在社会科学领域支持基础研究的主渠道。根据国家社科基金项目数据库2010年至2019年统计数据[①]，10年来国家社科基金立项总数逐渐增加，从2010年的2275项增加到2019年的4555项。其中，博物馆行业立项数，从2010年的5项到2019年的17项，平均每年增长量不到2项，10年来立项总数为103项，只占社科基金总立项数的0.29%，可见，立项数量并未因博物馆数量的急剧增加而出现明显增长的情况，详见表3-3。

表 3-3　2010年至2019年社科基金年立项数与博物馆行业立项数对比情况

单位：项

	年度										总计
	2010	2011	2012	2013	2014	2015	2016	2017	2018	2019	
博物馆立项数	5	8	11	12	15	3	5	16	11	17	103
立项总数	2275	2883	3291	3826	3818	3777	3919	3196	4522	4555	36 062

① 数据来源：国家社科基金项目数据库，https://fz.people.com.cn/skygb/sk/index.php/index。

国家社科基金设有马克思主义、科学社会主义、党史、党建、哲学等23个学科以及教育学、艺术学和军事学3个单列学科。从10年来博物馆行业立项的主要学科来看，在103项中考古学立项47项，几乎占一半；其次是中国历史学立项29项，占28%；再次是民族问题研究立项8项，占8%。（图3-4）这组数据显示了博物馆学术研究在发展不均衡的同时，也展现出博物馆自身的行业特色。

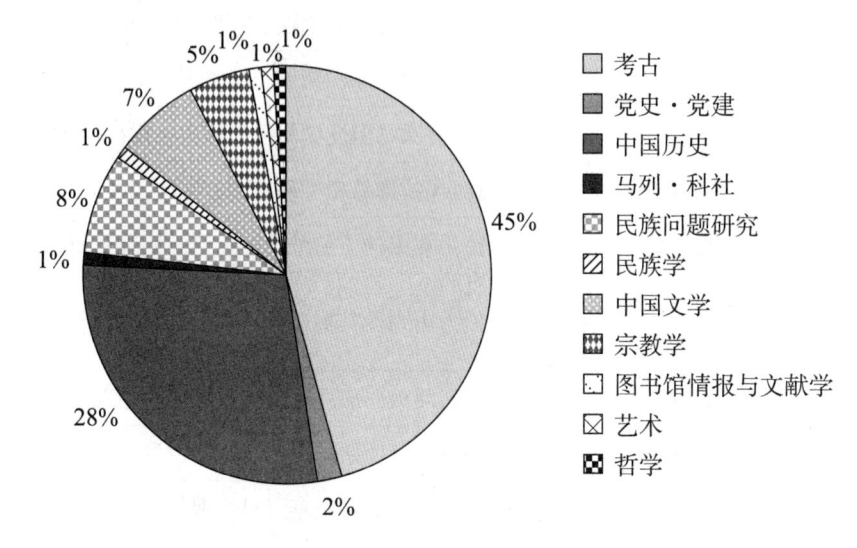

图 3-4　2010年至2019年博物馆立项课题学科占比

以2019年国家社科基金立项课题为例，共立项4555项，其中博物馆从业人员申报课题19项①（表3-4），占比较低，为0.42%。从立项内容看，考古研究依然占据较大优势，同时也可以看出立项单位多为国家一级博物馆。值得注意的是，国家社科基金并没有设立博物馆学方面的研究课题，这应该也是博物馆在其中立项较少的原因之一。

表 3-4　2019年国家社科基金博物馆立项情况

序号	立项博物馆	立项课题名称
1	中国国家博物馆	中国博物馆发展现状与对策研究
2		山西绛县周家庄遗址考古发掘资料的整理与研究
3		汉服的形成——东周秦汉服饰的考古学研究

① 数据来源：国家社科基金项目数据库，https://fz.people.com.cn/skygb/sk/index.php/index。

续表

序号	立项博物馆	立项课题名称
4	敦煌研究院	海内外藏敦煌西域古藏文书信文献整理与翻译
5		法藏敦煌汉文非佛经吐蕃文献整理与研究
6		陕北陇东北朝佛教石窟研究
7	上海博物馆	上海博物馆藏东周有铭兵器研究
8		丝绸之路出土缂织物调查、整理和工艺交流研究
9	故宫博物院	故宫文物南迁史料整理与史迹保护研究
10	北京自然博物馆	旧石器时代装饰品相关理论、方法与实践的系统研究
11	沈阳故宫博物院	沈阳郑家洼子遗址发掘资料的整理与研究
12	侵华日军第七三一部队罪证陈列馆	伯力审判及其揭露的日本细菌战罪行研究
13	南京博物院	邳州新河煎药庙西晋墓地发掘资料整理与研究
14	中国丝绸博物馆	南方地区原始纺织机具的考古发现与研究
15	安徽博物馆	李三孤堆楚王墓资料整理与综合研究
16	河南博物院	新郑郑韩故城制骨作坊出土骨料的整理与研究
17	重庆中国三峡博物馆	川渝地区红色革命遗址分类保护与综合利用研究
18	贵州省博物馆	海龙囤考古发掘资料的整理与综合研究
19	西安碑林博物馆	丝绸之路沿线汉至唐丝路碑刻整理研究

2014年设立的国家艺术基金，是博物馆申报展览项目和人才培养项目的新选择，在国家项目层面为博物馆的学术研究提供了一个重要的平台，同时对人才培养和展览推广具有重要意义。截至2019年，博物馆行业共立项23个[①]，涉及传播交流推广资助项目和艺术人才培养资助项目两类。（图3-5）主要包括新疆生产建设兵团版画文献巡展、海峡两岸大学生文创艺术设计作品巡展、丝绸之路中国段世界文化遗产数字展示与交流平台建设、"王陵瑰宝"中国汉代艺术美国展览、"大美民间"胶东民间窗花剪纸艺术作品展、博物馆文创艺术品网络推广、全国博物馆文创产品

---

① 数据来源：国家艺术基金网站，http://www.cnaf.cn/。

艺术设计人才培养、传统艺术设计人才培养、岩画与居延汉简艺术展、陕西省美术博物馆藏清代皮影国际巡展等。

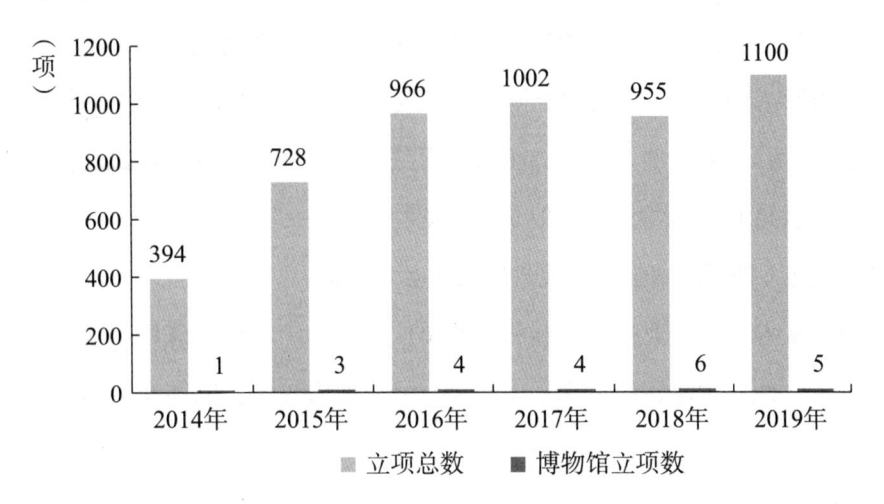

图 3-5 2014年至2019年国家艺术基金立项总数与博物馆行业立项数对比情况

2014至2019年6年来，国家艺术基金的立项总数增长近2倍，但博物馆行业的立项数最多的一年（2018年）也只有6项。以2019年为例，国家艺术基金共立项1100项，申报主体为博物馆的仅5项，占比0.45%。大部分立项单位为高等院校、科研院所和企业等，尤其是高等院校，已在各级各类项目申报中成为立项主体。

为深入推进国家文化和旅游行业科技创新，充分发挥科技在文化和旅游发展中的支撑引领作用，增强文化和旅游发展活力，文化和旅游部设立了国家文化和旅游科技创新工程项目。该项目从2010年至2019年共立项151项，其中立项单位主体为博物馆的只有4项，占比2.65%，充分说明博物馆在科技创新方面亟须进一步加强，需要给予高度重视。（表3-5）

表 3-5 2010年至2019年国家文化和旅游科技创新工程项目立项情况

序号	立项博物馆	立项课题名称	立项年度
1	中国国家博物馆	博物馆展陈材料环境安全性评价和污染预控研究	2019
2	湖南省博物馆	基于数字技术的可移动文物智能修复平台	2018
3	湖南省博物馆	新型无酸纸质材料对古籍保存影响的研究	2013
4	广西民族博物馆	广西左江岩画数字化记录与应用研究	2013

自2013年起，我国博物馆开始相继设立博士后科研工作站，截至目前共有5家设站文博单位，分别为中国国家博物馆、故宫博物院、成都博物院、敦煌研究院和中国美术馆（以工作站设立时间为序），在中国博士后科学基金申报上已经陆续出现博物馆的身影。2019年，中国国家博物馆和故宫博物院博士后基金立项数量分别为3项和1项，其他3家未立项。虽然立项数量无法与已有30多年设站经验的高校和科研院所的博士后科研流动站比拟，但是随着博物馆博士后工作站的增多，工作站管理能力和培养能力的逐渐增强，立项数量也会逐渐增加。

综上，从省部级以上科研基金的申报单位可以看出，申报课题的博物馆以一级博物馆为主，他们对课题的重视程度较高、研究能力较强，能够在博物馆学术领域起到一定的示范引领作用。

二、科研课题馆际差异明显

各博物馆都重视对各级各类课题的申报。如中国国家博物馆2019年主持科研项目143项，其中国家社科基金10项（重大1项、重点1项）、国家艺术基金1项、省部级项目29项，博士后面上资助3项，特别是新立项馆级课题100项。重庆中国三峡博物馆2018年国家级项目5项、省部级项目15项、横向项目9项、自立项目27项。故宫博物院在2018年主要开展了国家社科基金重大招标项目"吐鲁番出土文书再整理与研究"、《清史》工程及相关项目、"院藏样式雷图档"整理工作、中法合作《珐琅艺术研究》等课题。

2010年至2019年，国家社科基金博物馆立项项目共计103项[①]，通过国家社科基金中博物馆立项情况，可以管窥博物馆行业内科研课题的立项情况。从表3-6可以发现，敦煌研究院是社科基金中立项最多的文博单位，立项总数达到20项，其中有7项为西部项目，占比35%；其立项课题主要围绕敦煌石窟的考古学研究和中国历史研究方向。其余立项单位主要集中在中国国家博物馆、重庆中国三峡博物馆、上海博物馆、南京博物院、故宫博物院、北京鲁迅博物馆、新疆维吾尔自治区博物馆等7家单

---

① 数据来源：国家社科基金项目数据库，https://fz.people.com.cn/skygb/sk/index.php/index/seach。

位，共立项58项，约占博物馆立项总数的56.9%。可以看出，博物馆的学术研究尚未形成蓬勃发展的态势，优势一直集中于少数几家博物馆，缺乏能申请并承担项目的学术带头人是博物馆的普遍现象。

表 3-6 2010年至2019年社科基金博物馆立项项目类别

单位：项

序号	博物馆名称	重点项目	一般项目	青年项目	西部项目	成果文库	后期资助项目	总计
1	敦煌研究院	3	5	4	7	1		20
2	中国国家博物馆	2	4	3			1	10
3	重庆中国三峡博物馆		3	1	2			6
4	上海博物馆	1	2	1			1	5
5	南京博物院	1	2	1			1	5
6	故宫博物院	3					1	4
7	北京鲁迅博物馆	1	2				1	4
8	新疆维吾尔自治区博物馆	1	1		1		1	4
9	侵华日军第七三一部队罪证陈列馆	2		1				3
10	广西壮族自治区博物馆	1	1		1			3
11	甘肃简牍博物馆		3					3
12	陕西历史博物馆		2	1				3
13	内蒙古博物院				3			3
14	秦始皇帝陵博物院				2		1	3
15	西安碑林博物馆		2					2
16	云南省民族博物馆		1			1		2
17	广西民族博物馆				2			2
18	贵州省博物馆	1						1
19	中央民族大学民族博物馆		1					1
20	沈阳故宫博物院		1					1

续表

序号	博物馆名称	重点项目	一般项目	青年项目	西部项目	成果文库	后期资助项目	总计
21	黑龙江省博物馆		1					1
22	旅顺博物馆		1					1
23	河南博物院		1					1
24	安徽博物院		1					1
25	湖南省博物馆		1					1
26	中南民族大学民族学博物馆		1					1
27	四川大学博物馆		1					1
28	广东省博物馆		1					1
29	镇江博物馆		1					1
30	北京自然博物馆			1				1
31	中国丝绸博物馆			1				1
32	湖北省博物馆			1				1
33	西藏博物馆			1				1
34	甘肃省武威市博物馆			1				1
35	海南省民族博物馆				1			1
36	重庆自然博物馆					1		1
37	云南省丽江市博物院					1		1
38	成都杜甫草堂博物馆						1	1

博物馆立项的103项国家社科基金项目中，考古学48项，占47.1%；其次是中国历史方向27项，占26.5%；之后依次为民族问题、中国文学、宗教学；哲学、党史·党建、民族学以及图书馆、情报与文献学各为1项。不难发现，博物馆在研究方向上分布并不均衡，主要集中于考古学和中国历史方向，研究课题也略显单一。

总之，目前我国博物馆科研课题立项数量、涵盖的类别范围、内容丰富程度，与博物馆的规模基本成正比。少数博物馆自主设立馆级课题进行内外合作和交流，这部分课题往往与博物馆自身的业务需求结合更加紧密，有些成果可以直接转化为促进博物馆事业发展的应用。

三、博物馆科研课题现状分析

通过对博物馆近年来申报科研课题的资助来源、立项数量、立项内容等方面的对比分析发现，博物馆主持的课题虽然数量渐有增加，但在整个立项中占比仍然较小。究其原因，主要有以下几个方面：

（一）申报课题范围相对集中

通过分析近年来博物馆申请的馆外课题情况，可以看出，博物馆研究人员可以申请的科研项目主要集中在国家社科基金、国家艺术基金和国家文化和旅游科技创新工程项目以及其他省部级科研项目上，申报的课题来源相对单一。同时，博物馆的研究课题缺少自身的研究特色，即针对博物馆展览策划、教育、文创、运维等方面的理论研究及标准研究不足，使得博物馆在申报课题时失去原有的优势，一定程度上丧失了竞争力和影响力。与此形成鲜明对比的是，高校和科研机构的课题立项数量每年都在稳步增加，已成为各级各类课题立项的核心单位。

（二）基础理论研究略显不足

由于博物馆学术研究的特殊性，要求科研人员研究领域涉及的面要广、涵盖的学科要多，但也正因如此，研究重点比较分散，难以形成合力开展对重点领域的研究，造成了基础理论研究方面综合实力的不足，可以开展的应用研究深度不够。以国家社科基金为例，其科研项目比较偏重于基础理论研究，而大部分博物馆申报项目的选题涉及此内容的较少；同时，申报的应用型研究又由于缺少理论基础的有力支撑，研究深度也不够。

（三）课题申报主体较为单一

博物馆的学术研究是跨学科的综合研究，以藏品研究为例，其既涉及历史研究、美学研究、科技研究，也涉及藏品与时代相互关系研究以及时代背景、生活背景研究等。因此，对藏品的研究需要从多角度、多维度进行把握，将会涉及自然科学、社会科学、工程技术等诸多学科领域。这种跨学科综合性研究需要博物馆不断扩大"朋友圈",一方面要内部挖潜,依靠馆内学者积极参与,另一方面要外部借力,与国内外同行、高校和科研院所积极开展学术交流与合作,通过共同申报课题的方式取长补短,逐步提高博物馆自身的学术力量。

第三节　博物馆学术交流

学术会议和学术期刊是博物馆增进学术交流的基础平台,也是博物馆的学术研究成果争鸣和荟萃之所。近年来,随着博物馆事业的不断发展,越来越多的博物馆开始注重通过参加或举办主题各异的研讨会,积极在学术期刊上发声,推动学术交流广泛开展。

一、博物馆学术会议

增进与其他文博机构、高等院校、科研院所以及国际博物馆同行的交流,可以增强馆内学术氛围、提高学术研究水平、提升学术影响力和话语权,促进会议成果有效转化为展览、文化创意产品等,实现博物馆产学研深度融合,推动博物馆事业全面发展。

举办学术会议是博物馆增进学术交流、提高学术水平、扩大影响力的重要举措之一。近年来,我国博物馆举办了许多具有全国乃至国际影响力的学术研讨会,积极推动与国内、国际博物馆界的合作交流。从2019年博物馆举办的学术会议概况来看,主题十分丰富,其中大型的、有一定权威性的学术会议,特别是在国际上有一定影响力的学术会议也有不少,主要集中于以中国国家博物馆、故宫博物院、上海博物馆、敦煌研究院、陕西历史博物馆、山西博物院、河南博物院等为代表的大型博物馆和文物大省博物馆之中。

博物馆积极发挥自身藏品和展览优势,学术会议研讨的主题多与藏品研究的深化及展览的推广相关,这也是博物馆学术会议独有的特色与亮点。以2019年为例,中国国家博物馆配合展览组织召开了"曹雪芹《红楼梦》与中国文化"学术研讨会；为策划服饰展主办了"中国古代服饰与礼仪"研讨会；在石鲁先生诞辰一百周年之际，举办了"艺道长青——石鲁百年艺术展"，并召开了学术研讨会等。国家文物局和辽宁省委宣传部联合主办，辽宁省文物局、辽宁省文化演艺集团、辽宁省博物馆合力打造的大型文物特色展览"又见大唐"，配合展览召开了国际学术研讨会。陕西历史博物馆、平山郁夫丝绸之路美术馆在共同主办特别展"慕道·臻艺——平山郁夫的丝路艺术世界"之际，召开丝路主题学术研讨会。山西博物院为配合"壁上乾坤——山西北朝墓葬壁画艺术展"的举办，召开了汉唐墓葬壁画艺术国际学术研讨会，并陆续推出系列学术讲座、北朝艺术课堂等活动。在由大同市博物馆主办，内蒙古自治区文物考古研究所、内蒙古博物院等11家文博单位协办的"契丹王朝——大辽五京精品文物展"开幕之际，大同市博物馆特意举办了"2019首届辽五京历史文化国际学术研讨会"及"辽五京博物馆合作与发展研讨会"等。

除博物馆主办的学术会议，国家文物局、中国博物馆协会及其下辖各委员会、各省博物馆学会、各高校文博院系举办或联合举办的相关专题学术研讨会，涉及博物馆发展的各个领域，包括藏品保管、展览展示、科技保护、社会教育、文创开发、技术创新、博物馆学科建设等。博物馆通过积极参加各类学术会议，了解领域前沿、分享研究成果、启发研究思路和扩大"朋友圈"等。博物馆学术会议虽然在数量上呈现逐年增多的趋势，但会议的数量和规模与实际交流效果并不一定成正比，还存在单独组织大型学术会议的能力不足、影响力相对较弱等问题，博物馆的学术会议尚缺乏反馈机制以及完备的质量评估体系，缺少针对各个环节的评估指标。

二、博物馆学术期刊

学术期刊是博物馆自身学术研究和业务工作的信息发布渠道，更是从事文博研究学者交流的重要平台，一份具有影响力的学术期刊对博物馆定位学术前沿、引领学术发展具有重要意义。

与博物馆相关的学术期刊数量庞大，据中国知网（2020年数据）查询结果显示，在考古、档案与博物馆、历史、文学类期刊中共有近770种文博类期刊，包含核心期刊98种。其中，考古学类期刊95种，包含中文核心期刊17种，有12种是CSSCI来源期刊（含扩展版）。但在98种核心期刊中，由博物馆主办的较少，而从博物馆角度刊载博物馆管理研究领域相关理论和技术成果的期刊更少。

据统计[①]，博物馆主办的学术刊物，2016年为283种，2018年猛增到390种，增长38%。据中国知网（2020年数据）查询结果显示，由博物馆主办的公开发行期刊共110种，核心期刊7种，详见表3-7。

表 3-7 博物馆主办的核心期刊概况

序号	期刊名称	期刊概况	主办单位
1	《中国国家博物馆馆刊》	反映国内外考古、古代历史与文物、艺术史、近现代史与文物、文物科技、博物馆学等研究的最新成果为主	中国国家博物馆
2	《故宫博物院院刊》	注重发掘故宫博物院丰富的学术研究资源，主要栏目包括考古学研究、文物研究、明清历史、宗教艺术、文物保护与科技修复、博物馆研究等	故宫博物院
3	《鲁迅研究月刊》	发表有关鲁迅研究及中国近现代文学研究的资料和论文，报道中外鲁迅研究成果及动态。主要栏目包括作品与思想研究、青年论坛、鲁迅同时代人研究、学术动态、比较研究等	北京鲁迅博物馆
4	《东南文化》	定位于中国大陆东南及中国港、澳、台地区乃至日、韩等东亚诸国文化遗产的探索、研究、保护、展示与利用等，加强对文化遗产从保护、研究、管理到继承、欣赏、展示诸领域的理论创新与成功实践的关注	南京博物院
5	《文物保护与考古科学》	刊发文物保护等科技类文章，重点介绍科学技术在文物考古中应用的新技术、新方法、新经验	上海博物馆
6	《敦煌研究》	刊发敦煌学各领域以及与敦煌学相关的古代宗教、历史、艺术等学科的研究论文及敦煌学资料、研究信息等	敦煌研究院

---

① 数据来源：《中国文化文物统计年鉴2017》《中国文化和旅游统计年鉴2019》。

续表

序号	期刊名称	期刊概况	主办单位
7	《中原文物》	具有地方特色的文物、考古、博物馆学方面的综合性学术期刊	河南博物院

上述期刊中，除《鲁迅研究月刊》以外，其余6种均来自考古类期刊。博物馆主办的390种学术刊物中，除表3-7所列7种外，其余均为非核心期刊，基本保持每年1期到4期不等，以刊发当地考古文博、历史文化类文章或专门史类文章为主。例如，广西壮族自治区博物馆主办的《广西博物馆文集》，主要登载从考古学、历史学、民族学、博物馆学等角度研究广西及岭南地区文博方面成就的论文、考古报告等，主要栏目包括：博物馆学研究、考古研究、史学研究、文物研究等。湖南省博物馆主办的《湖南省博物馆馆刊》，以马王堆汉墓研究、文物研究、考古新发现、历史文化研究、博物馆学研究及收藏与鉴赏为主。陕西历史博物馆主办的《陕西历史博物馆馆刊》，涉及考古研究、史学论坛、民族宗教史、历史地理研究、碑石墓志研究、壁画与艺术史、文物保护等方面的研究。

综上所述，从博物馆主办学术期刊的内容看，大多数与考古类期刊类似，以考古学、藏品研究、历史研究为主要栏目，缺乏博物馆主要业务的研究，即对展览、社教、文创等理论与实践的研究，尤其缺乏对博物馆学的重视，使博物馆主办的期刊缺少了应有的特色。有鉴于此，中国国家博物馆主办的《博物馆管理》2019年创刊，主要致力于博物馆功能定位、文化角色、发展趋势等理论探索，兼顾政策动向、库房管理、藏品管理、展览管理、安全管理、观众管理、传播管理、设备管理、信息技术应用、文创管理等实践研究，是中国博物馆努力适应新时代博物馆发展趋势，为加强博物馆学科建设和发展提供理论支撑的有益探索。

三、博物馆主办学术期刊影响力分析

博物馆积极主办自己的学术期刊不仅为博物馆凝聚学术力量，提升博物馆整体学术水平，也为博物馆事业与博物馆文化的发展提供学术保障。据中国知网查询结果，在770种文博类期刊中，博物馆主办的为110种，占比14.36%。以考古学为例，

影响力较大的核心期刊如《考古》、《考古学报》、《文物》和《考古与文物》等都非博物馆主办，而是由文物出版社、中国社会科学院考古研究所和陕西省考古研究院等机构主办，它们的复合影响因子分别为1.275、1.205、1.200、0.943。博物馆主办的较有规模和影响力的期刊按复合影响因子排序，如表3-8所示。

表 3-8 博物馆主办期刊的影响力对比情况

序号	主办单位	期刊名称	复合影响因子	刊期
1	上海博物馆	《文物保护与考古科学》	0.630	季刊
2	南京博物院	《东南文化》	0.627	双月刊
3	故宫博物院	《故宫博物院院刊》	0.483	双月刊
4	敦煌研究院	《敦煌研究》	0.362	双月刊
5	中国海外交通史研究会、福建省泉州海外交通史博物馆	《海交史研究》	0.325	季刊
6	中国国家博物馆	《中国国家博物馆馆刊》	0.305	月刊
7	中国农业博物馆	《古今农业》	0.275	季刊
8	河南博物院	《中原文物》	0.239	双月刊
9	北京鲁迅博物馆	《鲁迅研究月刊》	0.231	月刊
10	福建省考古博物馆学会、福建博物院	《福建文博》	0.150	季刊
11	中国钱币博物馆、中国钱币学会	《中国钱币》	0.139	双月刊
12	首都博物馆	《首都博物馆论丛》		年刊
13	中国人民抗日战争纪念馆、中国博物馆协会纪念馆专业委员会	《中国纪念馆研究》		半年刊
14	辽宁省博物馆	《辽宁省博物馆馆刊》		年刊
15	沈阳故宫博物院	《沈阳故宫博物院院刊》		半年刊
16	浙江自然博物馆	《自然博物》		年刊
17	湖南省博物馆	《湖南省博物馆馆刊》		年刊

续表

序号	主办单位	期刊名称	复合影响因子	刊期
18	广西壮族自治区博物馆	《广西博物馆文集》		年刊
19	陕西历史博物馆	《陕西历史博物馆论丛》		年刊

可见，博物馆主办的学术期刊的影响力仍然有限，在学术研究领域的深度和广度上存在着不足。这种情况一方面受限于博物馆的学术期刊受众面较窄，多为文物、考古等相关领域的研究人员或资深爱好者，因此发行量较小，在现有的社会影响力测评方法中难以脱颖而出；另一方面受限于博物馆学术研究的特点，博物馆研究人员的主责主业研究与学术期刊研究的发展特点不能完全吻合，在一定程度上抑制了期刊视角下的博物馆科研产出增长。随着民众对博物馆关注和需求的增长，随着博物馆事业的不断繁荣和壮阔，随着博物馆从业人员的急剧增加，文博类期刊的需求量也将随之上升，在未来，博物馆必将打造出更多在学术界有影响力的期刊。

第四节　博物馆学术成果

从前面几节的论述中不难看出，中国博物馆的学术研究成果远远落后于高校和科研院所，特别是论文、科研项目的数量上明显偏低。究其原因，既有博物馆自身发展中的不足，也有现行学术评价工具和体制的限制，因此要多措并举地推动博物馆学术成果增长和学术生态繁荣。

一、博物馆学术成果认定范围应进一步扩大

目前，博物馆现行学术评价体系较为单一，学术成果认定范围具有一定局限性，唯论文唯专著现象明显，这严重忽视了博物馆学术研究的特殊性。鉴于此，应把更多工作成果纳入科研成果认定的范畴之内，尊重博物馆科研规律，体现博物馆学术成果的特色。

第一，藏品数据库是博物馆最基础、最核心的特殊学术成果。建立藏品数据库

不仅能提高藏品管理工作的质量与效率,还能大幅度提升藏品的学术研究、保护和利用等工作,可以说藏品数据库是博物馆藏品的数字化生存地,是未来博物馆信息化发展的趋势之一。藏品数据库的建立需要考古学、历史学、文物学、博物馆学、统计学、文物保护、藏品保管、计算机技术、软件工程、信息安全等众多专业知识,是不同学科研究合力形成的学术成果。我国博物馆行业的藏品数据库建设起步较晚,但近年来发展较快,尤其是一级博物馆发展水平明显高于其他博物馆,然而在信息开放度和检索便捷度上还不及欧美发达国家的博物馆,亟待提高。

第二,陈列展览是博物馆最具特色的学术成果。展览内容设计是博物馆研究人员在了解最新学术动态和吸收现有学术成果的基础上,结合馆藏,用恰当的语言编写正确反映主题内容方案的过程,这与传统学术研究的过程几近相同。每一个精心推出的展览都可以作为一个重要的学术成果,尤其是各个博物馆的基本陈列和常设展览,是将长期的研究成果转化为展览的成功案例,代表着博物馆学术成果转化的最高水平。临时展览的推出,也必然是以对藏品的系统梳理和长期研究为基础的,从这点来看,日趋丰富的临展也意味着近年来博物馆学术成果在数量上的较大增长和质量上的提高。

第三,作为特色成果的还有图录,大体分为展览图录和藏品图录。展览图录是策展人配合展览编撰的出版物,其中的文物是展品,内容是设计方案的再现,图录是"可以被带回家的展览",是对展览的延展和扩充。例如浙江省博物馆出版的《光致茂美:浙江出土宋元青白瓷》等。藏品图录是馆藏精品文物的研究图说,是在对文物进行甄选、评价基础上的研究和诠释。例如中国国家博物馆出版的《中国国家博物馆馆藏文物研究丛书》、故宫博物院出版的《故宫博物院藏品大系》等。近年来随着展览数量的增长,展览图录出版数量的增长是必然的,同时带动了藏品的整理研究和藏品图录的出版。在这方面,国有大型博物馆起到了很好的引领示范作用。

第四,文物复制品与修复品是博物馆另一种形态的学术成果,它不仅是多学科交叉运用的科研成果,也是多工艺综合运用的技术结晶,其工作过程也是一个学术研究和加工的过程。文物复制用于学术研究、陈列展览和文物商品制作等,文物修复则可以通过各种技术手段将破损的文物恢复旧貌。例如中国国家博物馆通过运用传统翻模与现代精密铸造工艺相结合的方法，成功复制了后母戊鼎这一重达832.84千克的超大体量的商代青铜重器。为保护春秋时期"陈侯"铜壶，通过采用机械除锈、化学局部脱氯、缓蚀、封护等复杂工序，对其起到了非常好的保护作用。湖北省博物馆为保护曾侯乙编钟及保证翻模的精确度，放弃传统的翻模材料石膏，经反复实验，创造使用有机硅橡胶翻模新工艺，成功复制了曾侯乙编钟[1]。山东博物馆通过清洗、补配、打底、做色、仿釉等工序，成功修复了金代淄博窑缺失达1/3的黑釉铁锈花双耳罐等[2]。这些复制品和修复品都是学术研究的结晶，是独具博物馆特色的学术研究成果。

第五，博物馆的文化创意产品是博物馆创造性的学术成果。博物馆利用馆藏优势，从不同的文化层面，深度发掘藏品所蕴含的传统文化底蕴，再提炼出中国传统文化精髓，创意设计到文创产品当中。这种结合历史时代特点、社会审美等研究出的"文化再造品"，兼具文化价值和收藏意义，是一种多角度研究而形成的特殊学术成果。对于博物馆文创产品的开发和经营，2016年原文化部、国家发展改革委等部门出台了《关于推动文化文物单位文化创意产品开发的若干意见》，明确深入发掘文化文物单位馆藏文化资源，推动文化创意产品开发，对弘扬中华优秀传统文化，传承中华文明，推进经济社会协调发展，具有重要意义。2017年《国家文物事业发展"十三五"规划》强调"多措并举让文物活起来"，提出"到2020年，打造50个博物馆文化创意产品品牌，建成10个博物馆文化创意产品研发基地，文化创意产品年销售额1000万元以上的文物单位和企业超过50家，其中年销售额2000万元以上的超过20家"等，意在鼓励博物馆采用多种方式进行文创产品的研究、开发。目前，承载着馆藏文物文化元素的文创产业已初具规模，受到公众的广泛关注和追捧，主要有中国国家博物馆以《千秋绝艳图》为灵感推出的"中国风口红"，故宫

---

[1] 湖北省博物馆：《经多学科研究，曾侯乙编钟复制已基本成功》，《江汉考古》1981年第S1期，第88—91页。

[2] 崔丽娟：《一件黑釉铁锈花双耳罐的研究与修复》，《文物世界》2014年第2期，第73—75页。

博物院《清宫海错图》"书本灯",苏州博物馆"梅花喜神谱快客杯",四川博物院"川剧变脸工艺摆件",上海博物馆"'玄赏'系列上海米糕和山水绿豆糕",山西博物院"西阴、陶寺彩陶文化艺术珐琅饰品系列",等等。在新时代互联互通的背景下,博物馆的文创产品已经不局限于文化产业内部的跨界融合,正在和工业、数字内容产业、城市建设业、现代农业等相关行业跨界融合,在"文化+科技""文化+旅游""文化+金融"模式下,升级态势明显。但在发展中仍存在一些问题,比如相关的政策法规不完善、产品设计缺少创意性、知识产权意识淡薄、博物馆之间发展不均衡等。

二、博物馆学术研究资助与成果奖励

我国的博物馆大多数为公益性事业单位,在学术研究资助方面,经费完全是由上级主管部门按批准的预算拨给,80%以上的博物馆属于国家文物系统,其他博物馆分属于各部委、各级地方政府及其他机构,国家预算拨款仍是主要渠道。因此在研究资助方面,各个博物馆的做法存在较大差异。以中国国家博物馆为例,2019年专门设立了馆级科研课题,划分为重点项目、一般项目和青年项目三个等级,每个等级拨付一定的研究经费。故宫博物院、黑龙江省博物馆等则通过自筹社会基金冠名的形式参与到馆内项目中来(如梅赛德斯-奔驰星愿基金资助故宫修文物项目),并提供一定程度上的政策优惠,例如放宽社会合作政策、借调文物等多种形式来推动研究发展。

在成果激励机制上,国内大部分博物馆通过职称评定的方式激励研究人员,将职称评定直接与科研成果评价挂钩,而不再单独给予特定的物质奖励。也有一些比较重视学术研究的博物馆,通过各种奖励机制来激发研究人员的学术热情,比如通过发放一定的学术奖励资金,分等级奖励在学术上为博物馆作出贡献的研究人员等。在这方面,中国国家博物馆作为国内行业头雁起到了标杆作用。在2019年初,其颁布《中国国家博物馆科研成果评奖办法》等学术奖励文件,通过定期评选优秀研究成果,对学术成绩突出的人员给予表彰奖励,同时加大职称评审推举力度等。首都博物馆则以奖金的方式奖励研究人员,比如学术专著单项最高额度在5000元、学术论文最低额度在200元等。故宫博物院根据《故宫博物院科研成果评奖办法》，每3年进行一次全面的评奖工作，主要包括学术著作、陈列展览和编辑出版三方面的学术成果等。

为了形成人人积极思考问题，人人自觉研究问题的良好学术氛围，博物馆一方面通过出台相应的学术管理办法，逐步建立体现机会均等、规则公平的科学管理模式；另一方面也在加大对学术研究的资助力度，通过让人"眼红心跳"的成果奖励，鼓舞博物馆研究人员从事学术研究的热情。

三、发挥好博物馆学术带头人的标杆与榜样作用

在博物馆的高级研究人员中，尤其是能够在专业上、学术上起到定向把关作用的学术大家或领军人物屈指可数。因此，博物馆需要审时度势，培养或引进一批学术带头人，为博物馆的学术发展提供人才保障和智力支持。所谓学术带头人是指在某一学科领域有高深造诣，具有高级职称，能正确判断该领域的发展方向，及时提出和选定相应的学术研究新任务、新课题，并指导、组织研究人员开展工作获得重要成果者。其主要职责包括：担任学术集体的领导工作和课题的指导人，对研究成果报告或论文进行把关，及时发起本学科范围内的学术动态报告，组织和参与国内外学术交流等。目前，已经有一些博物馆在努力引进学术带头人的同时，采取种种"超常"措施，从内部进行选拔和培养。以中国国家博物馆为例，在2019年初，通过学术成果评选工作，不仅推出了一批优秀学术著作、优秀论文和优秀展览，也使一批优秀研究人员脱颖而出，成为各个领域内的学术带头人；同时，还邀请相关专业的学术带头人担任博士后合作导师，从不同角度为中国国家博物馆学术研究树立标杆。

每一座博物馆都应拥有自己的学术带头人，不仅要大力宣传博物馆的知名学者和扎实从事学术研究的人员，还要充分发挥他们的标杆与榜样作用，以重大或重要科研项目为抓手，组建年龄和专业结构合理的研究团队，促进形成以老带新、新老承续的研究梯队，实现老一代学者的经验智慧与新生代学者创意、锐气的有机结合，促使青年学者激活自身潜能，产生一批在学术界有话语权和影响力的杰出

学者。通过加快推进博物馆科研人才的梯队建设，将学术研究工作推向一个新的高度。

第五节 小结

党的十八大以来，以习近平同志为核心的党中央高度重视文物博物馆，在此大背景下，博物馆事业取得了长足的发展和进步，在展示中华文明魅力、开展对外文化交流、传播世界文明方面的重要窗口作用不断增强。在此期间，博物馆围绕党和国家文博事业全局，发挥在文物藏品方面的突出优势，整体研究能力和学术水平稳步提高，取得了较为可喜的成就。但是，在世界发展大潮中，中国博物馆在学术研究上仍面临着发展战略不十分明确，学科体系、学术体系、话语体系建设总体水平不高，研究资源配置不尽合理，学术原创能力不强、智慧化水平较低、专业人才匮乏等挑战。为积极应对各种挑战，努力提升服务水准，博物馆必须勇于创新，进一步理顺、明确工作思路，在科学研究上加大谋篇布局力度，在复杂多元的挑战中着力解决深层次矛盾和问题，以扎实的高水平科学研究推动各项工作不断迈上新台阶。

一、将学术研究放到战略高度，形成统一的博物馆意志

从战略高度把握博物馆学术研究工作，着重加强以下三方面的工作。首先，加强战略研究，树立远大目标，明确目标导向。树立大课题意识，保持战略性、系统性思维，研究体现中国立场、中国智慧、中国价值的理念、主张、方案。其次，强化学术统筹。根据博物馆整体发展战略和具体工作目标，制定健全各项学术研究规章制度，从实际出发，具有全局性和紧迫感，满足新时期博物馆快速发展的需要。再次，加强学术规划。学术工作应该制度化、规范化，有计划性和前瞻性，统筹规划、科学管理。制订中长期规划，统筹安排纵向课题和横向课题的申报，应从博物馆事业发展大局中找题目，充分明确未来学术研究发展的方向和重点。

二、重视博物馆学学科体系建设

博物馆学学科在我国高校学科体系中始终处于一个十分尴尬的境地，在很大程度上阻碍了博物馆学术研究的发展。应尽快确立博物馆学的独立学科地位，在国家基金层面增强对博物馆学科课题研究的支持，以课题带动学术研究整体水平，以适应当今博物馆功能的转变，推动博物馆事业高质量全面发展。另外，博物馆学是博物馆从事一切活动的基础，要加强对博物馆学科基础研究的重视，在此基础上重视对业务实践的经验总结，从中推出具有博物馆特色的展览、图录、教育课程、保护修复和复制技术等特色学术成果，以此建立博物馆在学术领域内的影响，真正让学术研究成为博物馆开展各项业务的有力支撑。

三、健全激励机制，促进人才队伍建设

首先，需要扩大学术成果认定范围，把更多业务工作成果纳入学术成果认定范畴之内。纠正原有的唯论文和唯专著的评价取向，鼓励人人参与学术研究。其次，加大资助力度。逐步建立体现机会均等、规则公平的学术管理模式，通过各种举措鼓励博物馆人员围绕博物馆工作大局开展学术研究。同时，通过增强培养博物馆学术带头人，充分发挥先进典范的学术示范引领作用。学术带头人既是学科发展的引领者，又是创新团队的协调者，是新时代博物馆事业发展的必然需求，同时也是博物馆加快学术建设的根本保证，还是促进学术进步的关键因素，将在全面推动博物馆学术研究发展中发挥重要作用。

四、围绕博物馆中心工作，不断创新学术研究方式方法

首先，目前我国博物馆信息公开的程度和力度还远远不够，对馆内外学者的学术研究形成了阻碍，应不断加大博物馆藏品信息、研究信息的公开力度。其次，充分运用信息技术手段。在信息科技高度发达的今天，博物馆应利用好大数据、云计算等科技手段，实现学术成果的创新和转化。同时，加强对"绝学"和冷门学科的关注。习近平总书记在哲学社会科学工作座谈会上曾强调，要重视"甲骨文等古文

字研究等，要重视这些学科，确保有人做、有传承"。因此，在普遍追逐热门课题的当下，适当关注"绝学"和冷门学科也是一种创新。

五、加大合作力度，不断开辟博物馆学术研究新途径

博物馆学科体系作为一个新兴、交叉的学科，须集结博物馆内各学科、各专业学术力量一起开展研究。因此，博物馆应打破壁垒，实行开门办馆，不断扩大自己的"朋友圈"，借助国内外高校、科研机构等拥有的丰富研究资源和雄厚研究力量，挺进学科前沿进行创新性研究，促进学术交流和学科交叉，推出一批具有博物馆特色的高质量学术成果。也要不断拓展国际间、馆际间学术发展渠道，探索多样化的学术合作途径，这是博物馆事业发展的需要，也是国际化进程的必然选择。另外，鼓励博物馆中有一定影响的专家牵头申报国家重大课题，成立课题组，以课题研究为契机，打造专业人才梯队。只有不断开辟研究途径，积极搭建创新型学术平台，才能逐步建立起"以业务带学术，以学术促业务"的学术体系，全面提升博物馆的研究能力和学术水平。

第四章
中国博物馆的展览结构与展陈创新

展览是新时代博物馆事业发展的核心主业。随着博物馆事业的高速发展和人民群众精神需求的不断高涨，博物馆展览的数量逐年增加且质量也逐年提高，展览类型逐渐丰富，展示手段有所创新，展览逐渐成为人们日常生活中不可或缺的精神食粮。党的十九大报告指出，中国特色社会主义进入新时代，我国社会主要矛盾已经转化为人民日益增长的美好生活需要和不平衡不充分的发展之间的矛盾。这一矛盾也同样体现在展览方面，面对博大精深的中国文化，以及世界文明的多元化发展，我国大部分博物馆在策展能力提升和策展人才培养方面仍有一定提升空间，博物馆要进一步合理利用馆藏文物，优化资源配置结构，不断推陈出新，展览理念和风格多样包容，完善展览类型，区域均衡发展，努力满足人民日益增长的美好生活需要。

第一节 博物馆展览发展概述

近年来，中国博物馆事业蓬勃发展，展览作为博物馆与观众进行交流的直接方式，是博物馆传递文化信息和价值理念的最富有特色的媒介，因此展览一直是博物馆的主责主业，是博物馆最重要的服务产品。根据文化和旅游部统计，截至2019年底，全国已备案博物馆达5535家，年均举办2万余个展览，观众服务量超过12亿人次，观展成为人民公共文化生活不可或缺的重要内容。

一、博物馆展览发展进入黄金时期

中国博物馆展览事业发展离不开社会进步与政府支持。在文化强国的大背景下，各地、各级博物馆响应时代号召，推出了一大批精品力作，成为展示中国道路、中国精神、中国力量的艺术殿堂，为推动社会主义文化大发展大繁荣作出了突出贡献。

（一）党和国家对展览工作的高度重视

党的十八大以来，习近平总书记在各种重要会议、重大场合和视察博物馆工作中，就文物博物馆事业发表了一系列重要讲话，为新时期文博事业的发展指明了方向。党的十九大关于中国特色社会主义文化建设的深刻论述和决策部署，为新时期新形势下做好文化工作提供了基本遵循。自2008年《关于全国博物馆、纪念馆免费开放的通知》下发以来，以博物馆为代表的公共文化机构向社会公众免费开放，这是改革开放以来我国政府在公共文化领域的一项重大惠民政策，中央及各级政府财政一直为博物馆免费开放提供补助经费，为举办展览提供了有力的经济支持。"十三五"以来，随着"边疆地区博物馆建设工程""经济社会发展变迁物证征藏工程""非国有博物馆发展质量提升工程"等国家级重大文化设施建设的顺利完成，博物馆的展览数量和质量都得到了很大程度的提高；另一方面，为落实《关于进一步加强文物工作的指导意见》《关于实施中华优秀传统文化传承发展工程的意见》等文件精神，博物馆的展览研究工作逐渐深入，展览主题日渐丰富，例如在"考古中国"的研究中，文物考古遗址的展览展示工作得到重视；在"实施革命文物保护利用工程"中，革命文物的展览展示水平有所提高；通过开展"海上丝绸之路史迹调查"工作，引导丝绸之路沿线博物馆把"引进来"和"走出去"结合起来，为举办高质量国际交流展提供了基础。

同时，各地文物部门也积极组织和推动展览工作，这种以政府主导的模式具有很强的可行性和执行力。如江苏省文物局整合全省馆藏文物资源，直接策划组织全省馆藏文物系列巡展项目，各市、县（区）文物主管部门和各文物收藏单位积极配合，确保了每年巡展工作的顺利实施；此外，江苏省在省财政专项经费中安排巡展经费，对展览有关单位给予经费补助，基本解决了开展巡展活动的经费困扰，充分调动了基层博物馆接展的积极性。

（二）人民对美好精神文化需求的日益高涨

展览是博物馆与人民群众交流的最直接、最主要的方式。经济发展和人民生活水平的提升，助推了人民群众的审美意识和审美需求，使公众对高质量、多元化的文化需求得到了充分释放。特别在文化和旅游深度融合的今天，人民群众的文化消费能力不断提高，对博物馆展览的期待和需求也前所未有地高涨，持续走高的观展量就是最好的说明。博物馆要充分发挥自身优势，以增强人民群众文化获得感和幸福感为出发点和落脚点，精准把握新时代人民群众对展览质量、需求、风格的期盼，举办更多更好的展览，才能更好满足人民美好生活需要。

博物馆展览的吸引力不仅源于博物馆深厚的文化积淀，更在于以观众为中心的展览设计。根据美国博物馆联合会发布于2016的博物馆趋势报告，随着科技大幅进步，在数字时代信息瞬息万变的今天，博物馆的核心受众群体已经由原45岁以上中年更替为15岁至30岁的青年群体，集中调研显示其中仅有15%的人仍认为博物馆属于原有纯教育场所定位，而高达72%的人则认为随时代更替，博物馆已逐渐模糊教育场所与娱乐场所的定位，寓教于乐，才应是其最终导向。[1]目前，我国正在逐步开展博物馆教育示范点建设，越来越多的青少年走进博物馆，接受文化熏陶、艺术享受与思想洗礼。鉴于此，博物馆的展览要更加具有观赏性和趣味性，让观众能够通过展览"看文物""听故事""学知识"，完成一次关于历史和审美教育的旅程，为不同类型和特点的社会公众提供更加优质、丰富和便捷的文化产品。

（三）博物馆发展定位日渐清晰

随着中国特色社会主义进入新时代，我国博物馆事业也呈现出千帆竞发，百舸争流的新局面，为适应发展需要，各博物馆逐渐明确办馆宗旨，立足馆藏文物和文化特色，塑造展览品牌、提高社会美誉度和影响力。中国国家博物馆作为全国唯一能够系统完整展现中华优秀传统文化、革命文化和社会主义先进文化的综合性博物馆，近年来，按照"三种文化"全面协同展示的总格局，打造世界一流的精品展览展示中心为目标，推出多种类型适应世界展览发展的新趋势、符合时代主题、服务党和国家事业发展的精品展览。故宫博物院是世界上规模最大、保存最完整的木结构宫殿建筑群，其展览主要以明清皇室旧藏文物为基础的中国古代文化艺术品为

---

[1] 董海鹏：《新媒体艺术在博物馆中的应用》，《今古文创》2020年第35期，第83页。

特色，并不断探索让故宫文化走出红墙，每年故宫的文物藏品"回乡展"都反响强烈，受到各地观众的欢迎。各省、市、区等各层级博物馆则是结合自身基础和区域文化传统，举办有地方特色的展览，例如近年来获得精品奖的就有南京博物院的基本陈列"南都繁会·苏韵流芳"、九江市博物馆的历史文化陈列"九派云横"、固原博物馆的展览"千年固原 丝路华章"以及北川羌族自治县羌族民俗博物馆的基本陈列"大美羌乡"等，对所在地区的历史文化进行深入阐释和生动呈现，具有浓郁的地方特色。

二、博物馆展览发展状况

在一系列利好政策的推动下，博物馆作为保护和传承人类文明的重要殿堂，积极寻求创新和突破，在提升展览水平和供给方面作出了巨大的努力，推出了一大批思想精深、艺术精湛、制作精良的高品质展览，展览数量越来越多，展览主题越来越丰富，社会关注度逐年提高。博物馆努力以优质展览满足人民群众多层次文化需求。

博物馆展览总量快速增长。根据历年《中国文化文物统计年鉴》与《中国文化和旅游统计年鉴2019》的数据统计，2012年全国博物馆举办展览总数11 885个，到2016年增长到23 109个，数量翻了一番；到2018年持续增长到26 346个。特别是2013年，展览数量同比增长41.5%，为5年来涨幅最大，这与2013年博物馆数量以及藏品数量的快速增长趋势是相一致的。（图4-1）根据国家文物局最新数据，2019年全国博物馆举办展览数量合计28 630场，较2018年增加了2509场，同比增长9.61%，其中文物行业博物馆举办陈列展览数量为17 627场。①

---

① 数据来源：《全国博物馆统计便览（2019年度）》，https：//www.sohu.com/a/396916581_426335。

图 4-1 2012年至2018年全国博物馆展览数量

从不同类别博物馆举办的展览数量来看，综合类博物馆一直是举办展览的主要力量。如表4-1，2012年至2018年，综合类博物馆举办展览的数量远远超过其他各类博物馆。以2018年为例，全国举办的26 346个各类展览中，在综合类博物馆中举办的占46.3%，其中历史类博物馆占27.8%，其他类博物馆占12.7%，艺术类博物馆占9.5%，而自然科技类博物馆仅占3.7%。然而从发展趋势来看，综合类博物馆和历史类博物馆虽然占比大，数量多，但7年来举办展览数量变化不大，占当年展览总数的比例逐年下降。反观艺术类和其他类博物馆，7年来不仅举办展览数量增长明显，并且占当年展览总数的比例也有一定提升，分别从2012年的6.7%和9.5%增长到2017年的9.5%和12.7%。这充分体现出近年来我国艺术博物馆、高校博物馆、行业博物馆及专业博物馆的迅猛发展以及在举办展览方面的努力。

表 4-1 2012年至2018年全国各类博物馆展览数量

单位：个

类别	年度						
	2012	2013	2014	2015	2016	2017	2018
综合性	10 069	8947	9755	10 382	10 773	11 448	12 205
历史类	6254	4790	5692	6085	6428	6808	7330
艺术类	1339	1261	1645	1817	2107	2571	2501
自然科技类	537	434	472	520	704	868	944
其他	1916	1390	2001	2350	3097	2916	3366

"博物馆热"的不断升温，归根结底源自展览质量的不断提升。各大博物馆推出的展览中精品频出，引得观众跨城赴展、观者如潮。如中国国家博物馆在2018年举办的三大主题展览"复兴之路·新时代部分"、"真理的力量——纪念马克思诞辰200周年主题展览"和"伟大的变革——庆祝改革开放40周年大型展览"，都在社会上引起了强烈反响，吸引观众总量超过600万人次，形成了特有的"国博现象"。除了国博，故宫博物院、苏州博物馆、南京博物院等馆也因精彩的展览吸引了大批观众排起长队，"秦汉文明""石渠宝笈特展""惊世大发现——南昌汉代海昏侯国考古成果展""丹青宝筏——董其昌书画艺术大展""大美亚细亚——亚洲文明展"等优质展览，使观众从中得到历史的启迪和艺术的享受。

"全国博物馆十大精品陈列展览"评选活动尽管受限于自主申报机制，但作为业内瞩目的文化品牌，仍可以从15年的获奖展览中看出博物馆展览质量的不断提升。自设立十大陈列展览精品奖推介活动以来，获奖展览从最初的以历史类展览为主逐渐走向展览主题的多元化发展，获奖博物馆从原来的国有综合性博物馆扩展到行业博物馆、民办博物馆。据统计，5年来获奖的行业展、专业展有12个，如"中国酒泉卫星发射中心历史展览"（中国酒泉卫星发射中心历史展览馆）、"漫漫雄关道——中国海关博物馆常设陈列"（中国海关博物馆）、"中国铁路发展史陈列"（中国铁道博物馆）、"中国现当代文学展"（中国现代文学馆）等，对展现自身行业发展脉络、普及行业知识起到了积极的作用。

随着博物馆理念的进步和观众需求的提高，各地博物馆除立足馆藏独特资源办展的常规做法外，通过合作、共享、联盟等方式在借展、巡展、联合办展等方面加强研究和展览工作，最大限度地发挥博物馆的文化功能。一些博物馆的巡展工作已形成了较为成熟的模式并得到了广泛的社会影响，以绍兴博物馆为例，该馆于2013年以纪念王羲之书写《兰亭序》1660年为契机推出了"兰亭的故事"特展，后在国内29家博物馆巡展，所到之处都会尽量将当地的馆藏融入展览之中，不仅促进了藏品的流动，也增强了展览的地方特色，最大限度满足不同观众的需求，实现了社会效益的最大化。在联合办展方面，以首都博物馆为例，近年来始终保持每年至少一个联合展览，无论是与山西博物院、山西省考古研究所共同主办的"呦呦鹿鸣——

燕国公主眼里的霸国",还是藏品分别来自中国社会科学院考古研究所和河南博物院的"纪念殷墟妇好墓考古发掘四十周年特展",都是以借展的方式于首都博物馆展出;而与故宫博物院联合推出的"长宜茀禄——乾隆花园的秘密""走进养心殿"等展览则创新性地开启了"故宫文物活在首博"的新模式;2018推出的"天路文华——西藏历史文化展"更是集合了20家博物馆及文化单位联合办展。

综上,为适应世界展览发展的新趋势,我国博物馆积极回应时代需求,在供给侧结构性改革的大背景之下,全国各项工作开始逐渐从高速度发展转向高质量发展的道路,展览工作也将更为注重从数量增长向质量提升转变。巡展和联展将会是今后各博物馆之间、博物馆与高校和其他机构集中优势资源,推出精品展览"走出去"和"引进来"的绝佳模式。展览的社会功用将更加突出,精品展览将会成为新的社会热点,努力实现思想性与观赏性、学术性与趣味性、丰富性与实效性的有机统一。此外,还将更为注重展览布局的对称性调整,通过加大对基层博物馆的政策倾斜和资金支持,加强各地区、各层级博物馆之间的交流合作,带动博物馆行业全面发展。

第二节 博物馆展览结构特征

展览是博物馆与公众之间的纽带,是博物馆最重要的服务产品,各博物馆都高度重视代表自身馆藏资源特点、学术研究基础的展览筹备工作。同时,博物馆展览具有复杂多样性的特征,不同的展览服务不同的人群,发挥不同的作用,共同组成了中国博物馆的展览结构。

一、博物馆展览主题结构特征

随着观展需求的变化,博物馆需要推动展览主题的多元融合,挖掘蕴含在文物之中的丰富文化内涵,不同领域的重大研究成果以及不同地域的优良文化,为观众提供更多种类的展览选择。

一是展览主题多样化。随着中央电视台先后播出的《国家宝藏》《如果国宝会说话》等文博节目受到热捧,"正经到骨子里"的博物馆成为"网红","看展去"成为越来越多市民的精神文化追求，博物馆IP成为旅游新热，催生了展览主题的多样化。根据"全国博物馆十大陈列展览精品"获奖主题情况分析，第1—8届总体呈现出以历史类陈列展览为主的特征，自然类和科技类只占很小的比重；第9—14届各类奖项基本各有分布，呈现出百花齐放的特点[①]；第15—17届获奖展览的题材更为广泛，历史文化、艺术工艺、考古遗址、革命纪念、工业遗产、自然科技、民族风俗等[②]多姿多彩，令人耳目一新，如"回眸百年 致敬科学——北疆博物馆复原陈列"（天津自然博物馆）、"'人之子'——鲁迅生平陈列"（上海鲁迅纪念馆）、"生命·超越——中原文化中的动物映像"（浙江自然博物馆、河南博物院）、"东方戏圣汤显祖"（抚州市汤显祖纪念馆）、"熠熠青铜 光耀四方——秦晋豫冀两周诸侯国青铜文化展"（陕西历史博物馆）、"地球、生物、人类——重庆自然博物馆基本陈列"等。

二是历史类和艺术类展览仍占绝对优势。目前，我国博物馆临时展览的主题丰富，但基于藏品类型的限制，展览类型主要为历史类和艺术类展览。据不完全统计[③]，2018年中国博物馆举办反映古代历史文物为主的展览217个，近现当代历史的展览65个，重大主题展览6个，艺术展览79个，国外引进展览41个，境外输出展览17个，数字展览3个。从博物馆的发展历史来看，博物馆从一开始就是一种历史文化的物质外化，拥有丰富物质遗产的博物馆在策划文物展方面具有先天的优势，可以利用丰富的馆藏文物组织不同主题、不同种类的临时展览。历史类和艺术类展览高居首位，与我国当代艺术市场高度繁荣和博物馆馆藏文物种类有很大的关系，与博物馆的传统定位以及大众对博物馆的印象是吻合的。

三是重大主题类展览受到广泛关注。重大主题展览主要是博物馆充分发挥自身优势资源，配合特定的纪念日和重大历史节点举办主题展览，充分释放博物馆在关

---

① 吕军、张力月、袁函琳、王子恒：《历届全国博物馆"十大陈列展览精品"入选项目的类型与区域分布》，《中国博物馆》2018年第1期，第91页。

② 中国博物馆协会：《2019年度全国博物馆十大陈列展览精品公布》，《科学教育与博物馆》2020年第3期，第219页。

③ 根据《博物馆动态》所收录的展览资讯分析。《博物馆动态》为中国国家博物馆创办的中国博物馆行业第一份内部咨询，于2018年创办，全年印发246期，实时汇编博物馆每天发生的大事小情，内容涵盖博物馆政策、文物征集、展览、藏品、文创、博物馆信息化、社会教育等多方面信息以及文化、文博、考古等领域的政策、新闻和热点事件。

注和回应社会热点、引领文化发展方面的突出作用。近年来，很多重大主题展览由于准确回应了社会需求而引发"现象级"参观热潮，广受公众好评。例如，2018年是马克思诞辰200周年，也是改革开放40周年，围绕这些重大时间节点举办大型主题展览是2018年博物馆展览的一大特色，引起全社会高度关注。2018年中国国家博物馆举办"复兴之路·新时代部分""真理的力量——纪念马克思诞辰200周年主题展览""伟大的变革——庆祝改革开放40周年大型展览"三大主题展览在社会上引起强烈反响，截至2018年底三大展览观众总量均超过400万人次。特别是"伟大的变革——庆祝改革开放40周年大型展览"，展览面积近2万平方米，是中国国家博物馆新馆建成以来第一次为一个展览提供全部一层展示空间，共接待观众超过423万人次，成为近年来中国国家博物馆观众数量最多的展览，创造了中国国家博物馆展览的新奇迹。与此同时，其他博物馆也纷纷推出反映地方40年变化的展览，如在陕西历史博物馆展出的"波澜壮阔·三秦华章——陕西改革开放40周年成就展"、深圳改革开放展览馆展出的"大潮起珠江——广东改革开放40周年展览"（非博物馆举办）等，都受到了观众的广泛欢迎。

二、博物馆展览区域结构特征

我国博物馆展览区域发展呈现出不均衡的特点。2015年至2018年的文化和旅游部的统计年鉴数据显示，2015年至2018年，连续4年举办展览在千个以上的省（区、市）有6个，分别是江苏、浙江、山东、河南、广东、陕西，其中以山东举办展览数量最多，这与各省博物馆数量成正相关。相比之下，举办展览相对较少的省（区、市）为西藏、青海、海南、宁夏、贵州、新疆等。（表4-2）

表 4-2　2015年至2018年各省（区、市）博物馆展览情况

单位：个

省（区、市）	2015	2016	2017	2018	省（区、市）	2015	2016	2017	2018
北京	269	249	415	516	湖北	964	988	1069	1003
天津	157	180	438	437	湖南	438	424	442	460
河北	607	664	743	784	广东	1460	1733	1496	1655
山西	352	337	414	518	广西	445	517	570	552

续表

省（区、市）	2015	2016	2017	2018	省（区、市）	2015	2016	2017	2018
内蒙古	455	446	463	525	海南	92	112	91	145
辽宁	429	426	455	363	重庆	449	437	467	586
吉林	381	352	451	559	四川	928	1161	1165	1213
黑龙江	749	889	866	945	贵州	225	254	249	278
上海	835	1094	617	826	云南	466	507	684	867
江苏	1890	1986	1980	2095	西藏	24	29	8	9
浙江	1709	1968	2149	2275	陕西	1044	1183	1187	1163
安徽	862	867	940	930	甘肃	705	702	935	1040
福建	788	909	1020	1135	青海	70	65	73	71
江西	510	517	560	673	宁夏	80	97	231	200
山东	2172	2474	2707	2725	新疆	342	300	293	257
河南	1073	1133	1277	1402					

从区域分布来看，东部地区在展览数量上呈现出绝对优势，接近中部和西部展览数量的总和。东部地区各省区共举办展览12 956个，占比49%，其中山东、浙江、江苏、广东等举办展览前4位的省（区、市）都位于东部地区；中部地区各省（区、市）共举办展览6490个，其中以河南和湖北数量最多；西部地区各省（区、市）共举办展览6900个，其中包含陕西、甘肃、四川等文物大省。（图4-2）可见，展览数量存在较大的区域性差异，东部地区优势极其明显，中部和西部地区展览数量相对较少，而且数量水平较为接近。

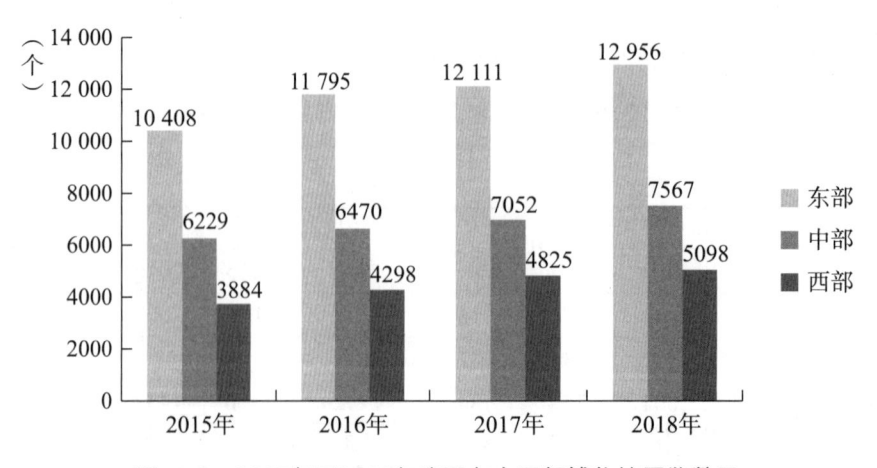

图 4-2 2015年至2018年我国东中西部博物馆展览数量

虽然展览发展在区域上存在差异，但东、中、西部地区博物馆积极探索立足馆藏资源，通过合作、共享、联盟等方式形成区域发展合力，为进一步扩大展览影响力作出了很多有益的尝试。以西北5省（区）为例，早在2009年初，由甘肃省博物馆牵头，国内23家博物馆发起、70余家博物馆为成员单位的中国博物馆协会"丝绸之路"沿线博物馆专业委员会成立，并协商联合西北5省（区）文博单位举办一次大型精品文物展览，后推出"丝绸之路——大西北遗珍展"并长期在各地巡展，观者如潮，取得了非常好的社会效益。

各地博物馆都在结合自身基础和区域文化举办特色展览。东部地区主要以北京、上海、广州为中心，依托丰富的社会文化资源，展览事业全面开花，特别是在国际交流展和个人艺术展方面优势突出。一些东部地区的大型博物馆如中国国家博物馆、上海博物馆、首都博物馆、广东省博物馆等自身地理位置优越，国内外文化交流展数量多、质量高。2019年，中国国家博物馆共举办临时展览44个，其中国内外巡展7个，在国内举办"吉金铸史——青铜器里的古代中国""笔墨文心五百年——中国国家博物馆藏明清书画展"等国内巡展。由于博物馆的定位以及展厅数量的不同，一些东部地区的中型博物馆如中山市博物馆、苏州博物馆、青州市博物馆相比大型博物馆的个人艺术展数量相对较多。中部地区在古代史主题展览方面，以中原文化和荆楚文化为主要特色，同时依托湖南、湖北等地在我国近现代史中的重要地位，在革命历史纪念馆展览方面优势明显。西部地区文物资源丰富，特别是考古及文物保护工作成果展览尤为突出，陕西历史博物馆举办的"孰制匠之——三维技术在文物保护中的应用"展、新疆博物馆举办的"尼雅·考古·故事——中日尼雅考古30周年成果展"、宝鸡青铜器博物院举办的"血池祭天——凤翔雍山秦汉祭祀遗址考古成果展"备受好评。近年来，中西部地区通过实施新疆、西藏、云南、广西、内蒙古、黑龙江、吉林、辽宁等省级博物馆改造提升工程，建成一批反映边疆历史及多民族融合发展的边疆博物馆，全面提高了边疆地区博物馆的藏品保存和陈列展示水平。

三、博物馆展览类型结构特征

从展览类型看，2002年至2018年，全国博物馆基本陈列数由8230个增加到12 723

个，增长了54.6%，且历年增长幅度都较为平稳。临时展览数量则由3655个增加到13 623个，接近翻了两番，充分体现了近年来博物馆事业的活跃程度。（表4-3）

表 4-3　2012年至2018年全国博物馆两种类型展览数量

单位：个

类别	年度						
	2012	2013	2014	2015	2016	2017	2018
基本陈列	8230	7650	9036	9977	11 321	12 189	12 723
临时展览	3655	9172	10 529	11 177	11 788	12 422	13 623
总数	11 885	16 822	19 565	21 154	23 109	24 691	26 346

统计数据显示，综合类博物馆举办临时展览的数量最多，而且每年都超过基本陈列的数量，并维持在平均约6000个，占所有临时展览的半数左右。2018年临时展览的数量更是超过了7000个。历史类博物馆更青睐组织严谨的基本陈列，尽管近年来临时展览保持每年3000个左右的规模并持续增长，但整体上未超过其基本陈列数量。艺术类博物馆的临时展览明显多于基本陈列，自然科技类博物馆的临时展览数量很少，不及基本陈列半数，其他类博物馆临时展览的增长速度赶不上其基本陈列的增长，几年来一直在1000个左右徘徊，还有提升的空间。（表4-4、表4-5）

表 4-4　2012年至2018年各类型博物馆基本陈列数量

单位：个

类别	年度						
	2012	2013	2014	2015	2016	2017	2018
综合性	3857	3550	3900	4212	4492	4919	5122
历史类	2786	2547	3026	3224	3362	3637	3796
艺术类	411	499	617	758	903	1206	1133
自然科技类	256	282	308	353	480	590	572
其他	920	772	1185	1430	2084	1837	2100

表 4-5 2012年至2018年各类型博物馆临时展览数量

单位：个

类别	年度						
	2012	2013	2014	2015	2016	2017	2018
综合性	6212	5397	5855	6170	6281	6529	7083
历史类	3468	2243	2666	2861	3066	3171	3534
艺术类	928	762	1028	1059	1204	1365	1368
自然科技类	281	152	164	167	224	278	372
其他	996	618	816	920	1013	1079	1266

随着新建博物馆数量的井喷式增长和各地博物馆改扩建工程的启动，各大博物馆基本陈列和专题展览的数量和质量都有了显著提升。从当前国内各博物馆的情况来看，各大博物馆的通史类基本陈列都经历了改陈提升，馆藏丰富的大博物馆也推出了多个专题展览，展陈理念、展陈内容、展陈形式上都有所创新，补充了不少新发掘、新征集的文物，与时俱进，更好地满足了广大人民群众日益增长的文化需求。如陕西省博物馆"陕西古代文明"基本陈列提升改造工程，在内容设计上遵循"主题更加鲜明、体系更加完善、补充最新成果"的原则，突出展示陕西古代文明在华夏文明起源、历代王朝建都、中西文化交流中的灿烂成就，以及在中华文明及人类文明史上的重要地位。[1]本溪市博物馆经过两年多的改陈工作推出"山魂水魄——文物中的本溪历史"展览，补充了当地最新考古成果和精品文物，利用200多幅图片特别是航拍图片，直观呈现历史遗迹，视觉效果颇为震撼，让人耳目一新。[2]

专题展览是博物馆根据自身馆藏特点和优势推出的一种常设展览，与基本陈列不同，并非所有博物馆都有能力推出专题展览。中国国家博物馆常设展览被誉为

---

[1] 董理、曹晓明、步雁、李博雅、魏薇：《推陈出新 谱写华章——陕西历史博物馆基本陈列〈陕西古代文明〉提升改造工作纪实》，《中国文物报》2019年3月29日第6版。
[2] 《市博物馆新展开幕 姜小林田树槐李景玉出席揭幕仪式》，《本溪日报》2020年11月5日第1版。

"教科书式"的展览,"中国古代书法""中国古代瓷器艺术展""中国古代钱币展""中国古代玉器艺术""中国古代佛造像"等专题展览,在品质上并不亚于其"古代中国""复兴之路"等享誉中外的基本陈列。故宫博物院推出的专题展览有古建、书画、陶瓷、雕塑、青铜器、钟表、珍宝、戏曲、家具等;上海博物馆的专题展览分雕塑、青铜、书法、玺印、绘画、家具、陶瓷、玉器、钱币等几大类;南京博物院有"历代雕塑陈列""历代绘画陈列""历代书法陈列"等常设展览。近年来,一些博物馆发挥地区和行业特色,也推出不少优秀专题展览,如晋江博物馆的"海天万里故园情——晋江华侨华人历史展"、大同市博物馆"大同恐龙"、中国丝绸博物馆"更衣记:中国时装艺术展(1920—2010)"等。

虽然基本陈列最能体现一个博物馆的性质,也往往是一个博物馆最具学术性和观赏性的展览,但由于其在推出后的较长时间内都不会有大的改动,因此很难满足目前人民群众对展览数量的需求。而临时展览以其常换常新、运作灵活、形式多样、专题性强的特点,成为各博物馆增加展览数量、优化展览结构的主要途径。稳定高质量的基本陈列和频繁更新的临时展览相辅相成,不仅提高了藏品利用率,也使得展览服务的覆盖面持续扩大。我国博物馆都非常重视临时展览策划工作,在立足馆藏文物特色和当地文化传承的基础上,积极举办原创性临时展览。2019年,陕西历史博物院以展示修复成果为切入点,举办了"金题玉躞——书画文物修复展""冶石为器——文物修复季特展之金属修复""丹青焕彩——唐墓壁画修复",特色突出;山西博物院和甘肃省博物馆皆因周年庆典而举办了纪念特展;故宫博物院紧密贴合皇家文化,举办"须弥福寿——当扎什伦布寺遇上紫禁城""万紫千红——中国古代花木题材文物特展""几暇怡情——乾隆朝君臣书画特展"等。

构建立体多元的展览体系是博物馆吸引力的关键所在,各博物馆特别是中央和省属博物馆,基于自身的功能定位及馆藏资源,始终把展览体系建设作为重中之重。作为全国举办展览数量最多、规模最大、结构最为均衡的综合性国家大馆,中国国家博物馆近年来在展览结构方面的调整极具事业探索性和行业引导力,目前,已初步建成由"古代中国"、"复兴之路"、"复兴之路·新时代部分"构成的基本陈列和"中国古代玉器艺术"、"中国古代书画"、"中国古代瓷器艺术展"、

"中国古代佛造像"等构成的专题展览，涵盖重大主题展、历史文化展、地方精品文物展、考古发现展、地域文化展、科技创新展、经典美术展和国际交流展等八大系列的临时展览，共同组成的立体化展览体系。湖南省博物馆则是依托馆藏资源，构建了以"长沙马王堆汉墓陈列""湖南人——三湘历史文化陈列"两大基本陈列为核心，"激逸响于湘江兮——潇湘古琴文化展""瓷之画——从长沙窑到醴陵窑""画吾自画——馆藏齐白石绘画作品展"三大专题陈列为补充，高水平特展为活力的展览体系。海南省博物馆以《南溟奇甸赋》为主题元素，构成了包含三大基本陈列、两个专题陈列、四个非物质文化遗产陈列在内的极富地域文化特色的展览体系。

第三节 博物馆展陈创新与策展能力提升

随着博物馆由"藏品中心"向"展览为王"的时代转变，展览质量成为考量博物馆发展水平的重要指标，策展能力成为各博物馆的核心竞争力。为应对社会的进步、公众品位的提升以及其他文化形式的冲击，我国博物馆以创新发展为原则，坚持展览策划与藏品研究相支撑，展览质量提升和策展能力建设相结合，打造了一批高品质的展览，为博物馆的发展注入了新的活力。

一、策展理念的转变

博物馆展览中要有新发现、新见解，不断扩展新内容、开拓新领域和寻找新类型，充分运用、开拓、延展创新思维，才能使展览工作不断推陈出新、焕然一新。在以创新、协调、绿色、开放、共享的发展理念引领下，我国博物馆积极转变展览理念，使展览主题切入角度更加新颖，内容结构纵横交织，展览精益求精。

（一）"以时代为导向"的价值理念

习近平总书记指出："搞历史博物展览，为的是见证历史、以史鉴今、启迪后人。"近年来，我国博物馆高度重视让文物说话，积极探索通过展览让文物资源活起来，充分运用展览展示新时代的新气象，阐释好中国精神、中国价值、中国力量，激发民族自豪感和时代使命感，增强文化自信。如很多博物馆把展览工作重心放在传承祖先的成就和光荣，实现中华优秀传统文化创造性转化和创新性发展，把当代中国发展进步和当代中国人精彩生活表现好展示好；在国际交流展览方面，更注重阐释多元文化的对话与碰撞，譬如中国国家博物馆、中国文物交流中心承办的"大美亚细亚——亚洲文明展"、山西博物院引进的"山鹰之子——安第斯文明特展"等，通过不同文明之间的对话与碰撞，向观众介绍世界文明和多元文化，这也是快速、全面了解国外文明的最便捷方式。南京博物院与苏格兰爱丁堡文化遗产机构联合举办的"双城记——南京与爱丁堡古城保护成果展"就是一次成功的尝试，两座城市各自代表不同的文化传统，用对比的方式呈现了具有象征意义的生活物品，为观众提供了文化比较的环境，引导人们从多元文化视角重新审视自身传统文化。展览让观众在欣赏精美绝伦的文物珍品的同时，深入了解文物保护背后的故事，更见证中华民族从站起来、富起来到强起来的伟大历程，充分发挥博物馆连接过去、现在与未来的独特作用，增强广大观众热爱祖国、不懈奋进的家国情怀和进取意识。

（二）"以人为本"的策划理念

我国博物馆展览正在逐渐摒弃以"藏品"为中心的自我满足型策展理念，转变为以"人"为服务对象，创新展览的主题和立意，使之不仅能体现文物的历史价值、艺术价值，还要向观众展示其社会价值和意义，使观众获得丰富的观展体验。中国博物馆始终坚持以人民为中心，坚持心中有人民，把人民作为表现主题和创作导向，用心用情用功为人民群众提供更丰富更精彩的展览展示活动，不断增强人民的获得感、幸福感、安全感。在这种策展理念中，观众不再是博物馆的参观者，而是博物馆的使用者，观众的兴趣、观看心理、观看方式，成为博物馆展览策划的要素之一。悄然兴起的"释展"就是在观众兴趣点和专业学术知识之间找到关联点，阐释展览背后的主题文化，既需用简明的语言传达展览的学术思想，也要为展示空间设计和平面设计提供文化阐释，启发设计师，以确保设计师的设计符合展览初衷。如安徽博物馆"向往——'我'与安徽改革开放四十年展"从民生视角，既讲述安徽在中国改革开放历史中的重大事件和重要人物，也通过老照片、老物件，讲述普通百姓、一个个亲历者"我"在改革开放历史画卷中的众多小故事，给观众以沉浸式体验，勾起许多人对改革开放的记忆与情怀。

（三）"讲故事"的叙事理念

我国博物馆展览中注重"讲故事"的叙事理念，用正确的历史观、民族观、国家观和文化观引领观众，用实实在在的文物展现真实的国家命运和民族记忆，让观众从展览叙事中切实感受到国家命运与个人命运的紧密相连。一些历史类展览关注物品作为记忆载体的特性，并将历史碎片通过博物馆努力转化为有意义的叙述。[1]"南京大屠杀史实展"是侵华日军南京大屠杀遇难同胞纪念馆在原基本陈列"人类的浩劫——侵华日军南京大屠杀史实展"的基础上改陈而成，在尊重和重点突出原有主题"南京大屠杀史实"基础上，增加"人类记忆"主题，采用"记录主义"的方式，体现南京大屠杀历史从个人记忆到城市记忆、国家记忆，再到世界记忆的历史进程，强调南京大屠杀历史应该成为人类的共同记忆。[2]辽宁省博物馆的"又见大唐"展通过对《簪花仕女图》《虢国夫人游春图》等珍贵画卷的解读，展示唐代贵族妇女的状态和生活经历，带领观众进入唐代社会史范畴，解析珍品背后蕴含的历史文化信息。

（四）"资源共享"的合作理念

我国的博物馆逐渐提倡开门办展，彻底解决博物馆区域分布和展览题材不平衡的问题，不囿于单一博物馆的发展，努力把各地藏品所蕴含的科技价值、文化价值、时代价值、艺术价值、审美价值充分展现出来，通过多元化的展陈方式不断丰富展览内容，为观众提供高质量的展览项目，为彰显中华文化自信、为国家为民族培根铸魂、实现中华民族伟大复兴中国梦作出贡献。

一是按照"不求所藏、但求所展、开放合作、互利共赢"的原则，建立健全

---

[1] 严建强：《"十二五"期间我国博物馆陈列展览概述》，《中国博物馆》2018年第1期，第75页。
[2] 江东：《用国际语言讲述南京大屠杀历史——"南京大屠杀史实展"全景纪实》，《中国文物报》2019年5月5日第4版。

馆际文物交流合作机制，进一步挖掘优势资源，平衡展览结构，促进藏品借展常态化、制度化，做到常展常新；二是改变旧有典藏制度的缺陷，唤醒库房中沉睡已久的文物，利用数字化技术搭建博物馆文物共享平台。如2016年故宫博物院公布了将全部186万余件/套文物藏品资源上传到网站的消息；三是注重展览从"馆舍天地"走向"大千世界"，建立博物馆巡展机制，积极寻求合作伙伴，建立相应的合作机制，不断扩大展览合作范围，让人民群众都能欣赏到优质的原创性展览；四是深入参与国际交流，建立文化桥梁，推动国际交流合作展览，要在引进展览和学习西方先进策展制度的基础上，提高自身的策展能力和参与度，充分展示中国文化对世界文明多样性的贡献，传播中华文明，扩大中国文化的影响力，推动国际间文化交流、对话与合作。上海博物馆举办的"丹青宝筏：董其昌书画艺术大展"以上海博物馆馆藏为主，遴选了海内外包括故宫博物院、美国大都会博物馆、东京国立博物馆等15家重要机构的相关作品154件/组，可谓大陆书画艺术类首次"全球总动员"的展览，荟萃了董其昌及其相关作品的精华。[①]

二、博物馆探索策展新机制

随着国内展览事业的快速发展，展览工作走向策展时代，中国博物馆要做好展览，必须摸索建立具有中国特色的策展人制度，通过整合馆藏精品文物，并借力各地博物馆文物资源，借梯登高，最大限度发挥策展人的作用，打造更具特色的原创展览，提升整体展览水平，避免因部门分割、藏品单一导致展览效率低下、质量不高的问题。

策展人（curator），或称展览策划人，通常指的是在博物馆内专门从事策划组织展览的工作人员，可翻译为"博物馆等机构的馆长""管理者"或"监护人"，是西方国家博物馆特别是艺术馆的繁荣和发展的产物。20世纪80年代中国艺术领域就使用"策展人"概念，大批年轻艺术家以"85美术新思潮"为契机，根据自己的价值取向、艺术偏好等组织策划了一系列当代艺术展，此后"策展"概念在中国文化

---

① 凌利中：《呈现一个真正的董其昌——关于"丹青宝筏：董其昌书画艺术大展"》，《中国文化报》2019年2月24日第3版。

行业逐渐兴起。近年来，博物馆领域通过引入"策展人"概念，尝试打破传统博物馆部门组织边界，推动层级结构的扁平化管理，是博物馆领域深层次的体制机制改革的重要举措。

2012年12月，国家文物局发布《关于加强博物馆陈列展览工作的意见》指出，要借鉴国外先进经验，创新运行机制，探索实行策展人制度。2018年，中国国家博物馆研究制定了《中国国家博物馆策展人制度实施办法》，明确策展人的主体职责和权力，鼓励全馆副研究馆员以上的专家担任策展人，并赋予策展人在展览筹备与举办期间具有与部门主要负责人相同的权限，各部门均应对策展人提出的公文流转、团队组建、任务分配、策展实施等方面要求支持配合，对馆外策展人、设计师等也作出详细的措施安排，配套策展人制度推行，有效推动了展览总体水平的进一步提升，特别是以"证古泽今——甲骨文文化展""高山景行——孔子文化展""隻立千古——《红楼梦》文化展"三大文化展为代表的多种类型符合时代主题、服务党和国家事业发展的精品展览，推动"到国博看展览"成为一种新兴社会时尚。

南京博物院制定了《南京博物院展览策划工作规程（拟稿）》，其策展人制度是一个策展人加一个团队的思路，策展人的思想通过团队来实现[1]，规定所有研究人员均可提出展览方案并申请成为策展人，经院内审核通过后即可着手展览策划和大纲编写工作，策展人仅对展览内容负责，待展览大纲完成后便交由陈列部列入当年展览计划并落实形式设计工作，办公室、社会教育宣传部、文化创意部等按部门职责推进后续工作。广东省博物馆推出竞争性选拔展览项目主持人制度[2]（图4-3）。竞争性选拔展览项目主持人制度，即馆内中级及以上职称的专业技术人员提交竞争性展览策划方案，馆陈列展览委员会以论证评选的方式来确定展览项目主持人。项目主持人通过自由组织工作团队来组织展览的策划和实施，并由陈列展览委员会负

---

[1] 王春法主编：《新时代新气象新作为——全国博物馆馆长论坛文集》，北京时代华文书局，2018，第198页。

[2] 胡锐韬：《试论新型博物馆策展人制度的建设——以广东省博物馆的展览项目主持人实践为例》，《中国博物馆》2015年第4期，第102—106页。

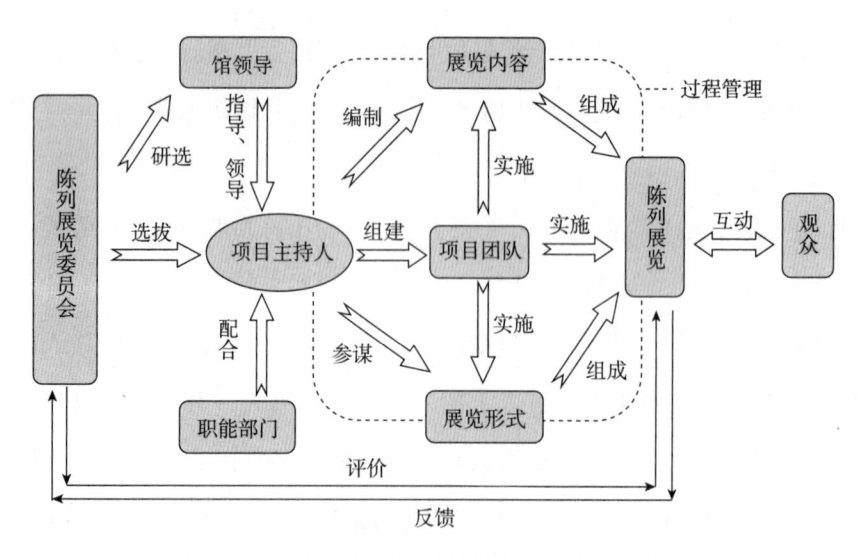

图 4-3　广东省博物馆选拔展览项目主持人流程

责展览项目实施过程的监督及总结评价。

三、展览设计力求新颖

展览的设计制作和内容密切相关，是一项为展览内容服务的艺术创作工作，设计要能够准确表达展览主题，生动展示展览内容，凸显鲜明的展览特色，杜绝同质化、平庸化、模式化，满足观众的审美需求。在展览制作方面，专业展陈公司的介入、新材料的使用，对于博物馆展览制作水平提高具有重要的意义。

（一）空间设计

空间规划是展陈设计的首要任务，是展览呈现最终效果的关键要素。目前我国博物馆展览的空间设计表现出以下特点：

一是注意营造良好的展览意境和氛围，通过独具特色的平面文版、空间布局、模型装置、场景营造、光色分布和互动体验，使展览内容与环境和谐统一。如首都博物馆的展览"1420：从南京到北京"，以"块"穿插在空间内的方式讲述了从1420年的明代南京到现在北京的"建城"故事，空间布置高低错落、跌宕起伏，部分区域采用半透纱幔以及玻璃展示，软硬结合，在区块划分的同时保留了空间通透感。

二是注意设计的整体性。南京六朝博物馆的"六朝风采"展览，在展厅设计之始，就将"美的理念"植根于展厅中。为了更好地与"美"的主题相契合，引入了六朝女子化妆用的"奁盒"元素作为展厅平面布局的设计来源。整个展厅设计成一个巨大的奁盒，其内部空间根据展陈内容分割为一个个大小不一的规则四边形独立空间，仿佛置放在奁盒中的不同小盒。各独立空间有节奏地按顺时针方向串联在一起，参观线路顺畅通透，让展览空间设计本身成为一件艺术品。

三是将展览与建筑相统一，让文物融入自然。如今国际上越来越多的公共空间以及大型博物馆都开始运用自然光，庐山石刻博物馆"山语——庐山历代石刻陈列"以建设智慧博物馆、精品博物馆、特色博物馆的理念，大胆创新，依托别墅草坪，以石刻展标和园林组合，构成一个别出心裁的阳光"序场"，颠覆了在馆内设立"序厅"的常规做法。[1]

（二）平面设计

随着观众审美水平的日益提升，博物馆展览日益注重视觉呈现效果，将学术、艺术、技术三者综合统一，针对文物不同体量、材质、色彩等特征，通过改造展柜、改善灯光、改进文物展品组合及陈列形式，增强文物展品观赏性。

首先是色彩的综合运用，发挥平面设计元素中色彩渲染气氛的作用。成都博物馆"花重锦官城——成都历史文化陈列·古代篇"为了避免视觉疲劳，同时有效地向观众传达大时代变更的信号，反复推敲色彩搭配，将展览的四大部分在深灰色的基调中选用了不同的提亮色以示区别：古蜀的咖啡色、两汉的枣红色、唐宋的黄褐色和明清的蓝绿色。

其次是版面的合理分配，将展览内容通过平面设计的解构、重构合理搭配组合，诠释所要表现的展览理念，显现出展览的内涵与主题，达到了较好的宣传效果，给人深刻的视觉识别感受。云南省博物馆的"窑火斑斓——云南省博物馆陶瓷精品展"运用大面积"留白"的手法对版面层次进行布局，充分释放整个版面的张

---

[1] 胡玮、虞成萍、张武超等：《让文物融入自然 让石刻贴近观众：庐山博物馆"山语——庐山历代石刻陈列"巡礼》，《中国文物报》2019年4月30日第8版。

力，合理分割版面布局，在"留白"中嵌入展品实体，为展览提供了独特的视觉辨识度，达到了展览中二维平面设计与三维空间的完美融合。

第三，展览文字的装饰化运用，发挥说明文字的美感。在以往的展览中，大量存在着因展览内容复杂导致信息杂乱的情况，展览文字仅限于其说明功能。但在近期的展览中，文字的变化成为平面设计的亮点，尤其是我国的象形文字，作为一种重要的图形元素在展览中广泛运用。

（三）辅助展品

辅助展品是展览中不可缺少的部分，目前可分为两类：科学的辅助展品，如地图、图表、沙盘、模型、景观等；以及美术作品，如绘画、雕塑等。在展览中通过运用新手段、新技术，创造性使用辅助展品，实现"让文物说话"，不仅可以强化展览内容的信息传递，更增强博物馆的可看性、趣味性和吸引力，已成为中国博物馆展览发展的方向。

一是场景复原广泛运用在展览中。山东省博物馆的"书于竹帛——中国简帛文化展"被称为"最好看但最难看懂的展览"之一，策展团队在解释"烽燧制度"时，采用真实场景与虚拟技术叠加的幻影成像技术进行演示，将兵马、烽烟等文字转为视觉形象，直观易懂，给观众留下了深刻的印象。

二是拓展辅助展品的表现形式。将音乐、舞蹈、绘画等形式融入展览策划中，加强与其他艺术领域的融合，通过由文物演绎而衍生的表演等使展览生动鲜活起来。如河南博物院充分发挥中原古典音乐优势，将馆藏音乐类1000余件藏品资源转化为展览的辅助和延伸，推出了"华夏遗韵——中原古典音乐文物特展"等原创性展览，更在"东方神韵——河南博物院远古和声"等国内外展览中配合演出，收到了良好的社会效益。

三是打造体验区，实现展览的互动式设计。随着虚拟现实技术（VR）、增强现实技术（AR）、混合现实技术（MR）等表现形式的扩展现实技术（XR）逐渐成熟和普及，展览打破了办展所依附的空间限制和时间限制，新技术为增强展示甚至永久展示提供了重要支撑，以文物批量化和展览数据采集为支撑、以创意策划为主导的虚拟展览成为新的亮点。

第四节　博物馆展览发展中存在的问题与对策

近年来，博物馆展览的规模结构及展陈能力方式上都有所提升，展览内容更注重叙事性，展览形式更加生动，展览组织方式更加多元。面对新时代新要求，博物馆要正视展览工作中的问题，坚持在发展中修正创新，更好地服务社会公众，推动博物馆事业全面发展。

一、问题与不足

（一）策展人制度建设有待深入

虽然策展人制度已成为业界公认的展览制度发展方向，但大多数博物馆广泛采取的展览运行机制还是自上而下总体组织的展览项目负责制。中国国家博物馆2019年对18家国家一级博物馆以及部分文博行业专家的采访调研发现，目前国内大部分博物馆未尝试策展人制度，多采用项目负责人制，或类似部门负责制的模式来组织实施展览，有些博物馆表示曾考虑推行策展人制度，但目前因为一些现实原因未能实施。在探索试行策展人制度或策展人模式方面走在前列的博物馆有中国国家博物馆、南京博物院、广东省博物馆、浙江省博物馆等。

即使在已试点策展人制度的博物馆，由于受到国内博物馆体制、资金等多方面的限制，策展人的作用在展览中也得不到充分的发挥。目前国有博物馆一般由上级行政主管单位领导，根据规模大小，机构设置也有所区别，但大致可分为行政和业务两个管理方向。在管理模式上，行政管理层的意见往往决定了展览业务的走向，各部门的行政建制也给策展人制度的实施设置了重重壁垒，导致策展人不仅要负责展览的内容编写、形式设计，还需要分散精力从事很多事务性工作。部分博物馆还存在策展人管理标签化，策展门槛较低，缺乏准入和培养机制等问题。展览是一项多学科交叉的工作，不仅涉及历史、艺术、设计、审美等，还涉及经营管理、统筹协调等多个工种，需要经过数年展览实践的培养。专业化的人才队伍建设是博物馆事业发展的关键，然而目前国内尚未形成策展人培养机制和资格认证体系。

（二）原创展览水平仍有提升空间

虽然各博物馆在策划原创展方面尽量突出馆藏特色，但从整体来看，仍然存在类型主题单一的问题。主要固守于某一品类、某一材质、某一地域或某一人物，从大的文化现象、文化课题来组织策划的展览相对欠缺，书画展、周年展以及捐赠展仍是多数博物馆经常举办的原创展类型，其中尤以书画展为最。据不完全统计[①]，故宫博物院、首都博物馆、天津博物馆等20家一级博物馆中超过半数的博物馆在2019年举办馆藏书画展，共举办22个，占总数的1/3。同时，引进较为成熟的展览成为不少大型博物馆举办临时展览的主要方式，上述20家博物馆2019年共举办临时展览219个，其中原创展览57场次，占比26%；国内引进交流展113场次，占比52%；联合展览23场次，占比10%；国际交流展览26场次，占比12%。可见，对于大型博物馆，国内外交流展已经成为博物馆临时展览的主要组成部分，其中国内交流引进展占据一半以上，而基于馆藏研究并自主策划的原创展数量略显不足，只占1/4，亟待提升。

（三）博物馆展藏比例失衡

我国大多数博物馆曾经长期在苏联"三部一室"模式下运行，藏品和展览界限太过明确，藏品保管部门熟悉文物却只低头研究，展览部门熟悉展览流程却接触不到文物，这一矛盾直接导致国内博物馆展览缺乏扎实的学术支撑，文物藏展比例失衡。由于收藏、研究与展览未形成良性互动，大批文物深藏库房，策展工作无法推陈出新，展览可观赏性不强。相比国外一流博物馆，如法国卢浮宫的藏品使用率为3/5，我国博物馆藏品利用率偏低。如故宫博物院拥有186万余件藏品，但囿于古建

[①] 此统计系笔者根据浙江省博物馆、故宫博物院、河北省博物院、南京博物院、天津博物馆、吉林省博物院、首都博物馆、山西博物院、湖南省博物馆、黑龙江省博物馆、甘肃省博物馆、安徽博物院、陕西历史博物馆、宁夏固原博物馆、山东博物馆、辽宁省博物馆、上海博物馆、四川省博物院、云南省博物馆、湖北省博物馆的公开信息进行整理统计，能够在一定程度上反映我国大型博物馆的展览特点。

筑的特殊性，2012年前后，故宫院内每年展出的藏品仅近1万件，展藏比为0.5%[①]。经过近年来的治理和修缮，每年展出的文物藏品约2万件，展藏比上升到2018年的3%。[②]北京几个大馆展出藏品也都达不到总量的1/10，且缺乏更换[③]，甚至有学者认为，一般来说，等级越高的博物馆其展藏比越低[④]。虽然各博物馆的藏品以及展品数量均有较大差异，但还是有相当一部分文物都沉睡在文物库房里，没有充分活起来。

（四）展品使用规范性问题应重视

随着中国博物馆数量的增长，各地博物馆都面临文物资源短缺的问题，为了保证展示内容的完整性，达到展览效果，各博物馆几乎都会在展线上使用复制品或仿制品。根据《文物复制拓印管理办法》的规定，陈列展览应充分体现博物馆通过实物反映真实历史的特征，坚持以文物、标本原件为主；使用必要的复制品、仿制品和辅助展品，应符合学术要求，并予明示。为避免误解，多数博物馆都能够做到在说明文字中标注复制品及原件所属单位，但在展览中使用复制品数量过多，会严重影响观展质量，文物观赏性大打折扣。在中国文博发展史上，有过多次文物调拨过程，因此在一些市县级博物馆或某种主题博物馆成立后，存在代表性文物调拨到上级单位的问题，有些博物馆出于充实馆藏、提高展览权威性等方面的考虑，在展览中故意混淆真品与复制品的界限，更有甚者使用低质量仿制品，以次充好，造成了较为负面的社会影响。

二、意见和建议

用展览讲述中国故事、阐释中国文化、弘扬中国精神，促进中华优秀传统文化

[①] 段颖：《从传播学角度浅议"让文物活起来"——以故宫博物院为例》，《博物院》2018年第1期，第45页。
[②] 新华网：《故宫博物院院长单霁翔：故宫将首开夜场喜迎"上元之夜"》，https://www.xinhuanet.com/politics/2019-02/17/c_1124126220.htm，访问日期：2021年12月25日。
[③] 许俊平：《博物馆藏品利用存在的问题及对策》，《中原文物》2001年第3期，第79页。
[④] 姚安：《2016年度我国博物馆陈列展览综述》，《中国博物馆》2018年第1期，第88页。

创造性转化、创新性发展,博物馆具有独特作用。我国博物馆需要进一步加强展览的顶层设计,推进展览体制机制建设,更要强本领、补短板,以策展能力提升为抓手,提高展览专业化水平,以高质量展览回馈社会和观众。

(一) 加强展览体制机制建设

展览体制机制建设是展览能力建设的保障。要立足博物馆展览工作实际,坚持政府引导、社会参与、资源共享等新理念,推动展览体制改革。要加强博物馆展览体制机制优化的政策法规供给,特别是对博物馆藏品流动的支持,盘活藏品资源,进而积极引导和推动各地区精品展览的流动[1]。博物馆要主动迎接制度变革,提高展览管理水平,将策展人制度落到实处,将策展的主动权真正交给策展人而不是部门,建立以策展人为核心,包含藏品研究保护、展览内容形式设计、教育宣传、出版发行、文创开发、观众服务等各方面人才的优质团队,各展所长、紧密配合,共同完成展览;采取多元化策展方式,广泛吸收社会资源,广纳社会智慧,打开博物馆的大门,打破专业屏障。

(二) 注重策展能力提升

策展能力是博物馆的生产能力。各博物馆尤其是中央和省、市级大型博物馆,要借助丰富的馆藏和较强的研究能力,精心选择展览主题,丰富展览形式,将收藏在库房中久未展出的藏品分主题、成系列、成规模、有计划地进行展示,推出更多更好的精品展览。地区博物馆要进一步挖掘当地文化资源,根据各馆实际和区位优势,不求洋求全求大,但求特色鲜明、服务大众。

在具体展览工作中,要依据策展人制度对策展人综合能力的需求,在学术能力、创新能力和组织协调能力等方面加强策展人的独立自主性和开拓能力,培养领军人才;理顺展览工作流程,逐步提高策展团队的配合度,围绕展品丰富展示形态,夯实研究基础;加大内容设计、空间设计、平面设计和灯光设计能力等四个方

---

[1] 王春法:《关于新时代博物馆事业发展的若干思考》,《中国国家博物馆馆刊》2018年第5期,第12—19页。

面的专业技术能力培养，打造优质展览品牌，树立良好口碑。

（三）提高博物馆展藏比率

博物馆要发挥主观能动性，进行创意构思，开展创造性的工作，对馆藏相关领域的文物资源有深入研究和准确把握。一是在现有展览的基础上适当增加临时展览数量、频次和时长，丰富展览主题，同时适时更换基本陈列和专题陈列中的展品，提高展品更新比率，实现常展常新；二是突破旧思维，广泛选题，挖掘不同领域的重大研究成果以及不同地域的优秀传统文化，不断开拓场地和方式，尝试采用仓储式展示等形式，增加藏品展示数量；三是利用展览资源交流平台和巡展机制，采取联合策展、文物借展、参展联展等形式，提高展览参与度，为观众提供更多种类的优质展览选择；四是推动文物数据资源共享平台建设，利用新媒体技术，让文物走出库房，走向云端；五是要加强文物研究工作，挖掘蕴含在文物之中的丰富文化内涵，加强优秀学术成果的转换，扩大藏品展示的范围，在有限的空间中分主题、有侧重地展示更多的文物。

（四）丰富展品呈现形式

展品是展览的中心，围绕展品所使用的技术，可以起到画龙点睛的作用，在展览中要平衡好两者的关系，积极运用数字技术，努力将其更加合理地融入传统的展览设计中，增加展览的趣味性、互动性，增加展览的信息量，满足观众的求知欲，使其享受更为愉悦的观展体验。一是将数字信息技术合理融合到传统的展览设计中，让文物展示从静态转为动态，进行场景还原，增强展览的互动性和趣味性，增加观感体验；二是将人工智能应用于导览中，使用AR、VR等技术强化展览的展示效果，将展品说明变得通俗化，以二维码扫描导览、体验互动、多媒体3D模拟展示、网上展览等多种展览技术，让文物展示手段变得多元化，让观众获得沉浸式、漫游式的情境体验；三将藏品数据资源利用到展览中，丰富展览内容、充实展线，运用高科技手段把文物所蕴藏的文化信息科学精准地保存并分享，为策展人提供除文物资源外的另一个选择，不仅有利于珍贵文物的保护，更有利于展览的推陈出新。

第五节 小结

中国特色社会主义进入新时代，各项工作面临着新任务、新要求，展览工作也要因时而兴、乘势而变，随时代而行，与时代同频共振。中国博物馆正在以策展能力提升推动展览服务身边化、内容品质化、设计人性化和方式智能化，充分满足人民群众日益增长的公共文化需求。

近年来，我国博物馆展览整体规模快速增长，要正视发展中的问题，要注重在发展中解决问题，以打造精品原创性展览为原则，着力制定和推动策展能力提升计划，积极实施博物馆策展人才发展战略，构建职责明确、程序流畅、措施严谨的展览体制，开展"借力借势"，扎实推进策展能力和展览水平稳步提升。

每一种文明都延续着一个国家和民族的精神血脉，既需要薪火相传、代代守护，更需要与时俱进、勇于创新。要通过展览揭示文物中蕴含的中华民族的文化精神、文化胸怀和文化自信，为新时代坚持和发展中国特色社会主义提供精神支撑，满足人民日益增长的精神文化需求。新时代策展工作要传承历史文脉，既要让文物留得住，也要让文物活起来。

第五章
中国博物馆的社会功能

博物馆是社会发展的产物，作为社会公共文化服务机构的重要组成部分，博物馆的社会功能是与生俱来的，而又伴随着社会的发展进步不断变化和拓展，带有显著的时代特征。综观世界各国及相关组织对博物馆的定义，都明确界定了其应具有的社会功能及应承担的社会责任。在我国，收藏、展览、研究、教育是传统博物馆的四大基本功能，而随着社会不断发展以及近年来"博物馆热"的兴起，博物馆已经成为社会生活不可或缺的一部分，伴随而生的导览服务、文物鉴赏等新兴功能备受社会关切，也激励着广大博物馆不断提升社会服务水平，推出更多个性化、分众化、差异化的公共文化产品和服务。

第一节 博物馆社会价值愈发凸显

进入新时代，中国博物馆在社会生活中扮演着越来越重要的角色，其社会价值也愈发凸显，博物馆要更好地发挥社会功能，必须厘清其具有的社会属性、承担的社会责任和应当提供的社会服务。

一、博物馆的社会属性

1974年《国际博物馆协会章程》明确指出："博物馆是一个不追求营利的、为社会和社会发展服务的、向公众开放的永久性机构，为研究、教育和欣赏的目的，对人类和人类环境的见证物进行搜集、保存、研究、传播和展览。"这是国际上较早关于博物馆社会属性的共识。

在我国，博物馆已经成为社会主义文化事业的重要组成部分。中共中央、国务院《关于深化文化体制改革的若干意见》（中发〔2005〕14号）中指出："国家兴办的图书馆、博物馆、文化馆（站）、科技馆、群众艺术馆、美术馆等为群众提供公共文化服务的单位，为公益性文化事业单位。"这是我国对博物馆社会属性明确的定位。2015年1月14日中华人民共和国国务院第78次常务会议通过的《博物馆条例》第一章第三条规定："博物馆开展社会服务应当坚持为人民服务、为社会主义服务的方向和贴近实际、贴近生活、贴近群众的原则，丰富人民群众精神文化生活。"此规定突出了博物馆作为社会公益文化机构服务人民、服务社会的基本原则。

虽然国际上对博物馆性质的表述不尽相同，但是都强调了博物馆作为一个社会机构的基本属性，主要有以下四点：

一是公共性，即向社会公众开放。在西方，早期的博物馆只对特定的少数人开放，14世纪开始的文艺复兴使博物馆由皇室、贵族独享向现代公共博物馆转变。从17世纪开始，许多皇室、贵族和教堂的收藏品对"公众"（特定公众）开放参观，从大英博物馆到卢浮宫，再到美国的博物馆，现代公共博物馆体系逐渐建立起来，也更加强化了博物馆的公共属性。史吉祥认为，博物馆的公共性有公正性、公平性、公开性、公益性等四个方面[①]。我国《博物馆条例》明确规定："博物馆应当自取得登记证书之日起6个月内向公众开放"，"在国家法定节假日和学校寒暑假期间，博物馆应当开放"。实际上是从立法层面明确了博物馆的公共性。

二是公益性，也称非营利性，即不以营利为目的。博物馆首先是一个非营利组织，提供公益服务的功能体现了非营利组织公共性的本质，是其立足于社会、置身于公共空间并取得社会公信力的基石[②]。非营利组织是一种古老的社会组织形式，但它直到20世纪60年代以后才得到迅猛发展[③]。2005年我国出台的《博物馆管理办法》指出，博物馆是向公众开放的非营利性社会服务机构。2015年的《博物馆条例》沿用并明确了博物馆是非营利组织。为了更好服务人民，体现博物馆的公益属性，2008年初，中央宣传部、财政部、原文化部和国家文物局四家单位联合制定下发《关于全国博物馆、纪念馆免费开放的通知》。随后，全国各大博物馆纷纷响应，免费开放，截至当年年底，就有1007座博物馆实现免费开放。10多年来，我国博物

---

① 史吉祥：《论博物馆的公共性》，《中国博物馆》2008年第3期，第23—28页。
② 王名：《非营利组织的社会功能及其分类》，《学术月刊》2006年第9期，第8—11页。
③ 林震：《非营利组织的发展与我国的对策》，《国家行政学院学报》2002年第1期，第40—44页。

馆绝大多数已经实现免费开放。根据国家文物局数据，截至2018年底，在我国登记备案的5354家博物馆中，免费开放的博物馆高达4743家，占博物馆总数的88.6%。

三是教育性，即博物馆具有教育公众、启迪民智的基本功能，这是博物馆与一般的社会服务机构相比最大区别之一。世界各国都将教育列为博物馆最核心最重要的功能之一。1888年，美国史密森学会助理秘书长乔治·布朗·古德（George Brown Goode）提出："博物馆者，非古董者之墓地，乃活思想之育种场，启蒙民众之重要机构。"[1]韩国2007年修订的《博物馆法》甚至明确"教育是博物馆的法定使命"[2]。在我国，从张謇创办第一座博物馆南通博物苑开始，我国博物馆就以教育为目的，以传播知识、教育公众为己任。[3]2015年颁布的《博物馆条例》也明确规定了教育是博物馆的建立目的之一，且将博物馆的教育功能列在了第一位。[4]进入新时代，习近平总书记反复强调"博物馆就是一所大学校"，就是希望博物馆扮演好大学校的角色，起到引领时代价值导向的重要作用，不断推动提升公众的道德修养、人文品位、审美情趣和爱国情怀，为中华民族伟大复兴的中国梦凝聚起磅礴的精神力量。

四是服务性，以向公众提供社会公益服务为宗旨。博物馆的服务主要"是为广大观众提高思想品德和文化素养服务，为在校学生的校外教育服务，为成人终生教育服务，为科学研究服务和为旅游观光和文物休闲服务"[5]。21世纪以来，博物馆从对物的关注转向对社会、对人的关注，重视服务社会、服务民生，实现博物馆"从以物为核心向以人为核心的转变"，成为国际博物馆界的共识[6]，现代博物馆已发展

---

[1] [美]史蒂芬·康恩：《博物馆与美国的智识生活，1876—1926》，王宇田译，上海三联书店，2012，第21页。
[2] 安来顺：《中日韩博物馆政策环境与博物馆发展的初步检视》，《东南论坛》2013年第6期，第11页。
[3] 单霁翔：《博物馆的社会责任与社会教育》，《东南文化》2010年第6期，第9—16页。
[4] 《博物馆条例》，引自国家文物局编《中国文物年鉴2016》，文物出版社，2016，第51页。
[5] 王宏钧：《中国博物馆学基础》，上海古籍出版社，2001，第335页。
[6] 安来顺：《博物馆与公众——21世纪博物馆的核心问题之一》，《北京博物馆学会学术会议》，1997，第17—27页。

成为一个多功能的社会公共文化设施[1]。在我国，国家历来重视博物馆的公共文化服务，2015年的《博物馆条例》专设"社会服务"部分，对博物馆应承担的社会服务进行了规定。此外，《关于深化文化体制改革的若干意见》《关于加强文物保护利用改革的若干意见》等文件也都强调博物馆在服务社会、服务人民方面的应有作用。

二、博物馆的社会责任

博物馆的社会责任并不是一成不变的，而是与时俱进的。从19世纪西方博物馆兴起以来，由于博物馆的工作原则是以藏品为中心，也就是以"物"为中心，因此它实际上一直充当着公众的"教育者"角色。随着社会发展，博物馆与公众的关系发生了深刻变化，公众对博物馆的关注度、参与度、影响度越来越高，倒逼着博物馆不断审视自身角色定位。越来越多的博物馆意识到库房的藏品如果得不到有效的展示就无法满足公众的需要，于是开始转向以"人"为中心，更加重视展示、教育等功能创新和观众感受。因此，今天的博物馆除了发挥收藏、展览、教育、研究等传统功能外，还要承担更多的社会责任，它不再是单一的"教育者"，也是知识和信息的"生产者"以及社会大众的"服务者"，同时也是全民共享社会文化资源这一权利的维护者和践行者。博物馆的社会责任基于博物馆的社会功能，而又应高于社会功能。对于博物馆应当承担的社会责任，学者们有着不同的声音。如宋新潮认为博物馆的社会责任是"服务社会、促进发展、惠及民生"[2]，武世刚则认为"其使命是为公众服务、为社会及其发展服务，促进人及社会的全面发展"[3]。尽管表述不尽相同，但主旨思想相近，概括起来有如下几点共识：

存续历史文化遗产，珍藏时代发展物证。这是由博物馆本身功能决定的。收藏、展览、研究、教育是博物馆四大基本功能，而收藏位列首位。就我国而言，博

---

[1] 史吉祥：《博物馆在现代社会中的功能》，《中国文化遗产》2005年第4期，第75—78页。
[2] 宋新潮：《今天博物馆的社会责任》，《中国博物馆》2013年第3期，第5页。
[3] 武世刚：《行业博物馆的社会责任与可持续发展——以中国航海博物馆为例》，见中国博物馆协会博物馆学专业委员会编《中国博物馆协会博物馆学专业委员会2015年"致力于社会可持续发展的博物馆"学术研讨会论文集》，中国书店，2016，第139页。

物馆不仅要保藏中华优秀传统文化物证,还应将革命文化和社会主义先进文化尤其是能反映各个时期社会、经济、文化、科技等全方面发展的重要物证囊括其中,包括非物质文化遗产的保护,即"为明天收藏今天"。正如习近平主席向国际博物馆高级别论坛致贺信中所说,"博物馆是保护和传承人类文明的重要殿堂,是连接过去、现在、未来的桥梁","中国各类博物馆不仅是中国历史的保存者和记录者,也是当代中国人民为实现中华民族伟大复兴的中国梦而奋斗的见证者和参与者"。[①]

展示人类文明成果,提供优质公共文化产品和服务。展览是博物馆最重要的公共文化产品,策展能力是博物馆的核心竞争力。区别于其他公共文化服务机构,博物馆的优势在于依托馆藏文物资源,通过策划举办展览展示其器物之美、创造之美、智慧之美,带给观众以审美体验。除了通过展览传播知识和信息外,博物馆还在推进社会公共文化服务均等化、促进社会和人的全面发展方面发挥着重要作用。当前,中国博物馆高度重视观众参观体验,不断创新展陈方式、提升展陈质量,围绕展览提供社会教育、参观导览、文创产品以及各种便民服务,其目的都是提升公共文化服务水平,为人民群众提供高质量的文化供给,不断满足人民群众日益增长的精神文化需求,推动人和社会的全面进步。

发挥教育传播作用,引领正确价值导向。2015年习近平总书记到西安市调研指出:"一个博物院就是一所大学校。要把凝结着中华民族传统文化的文物保护好、管理好,同时加强研究和利用,让历史说话,让文物说话,在传承祖先的成就和光荣、增强民族自尊和自信的同时,谨记历史的挫折和教训,以少走弯路、更好前进。"[②]习近平总书记的这段讲话高度概括了我国博物馆的使命责任。我国博物馆不仅是知识的传播者,更是社会主义核心价值观的引导者和弘扬者,具有鲜明的意识形态属性,这是作为"大学校"的应有之义。中国博物馆有责任通过展览讲好中国故事,用正确的历史观、民族观、国家观和文化观引领观众,展现真实的国家命运和民族记忆,让观众既能从文物展品中体察中华文化的精神思想,又能从展览叙事

[①] 《习近平向国际博物馆高级别论坛致贺信》,《人民日报》2016年11月11日第1版。
[②] 《习近平春节前夕赴陕西看望慰问广大干部群众》,《人民日报》2015年2月17日第1版。

中切实感受到国家命运与个人命运的紧密相连。2020年10月，教育部、国家文物局联合印发了《关于利用博物馆资源开展中小学教育教学的意见》明确提出各地博物馆要坚持"展教并重"，进一步强调了博物馆的教育责任。

做好藏品研究，为以物说史、以物释史、以物证史提供有力支撑。研究在博物馆的四大基本功能里极具特殊性，它并不直接服务于广大观众，但却对博物馆其他功能的发挥起着至关重要的支撑作用，是其他功能有效发挥的基础。因此，博物馆的学术研究与高校、科研院所等机构不同，其特点是立足文物藏品资源进行研究，研究成果直接服务于博物馆的藏品、展览、教育等主责主业。博物馆工作者有责任通过学术研究充分挖掘文物背后的丰富内涵，全面阐释文物的历史价值、文化价值、科学价值和审美价值，"讲清楚中华文化的独特创造、价值理念、鲜明特色，最重要的是要让文物走出库房、走上展线，把优秀传统文化中具有当代价值、世界意义的文化精髓提炼出来、展示出来，用文物讲出中国故事、讲好中国故事"[①]。

总之，博物馆借助其资源优势，通过输出藏品资源、展览展示、社教传播、学术成果、文创产品等高质量文化供给满足人民群众美好生活需求，担负着留存民族集体记忆，传承国家文化基因，提升公众文化修养和道德素质，助推提高全社会文明程度，促进人和社会全面发展等重要使命。

三、博物馆的社会服务

2015年的《博物馆条例》第四章"博物馆社会服务"专门规定了博物馆应该承担的社会责任及应该提供的社会服务。对于博物馆社会服务功能的划分，不同的学者持有不同观点。有的从博物馆自身特点出发，将其分为基于自身业务的服务和为观众提供便利的服务两类；有的从提供服务的空间出发，将其分为线上服务和线下服务两类；也有的从时代演进出发，将其分为传统服务和延伸服务两类，如展览、社会教育和观众服务等支撑博物馆正常运行的必要服务，属于传统服务，而导览服

---

① 王春法：《系统呈现中华文化的整体形象（创造性转化创新性发展纵横谈）》，《人民日报》2020年8月21日第20版。

务、文创开发、数字资源开放等随着社会发展而拓展的新内容则属于拓展服务。总之，当今博物馆的社会服务是指博物馆利用自身资源为社会提供的所有服务的总和。无论博物馆的社会服务功能如何界定，但其基本特征是一致的，即公益性、广泛性、知识性。社会服务的公益性是由博物馆的非营利性质决定的，从它成立之初就已经明确了其应当承担向公众展示收藏品的义务；广泛性是指博物馆的社会服务是公共产品，面向社会的广泛群体即所有民众平等开放，有时也称公共性；知识性是博物馆区别于一般社会服务机构的显著特征，其突出表现是以传播知识、丰富公众精神文化生活和提升公众文化素养为目的，以展览、讲解等丰富而生动的形式将文物或展品的历史价值、科学价值、文化价值、审美价值传达出来，在"寓教于乐"和"潜移默化"中使公众获得审美享受和精神启迪，因此这种服务对公众的影响是无形的、深刻的、持久的。

进入新时代，博物馆不断创新服务形式，提升服务质量，已经成为向社会公众提供多元文化服务的重要社会机构。除传统的服务形式外，不少博物馆充分利用官方网站、微信、微博、App等形式扩大服务人群范围，缩短博物馆与观众的距离。有些博物馆还在官网上设置数字展厅，甚至加入了VR体验。如故宫博物馆不仅在官网设置了"全景故宫"的立体化导览，观众可以360度浏览建筑内部的每个角落，此外还建立了"数字文物库"，公布了52 558件/套藏品信息[1]，观众通过点击可以查看每件藏品的清晰细节。无独有偶，中国国家博物馆也在积极推进馆藏藏品总目的公开上线工作，截至目前已累计公开782 488件/套[2]，进一步满足公众鉴赏、学习、研究文物的多元化需求。除了网站外，通过微博、微信公众号、App等提供社会服务成为博物馆新一轮的竞争热点。故宫博物院、中国国家博物馆等知名大馆均同时拥有微博和微信公众号，在网络上具有很高的热度。为了更好为公众服务，博物馆愈发重视观众体验，全方位发力提升服务质量。以中国国家博物馆为例，其2019年不仅通过全员预约提升观展舒适度、通过增设餐饮休闲区解决看展观众吃饭难问题，还开启每周一次的"夜场"，并

---

[1] 数据来源：故宫博物院官网，https://digicol.dpm.org.cn/。
[2] 数据来源：中国国家博物馆官网，http://www.chnmuseum.cn/portals/0/web/zt/cangpin/colletionlist.html。

实现延时闭馆常态化运营，受到社会的广泛关注和好评。

综上，博物馆作为在社会中运行的公共文化服务机构，必须承担其应有的社会责任，发挥其应有的社会作用，努力为社会公众提供多元化、精细化、优质化的公共文化产品和服务，积极推动人和社会的全面发展。

第二节　博物馆观众规模与结构

博物馆观众是博物馆事业的有机构成成分之一，是博物馆事业存在的社会基础，是参与和完善博物馆工作的积极因素之一[1]。中国特色社会主义进入新时代，不断满足人民日益增长的美好生活需要，为广大人民群众提供更加丰富多彩的精神文化产品，已经成为新时代博物馆的重要职责。近年来，在免费开放的政策影响下，越来越多的人走进博物馆，成为经济社会发展的亮点，成为人们一种重要的生活方式。

一、中国博物馆观众规模庞大，增长迅速

自我国实行博物馆全面免费开放政策以来，我国博物馆参观人数呈现突飞猛进的增长，观众规模庞大。据文化和旅游部统计，自2007年到2019年，我国博物馆年参观人数从2.8亿人次增长到11.22亿人次[2]，观众总体规模庞大，且每年观众数量仍以亿级增长，参观人数增长迅速。据统计，从2012年到2019年，我国免费博物馆参观人数由4.4亿人次上升到9.1亿人次，8年间免费开放接待参观人次累计达到53.56亿人次[3]。（图5-1）2018年中国国内旅游人数55.39亿人次[4]，其中博物馆总参观人数为10.44亿人次，占旅游总人数的18.85%，可以说，参观博物馆已经成为人们旅游的

---

[1] 宋向光：《物与识：当代中国博物馆理论与实践辨析》，科学出版社，2009，第216页。
[2] 数据根据历年《中国文化文物统计年鉴》和《中国文化和旅游统计年鉴2019》统计，与国家文物局每年发布的观众数据略有差异，国家文物局发布的2019年全国博物馆观众数量为11.27亿人次。
[3] 数据来源：历年《中国文化文物统计年鉴》及《中国文化和旅游统计年鉴2019》。
[4] 上游新闻：《2018年中国国内旅游55.39亿人次，同比增长10.8%》，https://baijiahao.baidu.com/s?id=1635490000615718432&wfr=spider&for=pc，访问日期：2021年2月20日。

重要安排，公众逐步从旁观者变成了参与者。特别是最近几年春节期间，博物馆人气"爆棚"，这一点也受到了社会广泛关注。根据中国旅游研究院的统计，2019年春节7天旅游观众达到了4.15亿人次，其中40%以上旅游观众走进了博物馆[①]，这充分说明观众对博物馆的喜爱，博物馆在人们日常生活中扮演越来越重要的角色。尽管我国博物馆参观人数统计数据仍存在不统一的现象，但免费开放以后全国博物馆参观人数大幅上升乃至翻番，确属不争的事实。免费开放政策有力推动了公共文化服务均等化、普及化，包括普通公众、学生和低收入群体在内的各类人群越来越多地进入博物馆。博物馆免费开放成为保障公民开展社会公共教育和参与公共文化活动等基本文化权益的主渠道之一。

图 5-1 2012年至2019年我国博物馆参观量[②]

[①] 新华网：《2019年春节假期全国旅游接待总人数4.15亿人次》，https://baijiahao.baidu.com/s?id=1625085235599078726&wfr=spider&for=pc，访问日期：2021年2月27日。
[②] 数据来源：历年《中国文化文物统计年鉴》及《中国文化和旅游统计年鉴2019》。以上数据均来自于文化和旅游部，但与国家文物局每年发布的博物馆名录观众数据存在差异。据国家文物局发布的数据，2019年全国博物馆总参观量为12.27亿人次，为了更好地统计，此处使用文化和旅游部数据。

二、大型综合性博物馆观众规模跃居世界前列

全国博物馆观众人数在2019年超过11亿人次，省级博物馆的年观众人数普遍超过100万人次，比免费开放前成倍增长甚至翻番。在有大型热门展览或节假日期间，观众在博物馆门前排队已成常态，一些大博物馆观众参观数量已经跃居世界前列。根据《2018 TEA/AECOM主题公园指数和博物馆指数报告》，全球前20家人气指数最高的博物馆排名中，卢浮宫以1020万参观人次位于世界第一，中国国家博物馆以861万参观人次位居世界第二，中国科学技术馆、浙江省博物馆、台北故宫博物院、南京博物院分别位列第十三、十五、十八和二十[①]。受新冠肺炎疫情影响，《2019 TEA/AECOM主题公园指数和博物馆指数报告》公布的各馆参观人数均有不同幅度下降，其中中国国家博物馆以739万人次参观量蝉联榜单第二（表5-1），上海科技馆、南京博物院、浙江省博物馆、中国科学技术馆、台北故宫博物院均进入榜单前20[②]。以上数据说明，我国博物馆近年来在世界博物馆排名中越来越凸显，影响力越来越大，发展也越来越好，成为世界博物馆发展的亮点。

表 5-1　2019年全球最受欢迎博物馆前10名[③]

排名	博物馆	所在国家和城市	年参观人数（万人次）	
			2019年	2018年
1	卢浮宫	法国—巴黎	960	1020
2	中国国家博物馆	中国—北京	739	861
3	梵蒂冈博物馆	梵蒂冈—梵蒂冈	688	676
4	大都会艺术博物馆	美国—纽约	677	736
5	大英博物馆	英国—伦敦	621	587

---

① AECOM：《2018 TEA/AECOM 主题公园指数和博物馆指数报告》，http：//www.sohu.com/a/320033735_100019943，访问日期：2021年2月27日。

② 筑通社：《TEA 与 AECOM 隆重发布〈2019全球主题公园和博物馆报告〉》，https：//xw.qq.com/amphtml/20200807A0CI4A00，访问日期：2021年3月19日。

③ 数据来源：《2018 TEA/AECOM 主题公园指数和博物馆指数报告》《2019TEA/AECOM 主题公园指数和博物馆指数报告》。

续表

排名	博物馆	所在国家和城市	年参观人数（万人次）	
			2019年	2018年
6	英国泰特现代美术馆	英国—伦敦	610	583
7	英国国家美术馆	英国—伦敦	601	574
8	英国自然历史博物馆	英国—伦敦	542	523
9	美国国家自然历史博物馆	美国—华盛顿	500	500
10	艾尔米塔什博物馆	俄罗斯—圣彼得堡	496	429

三、各省（区、市）博物馆观众规模差异显著

由于各省经济社会发展程度和历史文化不同，各省（区、市）博物馆参观人数存在较大的差异，这从一个侧面反映出当地文化繁荣程度和经济社会发展水平。据国家文物局公布的2019年中国博物馆名录数据统计，参观人次超5000万的省（区、市）有10个，比2018年增加1个，按数量排名依次是：江苏、浙江、北京、陕西、四川、山东、广东、河南、湖北、湖南。其中，江苏省的博物馆最受欢迎，全省累计总参观人次达9036.71万人次；其次是浙江省达8324.18万人次。湖北省是观众数量增长最多的省份，2019年比2018年增加2132万人次，同比增长52%；观众人次数增长较快的还有，江苏省增长976万人次，北京增长946万人次。从四个直辖市来看，观众人次数从多到少依次是：北京（8208.5万人次）、重庆（3960.6万人次）、上海（3149.6万人次）、天津（1419万人次），差距也较为悬殊。博物馆观众数量较少的省（区、市）是：西藏（15.91万人次）、青海（398.47万人次）、海南（311.48万人次）、新疆（659.12万人次）、宁夏（744.38万人次），5省（区、市）观众人次数合计不足2200万人次。可见，我国各省（区、市）博物馆观众人数分布并不均衡。

四、不同类型博物馆观众规模差异悬殊

从国家文物局发布的2019年全国博物馆名录来看，大中型博物馆参观人数占参观总人数的比例呈现压倒性优势。2019年我国观众人数超过100万人次的博物馆有

262家，这些博物馆参观总人数5.56亿人次，占总人数的45.3%。其中，参观总人数超100万人次的博物馆数最多的省（市、区）是四川（22家），其次是北京（20家）、广东（19家）、江苏（18家）、浙江（16家）、陕西（14家）、湖北（14家）、湖南（14家）、山东（13家）、江西（13家）。观众量排名前10位的博物馆有：故宫博物院（1933万人次）、重庆红岩革命历史博物馆（1150万人次）、秦始皇帝陵博物院（902万人次）、侵华日军南京大屠杀遇难同胞纪念馆（800万人次）、中国国家博物馆（739万人次）、韶山毛泽东同志纪念馆（662万人次）、鸦片战争纪念馆（584万人次）、西柏坡纪念馆（564万人次）、成都武侯祠博物馆（541万人次）、扬派盆景博物馆（520万人次）。可以看出，遗址类、纪念类博物馆接待观众人数较多，如秦始皇帝陵博物院，2017年至2019年分别接待中外游客685万人次、858万人次、902万人次，年接待观众持续保持较快增长[①]。从31个省级综合性博物馆来看，排名前10位的省级综合性博物馆是：陕西历史博物馆（511万人次），南京博物院（416万人次），浙江省博物馆（414万人次），湖南省博物馆（314万人次），湖北省博物馆（240万人次），内蒙古博物院（236万人次），重庆中国三峡博物馆（230万人次），辽宁省博物馆（228万人次），广东省博物馆（223万人次），上海博物馆（210万人次）。31个省级综合性博物馆中观众人数没有超过100万人次的仅4个：广西壮族自治区博物馆37万人次，宁夏回族自治区博物馆60万人次，吉林省博物院61万人次，黑龙江省博物馆95万人次。其中西藏博物馆因闭馆维修未对外开放。

与此同时，小型博物馆和非国有博物馆参观人数总体并不乐观，有些博物馆甚至门可罗雀。从2019年全国博物馆名录中的观众数据来看，有58家博物馆观众量没有数据，参观量为0的博物馆195家，年参观量低于10万人次的3240家。我国现有非国有博物馆1711家，达到博物馆总数的30.9%，但2019年非国有博物馆观众量超过10万人次的只有287家，仅占非国有博物馆的16.7%。观众量超过50万人次的仅30家，占非国有博物馆的

---

① 此处2018年、2019年数据根据全国博物馆年度报告信息系统（https://nb.ncha.gov.cn/）统计，2017年数据根据中国新闻网报道统计。中国新闻网：《秦始皇帝陵博物院2017年接待中外游客685万人次》，http://www.chinanews.com/sh/2018/01-02/8414140.shtml，访问日期：2021年2月26日。

1.7%。超过100万人次只有6家，分别是：四川省建川博物馆（178万人次）、浙江朱炳仁铜雕艺术博物馆（150万人次）、沂南红石寨非物质遗产博物馆（136万人次）、沂南竹泉村乡村记忆博物馆（124万人次）、成都华希昆虫博物馆（103万人次）、东莞市观音山古树博物馆（100万人次）。尽管这些数据可能有偏差，但仍然可以看出，虽然非国有博物馆发展很快，但大多数非国有博物馆观众量相对较少。

即使是同一地区，各博物馆观众人数差距也很悬殊。以上海为例，2019年1月上海发布2018年度上海市博物馆运营大数据，全市博物馆2018年接待观众2216万人次，其中，上海科技馆354万人次、上海自然博物馆218万人次、上海博物馆208万人次、中国共产党第一次全国代表大会会址纪念馆146万人次、上海历史博物馆137万人次、陈云纪念馆110万人次，排名占前10的博物馆观众人数总和达1400万，约占参观总人数的63%。[①]综合来看，尽管博物馆热已成趋势，但博物馆参观人数在分布上还存在着极大的不平衡，一般小型博物馆观众数量与大中型博物馆相比还有较大差距。所以，小型博物馆的发展策略应该聚焦当前文化文物工作的新形势和新特点，注重特色和地方优势，找准自身定位，在博物馆展览、服务质量上下功夫，实现差异化发展。

五、观众结构多样化，年轻观众、女性观众参与度高

博物馆免费开放以来，各博物馆充分发挥服务社会的公共文化职能，吸引各类人群走进博物馆，逐步改变了博物馆冷冷清清的局面。免费开放后，博物馆参观者的数量呈持续上升趋势，受众覆盖面愈发广泛，其中未成年人、老人、低收入群体、农民工、村镇居民的参观人数较免费开放前有了大幅度提高，越来越多从来没有走进博物馆的普通民众踏进了博物馆大门，享受到了基础的文化权益[②]。如免费开放前，湖北省博物馆年参观人数约20万人次，2018年参观人数比免费开放前翻了10

---

① 新民晚报：《沪上博物馆2018年大数据：红色博物馆年接待观众近千万》，http://m.sohu.com/a/291116074_160984，访问日期：2021年3月17日。
② 单霁翔：《从"数量增长"走向"质量提升"——关于广义博物馆的思考》，天津大学出版社，2014，第333页。

倍①。免费开放前，主要接待对象为团体，而现在观众更加丰富，有市民、中小学生、国内外游客等。

随着文旅融合发展，我国博物馆各个年龄阶段观众数量均出现较大增长。特别值得注意的是，在免费开放的影响下，未成年观众参观人数增长迅速。据统计，我国未成年参观人数由2012年的1.55亿上升到2019年的2.87亿②，同比增长了85.16%。2012年至2019年未成年观众参观人数占总参观人数比基本保持在28%左右，占比较大，说明未成年观众参观人数与总参观观众数量均保持相对稳定的增长。以中国国家博物馆为例，2019年入馆观众参观量为739万人次。其中，17岁以下观众671 676人次，占比10.13%；18—24岁观众956 789人次，占比14.43%；25—30岁观众831 472人次，占比12.54%。③30岁以下观众约占37.1%。再如故宫博物院，2018年接待观众数量突破1700万人次，其中30岁以下观众占40%，30—40岁观众占24%，年轻观众尤其是"80后"和"90后"，已经成为参观故宫博物院的"主力"，"00后"也紧跟其后。④2019年故宫博物院接待观众约1930万人次，其中年轻人到故宫博物院参观的比例越来越高，30—40岁观众占比最高，达21.16%；其次是20—30岁观众，占比达19.81%；10—20岁观众占比达到了11.47%，40岁以下观众占全年观众总数的56.16%。⑤由此可见，博物馆对青少年的吸引力越来越大，已经成为青少年重要的校外课堂之一。

从观众性别数据来看，女性观众越来越青睐博物馆。以中国国家博物馆为例，2019年中国国家博物馆观众739万人次，其中女性观众达352.4万人次，占比达

---

① 湖北日报：《湖北191家博物馆向社会免费开放省博去年接待205.6万人次》，https：//www.cnr.cn/hubei/yaowen/20190111/t20190111_524477692.shtml，访问日期：2019年1月11日。
② 数据来源：历年《中国文化文物统计年鉴》、《中国文化和旅游统计年鉴2019》和《中国文化文物和旅游统计年鉴2020》。
③ 中国国家博物馆：《2019年度中国国家博物馆数据报告》，http：//www.chnmuseum.cn/zx/gbxw/202001/t20200123_191603.shtml，访问日期：2021年3月20日。
④ 北京青年报：《2018年故宫观众破1700万人次 80后90后为主力军》，http：//news.sina.com.cn/o/2018-12-17/doc-ihmutuec9834820.shtml，访问日期：2021年3月22日。
⑤ 北青网-北京青年报：《2019年故宫博物院接待观众数量首次突破1900万人次》，https：//www.sohu.com/a/363721553_255783，访问日期：2021年3月20日。

53.15%，比男性观众高出近7个百分点。①故宫博物院2019年共接待观众1929.7万人次，其中女性人数占了56%，男性人数占了44%，女性观众超出男性观众12个百分点。②这说明，越来越多的女性观众走进博物馆，成为博物馆观众人群的一大特点，值得密切关注。

六、境外观众持续增加，但占比还有待提升

随着我国博物馆参观人数规模庞大，境外观众也持续增加，据历年《中国文化文物统计年鉴》和《中国文化和旅游统计年鉴2019》统计，2012年至2019年，我国境外观众已经从1308万人次上升到2925万人次，增长了一倍多。但从我国博物馆整体来看，我国博物馆境外参观人数与世界其他大型博物馆相比还有一些差距。以2018年为例，我国博物馆境外观众人次仅占全国博物馆观众总人数的2.6%③。以单个博物馆为例，故宫博物院每年约接待境外观众300万人次，占观众总人数的17.6%，境外观众占比数量依然不高。④湖北省博物馆2018年共接待观众205.6万人次，境外观众逾6万人次，仅占总人数的2.9%。⑤广东全省博物馆2018年观众参观人数总计7097.26万人次，境外观众人数仅为271.6462万人次，占3.83%⑥，境外观众人数整体偏低。反观国外一些大型博物馆，如法国巴黎卢浮宫2018年共接待参观者1020万人次，较2017年增长了25.9%，外国参观者人数大幅增加，占总参观人数的3/4，主要

---

① 中国国家博物馆：《2019年度中国国家博物馆数据报告》，http：//www.chnmuseum.cn/zx/gbxw/202001/t20200123_191603.shtml，访问日期：2021年3月20日。
② 北青网－北京青年报：《2019年故宫博物院接待观众数量首次突破1900万人次》，http：//news.ynet.com/2019/12/30/2299357t70.html，2019年12月30日。
③ 数据来源：《中国文化和旅游统计年鉴2019》。
④ 人民网－人民日报海外版：《故宫：越开放越美丽》，https：//travel.people.com.cn/n1/2019/0409/c41570-31019019.html?from=timeline&isappinstalled=0，访问日期：2021年3月20日。
⑤ 湖北日报：《湖北191家博物馆向社会免费开放省博去年接待205.6万人次》，https：//www.cnr.cn/hubei/yaowen/20190111/t20190111_524477692.shtml，访问日期：2019年1月11日。
⑥ 广东省文化和旅游厅：《广东省博物馆基本情况（2018年）》，https：//whly.gd.gov.cn/service_newwwbwg/content/post_2843875.html，访问日期：2021年3月21日。

来自美国、中国、欧盟国家和巴西[①]。这说明,我国博物馆在吸引国际观众方面还有差距,未来中国博物馆应该在这方面努力。

七、线上观众成为不可忽视的重要力量

随着信息技术的广泛应用,越来越多的人可以通过数字技术或虚拟手段获得关于博物馆及其陈列展览的信息。参观数字博物馆不受闭馆时间的限制,也省去了长途旅行的成本,这种参观方式使得博物馆观众群体得到极大拓展。特别是新冠肺炎疫情以来,我国博物馆充分利用新媒体打造云端上的博物馆,全国各地博物馆共推出2000余项在线展览,访问量突破50亿次[②],极大丰富了公众精神文化生活,成为博物馆传播史上的重要变革。通过调查中国国家博物馆、故宫博物院以及国内31家省级综合性博物馆新媒体平台,发现一些大博物馆微博粉丝众多,如故宫博物院924万、中国国家博物馆479万、陕西历史博物馆63万、广东省博物馆40万、首都博物馆36万。从博物馆微信公众号来看,33家博物馆中有31家博物馆拥有微信公众号,故宫博物院、中国国家博物馆关注量都已超过100万。不少博物馆拥有官方抖音号,如中国国家博物馆,截至2020年10月,其抖音粉丝达171万。2020年4月24日,中国国家博物馆和中国空间技术研究院联合主办的"永远的东方红——纪念'东方红一号'卫星成功发射五十周年"云展览开幕,云展览启幕&导览5G直播在9家平台20多个端口同步进行,近1800万网民来到直播间"参观"展览[③]。在线观众或粉丝是我国博物馆发展不可忽视的重要组成部分,是推动博物馆云端发展的重要因素。

[①] 中国经济网:《1020万人次!2018年卢浮宫年参观人数创新高》,http://www.ce.cn/culture/gd/201901/09/t20190109_31214653.shtml,访问日期:2021年3月28日。

[②] 金台资讯:《刘玉珠:"云展览"开启"互联网"时代博物馆服务新形态》,https://baijiahao.baidu.com/s?id=1667799032363404858&wfr=spider&for=pc,访问日期:2021年3月27日。

[③] 中国网:《善作善成未来可期——访全国政协委员、中国国家博物馆馆长王春法》,https://cul.china.com.cn/2020-05-26/content_41163897.htm,访问日期:2021年3月25日。

第三节　博物馆社会教育深入人心

社会教育作为博物馆最重要的社会功能之一，博物馆社会教育以其鲜活多彩的呈现形式、老少皆宜的内容设计和润物细无声的教化效果正受到社会公众越来越多的追捧和参与，彰显出其他公共文化机构无法比拟的优势，成为学校教育的重要补充和延伸。

一、博物馆就是一所大学校

习近平总书记曾在多地慰问、考察时提出"一个博物院就是一所大学校"的精辟论断。习近平总书记反复强调博物馆是一所大学校，就是强调博物馆应承担相应的社会教育功能及责任，具体而言有以下几层含义：

一是博物馆以传播文化、启迪民智为己任。学校既是传道授业、教书育人的社会公共场所，也是一所学术科研机构，同时还是"产生文明、交流文明、互鉴文明、传承和传播文明的关键场所"[1]，而博物馆的目的同样是提升全社会的道德修养和文化素质，它通过展览陈列、社会教育活动来实现对公众的熏陶和教育，通过研究为博物馆文化的广泛传播提供学术支撑，通过保管收藏来守护和传承文明，通过对外交流来实现文明互鉴。其中社会教育对公众文化素养的提升、人生观价值观的塑造、爱国情感的培养具有举足轻重的作用。因此从这个意义上讲，作为一所"大学校"，博物馆的社会教育具有鲜明的意识形态属性。

二是博物馆的社会教育是一种全民教育。博物馆和学校的"有教无类"一样，致力于提供"无差别化""均等化"的全民教育，致力于提高全民的道德素质和文化修养，是公众自我完善和社会文明进步的重要力量。观众在博物馆的学习是一种全年龄段的学习，不同年龄、不同知识结构、不同身份的观众都可以在博物馆找到适宜的学习内容。各大博物馆非常注重不同群体的学习需求，设置了全年龄段尤其是适合中老年人参与的博物馆课程，以满足差异化需求。

---

[1] 张学立：《促进文明交流互鉴是当代大学的使命担当》，《光明日报》2019年11月1日第6版。

三是博物馆的社会教育是学校教育的有益补充。我国博物馆事业奠基人曾昭燏曾指出："博物馆最大目的，为辅助教育。"[①]博物馆的社会教育作为学校教育的辅助和补充，有其自身的优势：其一，博物馆的社会教育具有随时性、自主性、开放性特点，是一种终身教育、全民教育，受众覆盖面更广；其二，依赖丰富的藏品和展览，博物馆的社会教育较之学习教育更加鲜活、全面、立体，教育活动形式也更加多样，突出互动性和实践性。在我国，各大博物馆基本都开发了丰富多彩的青少年教育课程，故宫博物院甚至在多地设立了故宫学院，把课堂搬到了全国各地；其三，博物馆的社会教育以文物藏品和展览为基础，即以"物"为基础，是"活"的知识，可谓对学校的课堂教育的印证和拓展，更容易实现"润物细无声"的教育效果。尤其是博物馆利用丰富、鲜活的展品更容易唤起人们的爱国情感和民族自豪感，对引导青少年传承优秀传统文化、弘扬社会主义核心价值观具有不可替代的作用。

总之，博物馆应该充分发挥"大学校"功能，发挥好教化导向作用，为提升全社会文明程度和人民精神面貌、道德情操和文化素质作出应有贡献。

二、社会教育呈现新特点新趋势

展览讲解、博物馆课程、专题讲座是博物馆传统社会教育的三大基本形式，随着我国社会经济进步、科技发展以及社会需求的不断变化，博物馆一改传统单一、乏味、生硬的社会教育模式，充分利用新技术手段，不断推陈出新，推出面向不同人群的教育项目，博物馆社会教育变得越来越亲民、丰富而有趣。具体而言有以下新特点和新趋势：

一是展览讲解更加人性化多样化。除了面向普通大众的公益展览讲解，博物馆开始向政府机关、企事业单位和其他社会机构提供讲解服务，甚至还推出了面向特殊人群的个性化讲解服务。如中国国家博物馆的讲解服务就分为社会讲解、外事讲解、专家讲解等不同类型，在社会讲解中还分为专职讲解和志愿者讲解，几乎覆盖

---

① 南京博物院编：《曾昭燏文集·博物馆卷》，文物出版社，2009，第32页。

了所有人群。再如，浙江省博物馆推出了"无障碍讲解服务"，主要针对视障学生精心设计了课程，体现了对残障人士的切身关怀。同时，一些博物馆不断探索创新讲解方式，提升社会教育质量。2020年6月30日，南京雨花台烈士纪念馆上演了全国首场红色文化"沉浸式讲解"，精选10个典型的英烈故事，创新利用纪念馆中的场景，以情景再现的表演方式展示雨花英烈的爱国精神，讲解员化身演员，观众全程参与其中，真实感和体验感大大提升，赢得广泛好评。

二是社会教育传播日益分众化。当今博物馆社会教育已经从传统社教工作——主要面向青少年，向上下两端延伸，逐渐覆盖全年龄段，以满足观众的多样化多层次需求。例如故宫博物院出版的《哇！故宫的二十四节气》系列绘本主要针对3—6岁儿童，其《我要去故宫》则面向6岁以上儿童，实现了不同年龄段的针对性设计。中国国家博物馆针对5岁以上儿童与中央美术学院联合推出的《儿童历史百科绘本》，上市后也深受社会热捧，成为儿童畅销书目。同时，博物馆开始注重在职人群和中老年人群的文化需求，其典型的标志就是"博物馆讲堂"的兴起。以上海的博物馆为例，2018年第一季度举办各类讲座214场，参与人数39 524人次，展览配套的讲座68场，参与人数5506人次[1]。此外，国博讲堂、故宫讲坛、首博讲座等各大博物馆讲座层出不穷，开讲座几乎已经是博物馆的标配。国博讲堂自2011年中国国家博物馆新馆开放以来，每月开办1—3场各种题材讲座，涉及考古、艺术、历史等领域，平均每年近20场，每场吸引听众近300人。一大批文化、艺术志愿爱好者和从事博物馆学研究的专家学者都成为国博讲堂的忠实听众，利用双休日带着家人和朋友一起来听讲座。[2]

三是在线展示讲解成为社教新方式。近年来，《我在故宫修文物》《国家宝藏》《如果国宝会说话》等纪录片，更是以生动的历史代入感圈粉无数，一开播便

---

[1] 国家文物局：《2018年第一季度上海博物馆（纪念馆）运营情况概述》，https://www.ncha.gov.cn/art/2018/4/16/art_723_148461.html，访问日期：2020年10月11日。

[2] 人民网-中国共产党新闻网：《文化部（现文化和旅游部）国家博物馆学术研究中心学习品牌：国博讲堂》，https://dangjian.people.com.cn/n1/2016/0511/c117092-28342035.html，访问日期：2020年10月11日。

赢得广泛好评，在社会上引起了强烈反响。同时，随着信息技术的发展和大众学习习惯的变化，越来越多的博物馆开始把课堂搬到荧屏和云端，在官网上、微博上、微信公众号以及抖音、快手、bilibili等新型自媒体工具上以短视频、图文推送、有声读物等多元形式传播博物馆文化。在线展示讲解突破了博物馆传统社会教育讲解在时间和空间上的局限，可以在最短的时间内触达最多的人群。鉴于新冠肺炎疫情对全球博物馆的影响，2020年9月6日至14日中国国家博物馆发起了由六大洲16个国家级博物馆共同参与的全球博物馆珍藏展示在线接力活动，由各大博物馆馆长在线精心推介亲自遴选的馆藏珍品，让全球观众能够足不出户在线上感受文化赋予的力量。中国国家博物馆馆长王春法现身直播现场生动地为全球观众讲述了陶鹰鼎、错金银云纹铜犀尊、伏羲女娲像立幅、针灸铜人、霁蓝釉粉彩描金莲花纹双燕耳尊等5件馆藏珍品，赢得了观众广泛好评。此次活动累计吸引约2亿中外观众在线"追剧"，微博话题阅读量高达1.9亿。此外，近年来借助网络、App等平台推出的音频导览讲解也逐渐流行开来，以"耳朵里的博物馆"为例，其与博物馆合作开发基于展品的音频导览产品，迄今收听人次超过600万，音频总量超过10 000分钟[①]。

四是以考古遗址博物馆和红色纪念馆为代表的特色教育和专题教育异军突起。如北京大葆台西汉墓博物馆早在20世纪90年代就开始开展"考古小奇兵"青少年教育活动，通过模拟田野考古发掘场地使青少年得以亲身尝试考古发掘活动，学习考古知识。南汉二陵博物馆同样重视面向青少年的考古教育，设置了遗址发掘模拟区、多媒体区、文物医院、研讨区等舒适而完备的功能分区，满足不同年龄阶段的青少年开展考古知识学习。此外，不少红色纪念馆和革命历史博物馆还积极与政府机关、事业单位合作，开发了面向党员干部、公职人员的课程。如中国甲午战争博物馆、胶东育儿所纪念馆、天福山起义纪念馆、郭永怀事迹陈列馆等博物馆和纪念馆在威海市委的领导下依托胶东（威海）党性教育基地组织社会教学，作为一个整体，它们以实物、图片、多媒体等多元展示形式和清晰的叙事逻辑系统讲述了中华民族从落后挨打到民族独立、人民解放再到国家富强、人民幸福的伟大历程，形成

---

① 耳朵里的博物馆官方网站：http://www.museuminear.com/，访问日期：2021年2月26日。

了现场教学、课堂教学、影视教学、艺术教学有机结合的教学体系，受到社会的一致好评，被中共中央组织部、中国社会科学院等多家单位列为定点培训单位。

五是AR/VR等新技术极大丰富了社会教育的形式和内容，"参与式"教育成为博物馆教育新趋势。以前我国传统的博物馆社会教育，更多是一种静态的"观赏式"和被动的"输灌式"教育，青少年走进展厅其行为就被各种警示语所包围，然后接受精心安排的讲解，没有任何参与和体验的空间。而现代博物馆通过触摸屏、全息投影、AR/VR等新技术，可以营造出身临其境的沉浸式氛围，使青少年充分参与其中，感受到体验的乐趣。在这种背景下，"沉浸式体验"在博物馆界迅速风靡。"沉浸"的概念源自于米哈里·契克森米哈（Mihaly Csikszentmihalyi）的研究。他发现当人们从事自己热爱的活动时，都会很专注、投入、时间感消失、不会受到其他事物干扰，并将这种完全沉浸于活动中，达到最满意的经验，即称之为沉浸体验[1]。"沉浸式体验"在博物馆展览中主要是将声、光、电展示技术和多媒体技术广泛应用到情境中，赋予观众更加震撼的体验感和更加直接的参与感。例如，2018年10月，武汉博物馆"行走的课堂"系列社交活动推出"墓葬探秘"艺术体验课程，通过多媒体授课与趣味互动、艺术创作相结合的"沉浸式体验"形式带领青少年了解不同时期的墓葬形制和出土文物，使青少年在参与和体验中获得新知。再如2019年11月由国家文物局主办的"互联网+中华文明"展中的"良渚体感交互"展项入驻桐乡市博物馆，该装置运用体感交互、AR等技术，使观众通过10个复原的场景窥探5000年前的良渚全貌。

六是博物馆"研学热"如火如荼。"研学"即研究性学习的简称，国际上一般称为"探究式学习"（Hands-on Inquiry Based Learning），国外起步较早，而我国自2016年教育部、国家发改委等11部门印发《关于推进中小学生研学旅行的意见》（以下简称《意见》）后才开始掀起热潮。《意见》指出，中小学生研学旅行是由教育部门和学校有计划地组织安排，通过集体旅行、集中食宿方式开展的研究性学习和

---

[1] Csikszentmihalyi M., *Flow: The Psychology of Optimal Experience* (New York: Harper Collins, 1990).

旅行体验相结合的校外教育活动。博物馆研学有机地将"游""研""学"融合起来，其实质是通过参观博物馆展览这种生动且轻松愉快的学习形式激发中小学生发现问题、思考问题、解决问题的能力，提升其科学思维和逻辑思维。应该看到，我国博物馆研学机制尚未成熟，需要特别注意以下问题：一是博物馆与学校应就研学内容进行充分研讨，以避免出现研学内容设计不充分、和学校教育结合不紧密、形式大于内容的问题；二是博物馆应加强对社会研学机构的管理，以提升研学品质；三是政府、博物馆、学校和社会机构应共同努力，规范准入机制，强化标准建设，注重教化导向，使博物馆研学为弘扬社会主义核心价值观、建设社会主义文化强国贡献力量。

三、馆校合作日趋深入

当今，"教育不再只发生在教室，而成了知识、技能、品质等的终身学习，成了一系列正式与非正式学习的集合。在这种背景下，博物馆与学校的合作显得尤为重要"[1]。作为学校教育的重要补充力量，博物馆拥有丰富的文化资源，能够提供实景化教学和社会实践场所，通过生动直观的感知加深和促进青少年对课堂知识的理解和运用能力，促进青少年综合素质的提升，是青少年的"第二课堂"。国内学者认为，"馆校合作实质上是一种组织间合作（inter-organization collaboration）"[2]。根据有关文献记载，博物馆馆校合作的历史可以追溯到19世纪末。1895年，在英国曼彻斯特艺术博物馆委员会的推动下，英国修订了《学校教育法》，将学生参观博物馆纳入法律，且将参观时间计入学时[3]。经过一个多世纪的发展，在世界范围内馆校合作的形式和内容都日趋丰富。

在我国，国家从政策层面明确了博物馆承担青少年教育功能的相应要求。《国家文物事业发展"十三五"规划》提出，国有博物馆要为中小学生讲解服务10万小时以上/年，每家博物馆开展中小学生讲解服务或教育活动4次以上/年，制作博物

---

[1] 郑奕、张亦如：《馆校合作："合纵"与"连横"》，《中国民族教育》2017年第5期，第24页。
[2] 宋娴：《博物馆与学校的合作机制研究》，复旦大学出版社，2019，第10页。
[3] 宋娴：《博物馆与学校的合作机制研究》，复旦大学出版社，2019，第37页。

馆青少年教育精品课程100个以上。与之相呼应，各地也出台了相应的规划，以湖北省为例，《湖北省在校学生走进博物馆（纪念馆）五年行动计划（2014—2018年）》，以"共筑中国梦——百万学生走进博物馆"为主题，推进中小学校开放办学，常态化利用博物馆资源开展教育教学。80%以上的城市中小学校与博物馆缔结协定，形成一批有特色的校本课程。学校教师普遍接受博物馆教育培训。博物馆社会教育服务能力得到显著提升，年接待未成年人数量比例保持在总人次的1/3以上[1]。

当前，我国馆校合作呈现蓬勃发展之势，已经成为博物馆社会教育的重要形式之一。上海科技馆的宋娴博士通过调查问卷进行分析发现，馆校之间的合作形式占比高低依次为：参观博物馆87.5%；"第二课堂"项目42%；教育活动策划项目37.5%；教师培训23.2%；博物馆进校园21.4%；其他9.8%。[2]2018年9月5日，上海科技馆和上海自然博物馆（上海科技馆分馆）共同推出面向上海青少年的"开学第一课"，作为青少年校外教育的"第二课堂"，该课程是上海科技馆与上海市教委联合推出的"馆校合作"项目的组成部分。该"馆校合作"项目旨在促进学校教师利用场馆资源开展探究型、研究型教学的能力，培养一批善于研究、具有沟通能力的复合型、创新型青少年，搭建若干馆校合作项目平台，探索科普场馆与学校间可复制推广的馆校合作模式。近年来，中国国家博物馆与北京市中小学一直保持着良好的合作关系。2015年，中国国家博物馆和北京史家小学组织专业人员共同开发了《中华传统文化——博物馆综合实践课程》，共计32组教学单元，136课时教学内容。2016年，中国国家博物馆再次携手史家教育集团和新蕾出版社，编写了《写给孩子的传统文化——博悟之旅》博物馆教育系列丛书，共计15册。此外，中国国家博物馆与北京第四中学共同开发"中华传统文化养成教育——中学全学科博物馆综

---

[1] 文化和旅游部：《湖北：整合资源 互促共赢》，https://www.mct.gov.cn/whzx/qgwhxxlb/hb_7730/201405/t20140506_803324.htm，访问日期：2021年2月26日。
[2] 宋娴：《博物馆与学校的合作机制研究》，复旦大学出版社，2019，第92页。

合实践课程",内容贯穿全日制初中和高中阶段学习的全过程[①]。

同时也应该看到,我国博物馆的馆校合作还存在一些问题。一是在很多地方馆校合作由教育局、教委等上级机构主导,学校或博物馆的积极性不高,合作上"形式大于内容",在效果上也只能是"水过地皮湿"。馆校之间直接的互动关系并不密切,导致合作缺乏稳定性和持久性。二是一些博物馆受场馆、人力资源等方面的制约,无法为学校提供高质量的服务,导致教学效果有限。三是博物馆长期以来重讲解、轻教育,对社教课程的内容设计缺乏深入研究,与学校课程脱节严重,相互独立,导致博物馆知识的"实用性"大打折扣。

对此,从政策层面而言,教育主管部门和文化主管部门应合作做好馆校合作的"顶层设计",扮演好"决策者"角色,为馆校合作制定相应的法规政策和标准规范。2020年10月教育部、国家文物局联合印发的《关于利用博物馆资源开展中小学教育教学的意见》(文物博发〔2020〕30号)首次明确了学校在馆校合作中的主导作用,对学校利用好博物馆资源具有重要意义。从操作层面而言,博物馆应该和学校密切合作,努力将博物馆课程融入到学校教学体系中,"师生参观前、中、后三个阶段的教育活动理应一体化地规划与实施,这样才是完整和一以贯之的,才能力求博物馆教育成效的最大化"[②]。有条件的博物馆也可以尝试向对口学校派出驻校工作人员对教师和学生进行博物馆课程的前期指导,也可通过培训学校教师的方式解决教育资源短缺的问题。

第四节 社会服务能力不断提升

随着社会公众对博物馆的关注度、参与度不断提高,越来越多的博物馆开始

[①] 弘博网:《寓教于"馆":如何将博物馆打造成为青少年教育和美育的校外课堂?》,https://www.hongbowang.net/SocialEducation/teenagers/2017-08-03/7509.html,访问日期:2021年2月26日。

[②] 郑奕、张亦如:《馆校合作:"合纵"与"连横"》,《中国民族教育》2017年第5期,第24页。

意识到社会服务对于自身发展和价值实现的重要意义。社会服务能力已然成为衡量一个博物馆发展质量、管理水平及核心竞争力的重要指标之一,如何通过提升社会服务能力不断满足人民群众日益增长的美好生活需要已成为中国博物馆面临的重要课题。

一、深化以观众为中心的服务理念

新时代我国博物馆事业已不仅仅是单纯地满足人们日益增长的精神文化需求,更重要的是保障社会公众的基本文化权益,促进公共文化服务均等化,让广大人民群众共享文化发展成果。这种变化也促使博物馆从传统的以"物"为中心转向以"人"为中心,也就是以观众为中心。博物馆的核心价值也已不仅仅是简单地保存、展示文物,而是更精准地服务社会公众的文化需求和促进社会全面发展。博物馆作为公共文化服务机构,理应以观众喜不喜欢、接不接受、满不满意作为衡量工作的标尺,不断完善公共文化服务体系,为社会提供更人性化精细化均等化的公共文化产品和社会服务:一是增强文化供给能力,练好内功,提升藏品征藏、展览策划、学术研究、社会教育等核心业务能力,不断推进供给侧结构性改革,以人民喜闻乐见的高质量文化供给回馈人民,增强人民群众的获得感、幸福感;二是积极利用新技术,通过线上、线下多种渠道充分倾听公众声音,了解公众分层需求,不断优化服务流程和服务内容,提高服务水平;三是积极探索建立公众参与和评价机制,将公众满意度作为博物馆发展质量的重要指标,引入第三方机构对博物馆的运行效率进行评估。

二、提升分众化社会服务水平

"分众化"(Customization)概念最早见于1980年美国著名社会思想家阿尔文·托夫勒的《第三次浪潮》一书中[1],后来被广泛使用于传播领域。分众化思想在博物馆文化传播及教育领域亦得到相当重视,尤其是欧美发达国家博物馆在社会

---

[1] [美]阿尔温·托夫勒:《第三次浪潮》,朱志焱、潘琪、张炎译,生活·读书·新知三联书店,1984,第214—225页。

教育方面早已开始实施分众化策略，如美国大都会艺术博物馆、芝加哥艺术博物馆等。以美国大都会艺术博物馆为例，其早在2007年新建的Ryan教育中心就对空间功能做了细则划分，集讲解、授课、阅览、游戏等诸多功能为一体，满足不同观众群体的需求。近年来随着"博物馆热"的兴起，我国博物馆社会教育和服务中也大力倡导分众化，满足不同群体观众的需求。分众化由此成为博物馆提升社会公共服务水平的重要策略。

从概念上看，博物馆社会服务的分众化至少有两个层面的含义：一是全力维护大众群体的均等化需求，保障人民群众平等的文化权益。二是尽量满足部分特殊群体的个性化精细化需求，尤其是着力关怀老弱病残孕等弱势群体，让每一个走进博物馆的观众都能有所收获。从内容上看，社会服务的分众化又可以分为教育服务、导览服务、便民服务等不同层次。如推出面向不同群体的社教课程、展览讲解、专题讲座，以及推出面向婴幼儿、儿童、青少年、成人等不同群体的导览装置和便民设施等。南京博物院为盲人专门设计了"博爱馆"展厅，配备了专用车。中国国家博物馆则在旺季增设了休息座椅、爱心坐垫以及免费轮椅等人性化服务，甚至精心建造了母婴室。值得注意的是，提升分众化社会服务水平并不意味着博物馆要去迎合和满足所有观众，而是在保持自身优长和特色的前提下，服务更多的群体，实现更好的社会效益。一方面应进一步围绕展览这个核心公共文化服务产品，将展览、教育和观众服务一体规划，大力提升文化供给的内容质量；另一方面应大力拓宽服务形式和服务内容，对不同年龄结构、文化背景、教育层次、健康条件的观众人群进行细致分析，并提供不同的社会服务解决方案。

总之，社会服务的分众化既是博物馆提升自身竞争力实现高质量发展的必要举措，也是保障人民文化权益、推进社会公共文化服务均等化的应有之义，更是"以人民为中心"理念的最终落脚点。

三、开拓志愿服务格局

随着博物馆与公众距离的不断拉近，志愿者已经成为博物馆社会服务工作不可或缺的一支力量。早在1907年美国波士顿艺术博物馆就引入了志愿者，此后博物馆志愿者队伍不断壮大，1975年在比利时成立了一个NGO（非政府组织）——国际博物馆之友联盟（WFFM）。随着博物馆的社会化程度越来越高，志愿者作为博物馆与社会之间的桥梁，对于博物馆事业发展的重要性日益显现。我国近年来随着《我在故宫修文物》《国家宝藏》等节目的热播，观众对博物馆的参与热情得以充分激发，越来越多的人踊跃加入博物馆志愿者队伍。故宫博物院早在2004年就成立了志愿者团队，10多年来数千人深入参与到讲解、咨询、教育和志愿宣讲等项目中。中国国家博物馆自2002年开始向社会公开招募第一批志愿讲解员至今已走过了十几年历程，十几年来先后有6000余人次参与中国国家博物馆的志愿服务工作，他们每年为社会提供志愿讲解服务约1.5万小时，累积服务时间已超过21万小时。博物馆志愿者的出现，弥补了专业人力的不足，提升了服务品质，扩大了服务层面，把博物馆理念、博物馆知识、博物馆文化进行广泛的社会传播，从而吸引更多社会力量参与到博物馆发展的事业之中。

同时，也应该看到，我国志愿者参与博物馆社会服务还存在很多问题：一是志愿者结构不合理，很多博物馆的志愿者以在校学生和退休职工为主，前者具有较好的知识素养，但又缺乏稳定的时间，后者时间较为充裕，但又面临知识储备不足的窘境；二是志愿者参与博物馆服务工作的形式单一，仅限于志愿讲解、观众服务等有限板块，难以对博物馆服务工作有整体性认识；三是志愿者管理缺乏，普遍重招募、轻管理，培训和服务管理不够，带来志愿者归属感不强、专业化程度不高、流失现象严重等一系列问题。

要拓宽志愿服务格局，做好博物馆的志愿服务工作，就必须平衡好志愿者自身需求和公众需求之间的关系，将其纳入博物馆的整体服务体系进行通盘考虑。一是拓展志愿者招聘渠道，建立多元化志愿者队伍，以充分保证志愿者服务质量。二是建立完善科学的志愿者管理制度，强化岗位技能培训和服务规范管理，提升志愿者的专业化水平。三是完善志愿者长效激励机制，从精神和物质上对志愿者进行激励，如通过设立荣誉志愿者等方式，增强其认同感、荣誉感、归属感，降低流失风险。

总之，建立科学合理的志愿者长效的管理制度和激励体制机制至关重要，不仅有利于充分发挥博物馆的社会教育职能，同时可以保证志愿者团队的稳定，促进志愿者和博物馆共同发展。

四、创新社会参与与评价机制

在我国，社会公众对博物馆的关注度和参与度越来越高，但同时也存在博物馆公共服务效能偏低的问题。突出表现在：博物馆资源利用率不高，展藏比较低；观众缺乏精准画像，没有实现推送式专业服务；博物馆文化供给和公众的期待有一定差距，展览数量多与精品展览少之间的矛盾仍十分突出；不少博物馆面临"一流展品，二流展览，三流服务"的窘境①。之所以出现这样的问题，其中一个关键原因就是博物馆服务的社会参与与评价机制的缺位，缺乏统一的规范或标准。当前，虽然博物馆越来越重视"以人为中心"，但效果并不理想，有学者认为"一个突出问题是，我国政府文化文物管理部门、博物馆等皆在按照自己的善意想法提供公共文化产品与服务，而非公众意愿，由此造成效益低下"②。笔者认为，要创新社会参与与评价机制，应该从以下几个方面着手：

一是博物馆要主动探索与社会公众形成良性互动的绩效评价机制和工作模式。目前我国还普遍未将社会公众评价和博物馆绩效评价有机结合起来，缺乏相关的绩效评价机制和工作模式。要切实提升社会服务的水平，博物馆必须发挥好主导作用，首要的就是将社会服务能力尤其是公众满意度放在绩效评价的关键位置，并纳入博物馆管理和业务工作考核中，使以观众为中心的工作理念真正贯彻在博物馆日常运行的每个方面。2020年8月，中国国家博物馆在官网发布了中、英两个版本的《中国国家博物馆社会服务报告（2019）》，这是中国国家博物馆乃至全国博物馆界首次公开发布社会服务报告。报告从认真办好展览、改进观众服务、拓展社教服务、服务文博同行、创新传播方式、深化国际合作等6个方面向社会公众披露了2019年国家博物馆在服务社会方面作出的努力，这一举措标志着中国国家博物馆已经将社会服务纳入事业发展的战略全局中进行考量，主动接受全社会的监督，彰显了其

---

① 郑奕：《建立以观众为先的博物馆绩效评估体系》，《光明日报》2016年8月26日第5版。
② 郑奕：《建立以观众为先的博物馆绩效评估体系》，《光明日报》2016年8月26日第5版。

作为国内行业头雁的责任担当。

二是大胆探索社会公众参与机制。公众是博物馆公共文化服务的对象，亦是博物馆赖以生存的群众基础。为了更好地履行博物馆的使命，建立科学的社会参与机制，西方博物馆普遍流行理事会制，吸纳社会各界人士参与。如美国史密森学会的理事会共有17名成员，除了政府官员外，还有来自社会各界的9名公民[1]。在我国，社会公众进入博物馆理事会也逐渐成为一种趋势，2018年浙江省博物馆成立理事会，在全部13名理事中，就有9名在社会公开招募中产生，分别来自文化企业、博物馆界、新闻媒体、文史专家、教育界[2]。通过建立理事会邀请社会公众直接或间接参与博物馆决策咨询事务，对博物馆调动社会资源实现自身发展和提升公众关注度具有重要意义。此外，2017年渡江战役纪念馆试行"社会监督员"工作制度，聘请包括公务员、教师、记者等来自各行业的8位人士担任社会监督员，对其从业人员的服务行为和质量进行监督，发现问题有权直接向主管部门反映，不失为社会公众直接参与博物馆服务监督的一种新探索。此外，博物馆还有传统的意见本、馆长信箱、馆长接待日等形式，以及微博、微信、抖音等"短、平、快"的自媒体传播手段与社会公众进行互动。

三是适时引入第三方机构进行社会服务绩效评估。在一般情况下，对一些中小型博物馆完全可以通过一些简易的在线调查问卷的形式，针对展览、社会教育、服务等工作发起服务满意度调查投票，对观众意见进行数理分析，进而作出更加理性和亲民的决策。对一些大型综合性博物馆而言，面向社会的服务类型复杂多样，标准不一，作出科学合理的服务绩效评价就具有一定难度，这时应引入文博行业专业管理咨询机构对博物馆的各项服务工作设立量化指标进行分别评价。

总之，创新社会参与与评价机制是一个复杂而漫长的过程，也是博物馆不断强化自我革新和自我完善能力的重要组成部分，应当循序渐进。

---

[1] 数据来源：史密森学会官方网站，www.si.edu/about/administration。
[2] 浙江博物馆：《浙江省博物馆召开首届理事会成立大会》，https://www.zhejiangmuseum.com/News/Snews/NewsInfo/18612.0，访问日期：2020年12月24日。

第五节　小结

作为社会机构的重要组成部分,博物馆在社会中扮演着越来越重要的角色,发挥着越来越大的作用,也愈发得到社会公众的广泛关注和热情参与。2019年,我国博物馆观众参观总量高达11.47亿人次。社会公众对博物馆的高热情和高期待也激励着博物馆界不得不重新审视和反思博物馆在社会结构中的重要价值和责任,并努力充分发挥其应有的社会功能。随着新时代社会经济科技文化的蓬勃发展,人民群众对高品质精神文化的需求愈发旺盛,博物馆对其社会责任的认识也愈发清晰,不断推出人性化、多样化、分众化的优质公共文化产品和服务,加强与社会公众的交往黏性,努力满足不同群体的精神文化需求。同时,博物馆应着力避免为了"吸眼球""拉人气"而过分耍宝卖萌或大搞"段子文化"的现象,切实提升文化供给的品位和档次,维护好社会公众的文化权益。

博物馆既是公共文化产品和服务的生产者,也是一所大学校。博物馆为社会公众生产什么、展示什么、阐释什么、传达什么,在很大程度上带有一定的教化导向作用,具有意识形态属性。因此,新时代中国博物馆必须坚守自身应有的价值立场和文化品位,弘扬社会主义核心价值观,促进满足人民文化需求和增强人民精神力量相统一,不断提升人民思想觉悟、道德水准、文明素养和全社会文明程度,而不能一味迎合,更要坚决拒绝低俗和媚俗。

第六章
中国博物馆的文化功能

博物馆首先是一个公共文化服务机构,从这个角度而言,可以说博物馆的首要功能是文化功能。广义而言,甚至可以说博物馆收藏、展览、研究、教育功能是博物馆文化功能的实现方式,博物馆的社会功能、传播、对外交流等拓展功能也是博物馆文化功能的体现。博物馆的文化功能通过对文物的研究、展示等活动成为人类活动和自然环境的见证,传播文化知识,传承历史文化,弘扬民族精神。文化的定义可以有上百种[①]。广义而言,文化和文明可以不进行严格的区分。从狭义上讲,文化的核心是价值观和价值判断。与之相对应,博物馆文化功能的核心是价值传承和价值创造。博物馆文化功能从时间维度可以划分为历史维度、当代维度和未来维度,从空间维度按照地域由小到大可以影响社区、城市、国家和跨国交流。

为避免交叉重复,本章对博物馆文化功能的探讨从狭义的角度出发,主要探讨博物馆的价值传承和创造功能,将沿着时间和空间两条主线,从博物馆的文化功能及其实现方式,博物馆的藏品价值、文化导向作用、城市名片和地标、文化枢纽和客厅作用等几个方面进行深入的探讨。而博物馆社会功能突出的是博物馆的社会教育功能,是文化传播和影响力的体现,是文化功能在社会层面的实现。相对而言,博物馆文化功能的内涵和外延则更加广泛,是博物馆精神价值的体现。同时,博物馆的社会功能和文化功能密不可分,这是本章和上一章博物馆的社会功能的区别和联系。

第一节 博物馆文化功能的内涵

博物馆是保护和传承人类文明的重要殿堂,是连接过去、现在、未来的桥梁。[②]

[①] 郭湛:《大文化观念:一种理解和行为的依据》,《世纪评论》1998年第1期,第11—14页。
[②] 《习近平向国际博物馆高级别论坛致贺信》,《人民日报》2016年11月11日第1版。

每一种文明都扎根于自己的生存土壤，凝聚着一个国家、一个民族的非凡智慧和精神追求，都有自己存在的价值。让文物活起来，就是要通过扎实、细致、深入的研究，把文物本身所蕴含的丰富价值发掘出来，让文物变得鲜活起来、生动起来、丰满起来、立体起来，从物的层面变成具有重要思想文化内涵的精神层面的东西，变成有感情的东西，进而充分发挥博物馆的文化功能。

一、博物馆文化功能的界定

中国的博物馆是在中国社会的近代化过程中产生的，对于博物馆的认识，有一个不断深化的过程。中国博物馆建立之初，博物馆就被看作"开发民智、救亡图存"的一种文化工具。[1]随着新文化运动兴起，博物馆事业进一步发展。这一时期认为博物馆是一种文化机构，不是专为保管宝物的仓库，是以实物的论证而做教育工作的组织及探讨学问的场所。中华人民共和国成立后，博物馆开始被视为科学研究机关、文化教育机关、物质文化和精神文化遗存或自然标本的主要收藏所[2]。1979年全国博物馆工作座谈会通过的《省、市、自治区博物馆工作条例》明确规定："省、市、自治区博物馆是国家举办的地方综合性或专门性博物馆，是文物和标本的主要收藏机构、宣传教育机构和科学研究机构，是我国社会主义科学文化事业的重要组成部分"，"博物馆通过征集收藏文物、标本，进行科学研究，举办陈列展览，传播历史和科学文化知识，对人民群众进行爱国主义教育和社会主义教育，为提高全民族的科学文化水平，为我国社会主义现代化建设作出贡献"。《辞海》等辞书认为博物馆是陈列、研究、保藏物质文物和精神文化的实物以及自然标本的一种文化教育事业机构。

党的十八大以来，习近平总书记高度重视文化文物工作，多次到博物馆调研考察，对文博工作作出一系列重要指示，提出明确要求，让收藏在博物馆里的文物、陈列在广阔大地上的遗产、书写在古籍里的文字都活起来。要把凝结着中华民族传

---

[1] 苏东海：《论博物馆的现代化》，《中国博物馆》1997年第1期，第8页。
[2] 张爱民：《高校博物馆功能及特点初探》，《社科纵横》2006年第11期，第156页。

统文化的文物保护好、管理好，同时加强研究和利用，让历史说话，让文物说话，在传承祖先的成就和光荣、增强民族自尊和自信的同时，谨记历史的挫折和教训，以少走弯路、更好前进。同时要推动文明互鉴。对待不同文明，不能只满足于欣赏它们产生的精美物件，更应该去领略其中包含的人文精神；不能只满足于领略它们对以往人们生活的艺术表现，更应该让其中蕴藏的精神鲜活起来。

世界各国的不同博物馆都承担着反映本民族历史、传承文明成果、增强民族自信、推动不同文明相互理解等使命。博物馆是一种支配社会文化和观念形成的隐喻空间，昭示过去，引领未来，也提供人类前行的动力。现代意义上的博物馆在时空的转换中已然成为了社会文化和知识生产不可或缺的、核心的新路径和新模式，它将传统与现代、藏品与精神、社会交往与感受认知交融在一起，建构出了所在时代需要的重要的文化意义和思想意义。[1]通过展示文化与过去，博物馆定位于提供帮助，提供展望未来的视角。[2]博物馆是历史的收藏者和宣传者，是社会发展的记录者和保护者，更是未来的规划者和参与者。[3]世界范围内大型博物馆的跨文化交流，是国际文化交流发展的趋势，也是推动博物馆创新与发展，推进中国博物馆事业突破性发展，开展国际化进程的必然选择。

作为自然和历史文化遗产的主要收藏阵地，我国博物馆毋庸置疑地承载和传承着中华民族的文化精神，这些宝贵的民族财富来之不易，不仅要更好地保护好，更要充分地挖掘其当代价值，使之得到更好的传承和弘扬。中国人民在实现中国梦的进程中，将按照时代的新进步，推动中华优秀传统文化创造性转化和创新性发展，激活其生命力，把跨越时空、超越国度、富有永恒魅力、具有当代价值的文化精神弘扬起来。这是当代赋予中国博物馆的文化功能和使命，也是习近平总书记频频"打卡"博物馆的主要原因之一。

---

[1] 谢梅：《如何发挥博物馆"文化中枢"功能》，《成都日报》2019年5月15日第7版。
[2] [德]汉斯·马丁·欣茨：《博物馆在未来的定位与功能》，《中国国家博物馆馆刊》2012年第8期，第24页。
[3] 杨芳芳：《记忆历史展望未来——社会化引领博物馆新方向》，《陕西省博物馆学会2012年年会暨秦晋豫冀四省博物馆理论与实践研讨会》，2012，第32—37页。

二、博物馆的价值传承

博物馆是记忆的场所，是话语建构争夺的空间。博物馆的意义并非完整重现历史，而是通过对零散历史信息的搜集和系统化，向观众呈现一种依照特定逻辑进行叙事的话语体系。这种话语体系所表达和"再现"的是博物馆设计者和管理者力图构建的一套价值论述。通过博物馆的展品、叙事及其建设的过程，不同个体和群体都能够参与到记忆的沟通、共享、塑造、再现的过程中来。在这个过程中，个体或群体的归属感和认同感得到强化，这也是博物馆塑造记忆的核心机制。①

文化基因是一个民族国家文化传承的核心要素，延续着一个民族和国家的精神血脉。每一种文明都延续着一个国家和民族的精神血脉，既需要薪火相传、代代守护，更需要与时俱进、勇于创新。中国人民在实现中国梦的进程中，将按照时代的新进步，推动中华文明创造性转化和创新性发展，激活其生命力，把跨越时空、超越国度、富有永恒魅力、具有当代价值的文化精神弘扬起来，让收藏在博物馆里的文物、陈列在广阔大地上的遗产、书写在古籍里的文字都活起来，让中华文明同世界各国人民创造的丰富多彩的文明一道，为人类提供正确的精神指引和强大的精神动力。②

党的十八大以来，习近平总书记高度重视文化文物工作，多次到博物馆调研考察，对文博工作作出一系列重要指示。党的十九大报告提出，推动中华优秀传统文化创造性转化、创新性发展。创造性转化，就是要按照时代特点和要求，对那些仍有借鉴价值的内涵和陈旧的表现形式加以改造，赋予其新的时代内涵和现代表达形式，激活其生命力。创新性发展，就是要按照时代的新进步新进展，对中华优秀传统文化的内涵加以补充、拓展、完善，增强其影响力和感召力。中国各类博物馆不仅是中国历史的保存者和记录者，也是当代中国人民为实现中华民族伟大复兴的中国梦而奋斗的见证者和参与者。③

---

① 燕海鸣：《博物馆与集体记忆、知识、认同、话语》，《中国博物馆》2013年第3期，第18页。
② 《习近平在联合国教科文组织总部的演讲》，《人民日报》2014年3月28日第3版。
③ 《习近平向国际博物馆高级别论坛致贺信》，《人民日报》2016年11月11日第1版。

中国国家博物馆2019年主动策划并重点推出三大历史文化展："证古泽今——甲骨文文化展"首次通过近190件甲骨、青铜、玉石、书籍等实物构成的叙事链条，重温甲骨文背后的商周文明，致敬甲骨学者们的卓越成就，使甲骨文中传承的文化基因为广大群众所感知，并成为精神生活的盛筵。"隻立千古——《红楼梦》文化展"通过来自国内20多家文博单位的近600件/套文物、文献和艺术品，全景式描绘出《红楼梦》这座文学高峰的时代背景、创作历程和丰富内涵，展示《红楼梦》的巨大社会文化影响，努力丰富人民大众的精神文化生活。"高山景行——孔子文化展"通过集中展示不同时期与孔子相关的240余件/套，共700余件珍贵文物、珍稀古籍以及艺术品，首次系统展示孔子思想形成、发展以及传承演变历程，为观众深入了解儒家学说对中华文明形成并延续发展几千年而从未中断、对形成和维护中国团结统一的政治局面、对形成和巩固中国多民族和合一体的大家庭、对形成和丰富中华民族精神所发挥重要作用而奉献的一场文化盛宴。3000多年前的甲骨文，2000多年前的孔子，200多年前的《红楼梦》，三大历史文化展荟萃一堂，从不同维度解读中国人的文化密码，增强中国人的文化自信。

2019年，中国国家博物馆联合地方考古文博机构共同举办"和合共生——临漳邺城佛造像展""周风遗韵——陕西刘家洼考古成果展"等考古发现展，联合策划"文华衡水——河北衡水文化展"等地域文化展，展览结构进一步优化。成功举办"丹心铸魂——吴为山雕塑艺术展""盛世欢歌——许鸿飞雕塑展""守正求新——韩天衡艺术展"等一系列经典美术展，全面反映当代著名艺术家近年来在主题创作与艺术探索方面的成就，以思想精深、艺术精湛、制作精良的经典美术精品彰显中国特色、中国风格、中国气派。策划推出"艺道长青——石鲁百年艺术展""烽火艺途——武石捐赠作品展""时代新章——国家博物馆工艺美术作品邀请展"等，集中展现中华文化的审美立场和价值理念。

三、博物馆的价值创造

博物馆代表国家、地方或社会珍藏集体记忆和民族文化基因，收藏什么、展示什么，具有高度的选择性、评价性和导向性。如果说，我们今天在博物馆里看到的藏品大多是在历史的长河中经过自然淘汰而留存下来的，那么，面向未来，我们必须坚持对国家社会负责、对民族负责、对历史负责，避免征集入藏的随意性和随机性。要明确认识到，当今时代留给未来的社会历史形象，很大程度要通过博物馆的藏品、研究与展览来塑造和留存；未来对我们这个时代的认识，很大程度上要通过博物馆来实现，充分认识、准确把握、牢固树立博物馆的评价意识和导向意识，就是当代人类文化自觉、历史自觉的直接反映和必然要求。有意识地选择收藏某些内容，供后人来评价我们所处的时代，是博物馆的重要职责使命。当代博物馆要有意识地保存实物资料供后人来研究我们这个时代。其中，尤其应当重视近现当代实物征集问题，究竟要将哪些实物保留下来，传给子孙后代，我们的选择就体现了社会对重大事件、重要人物的评价。[1]

博物馆对文物藏品的征集、收藏与展示，实际上隐含着对优秀文化基因的评价、选择、传承与弘扬。博物馆收藏什么、展示什么，具有高度的选择性、评价性和导向性，从这个意义上说，没有评价就没有选择，更没有藏品，就没有博物馆的存在价值。博物馆的评价功能贯穿于博物馆活动的各个环节、各个方面。国际博物馆协会伦理委员会主席杰福瑞·刘易斯（Geoffrey Lewis）认为，博物馆的角色就是照看世界文化遗产并将其向公众加以解读，而文化遗产是"在国际国内确定文化认同时的重要因素"。国内学者李哲也认为，博物馆是保存具有一定价值文物的地方，对这些文物的正确认识"体现着我们对文化传统的内在追求和基本态度，是我们对待自己过去的重要参考"。博物馆活动的整个链条，自始至终都充满着评价和选择。博物馆的收藏行为本身就是以社会评价、历史评价和审美评价等综合评价为前提的，学术研究活动也是以评价为导向的，展览活动是适应时代需求突出重点选择的，而讲解就是要用新的时代眼光对历史文物加以解读和评价。从这个意义来说，博物馆对文物藏品的评价功能实际上隐含着对优秀文化基因的选择、传承与弘扬，博物馆里的每一件藏品文物都要发挥承载灿烂文明、传承历史文化、维系民族精神的重要功能，博物馆的每一个行为都要以珍藏民族集体记忆、保存优秀文化基

---

[1] 王春法：《充分发挥博物馆的评价功能》，《中国政协》2018年第18期，第30—31页。

因为出发点。因此,没有评价就没有选择,更没有藏品、没有博物馆的存在价值。博物馆的评价是包括历史评价、科技评价、审美评价、社会评价等在内的综合性评价。既然博物馆代表国家和社会搜藏和保存具有时代典型特征的文物藏品,那么,它对于入藏品的评价和选择就不可能是单一历史维度或者美学维度的,而应该建立在对藏品价值综合判断的基础之上,包括藏品反映时代特征的典型性或者代表性。文物由藏品转化为展品,其珍藏国家集体记忆和民族优秀文化基因方面的功能也因此不断放大和延伸,形成当代文化的重要组成部分。[1]

2019年,中国国家博物馆圆满完成"伟大的变革——庆祝改革开放40周年大型展览""回归之路——新中国成立70周年流失文物回归成果展"的承办工作,举办"屹立东方——馆藏经典美术作品展""现代化之路——共和国七十年",全力配合"伟大历程 辉煌成就——庆祝中华人民共和国成立70周年大型成就展"的工作。其中,"伟大的变革——庆祝改革开放40周年大型展览"自2018年11月14日正式对公众开放至2019年3月20日闭幕,共接待观众超过423万人次,日均4.8万人次,最高达到近7万人次,创造了中国国家博物馆单日接待最高记录。展览在全面生动展示中国道路、中国智慧、中国方案,传播中国声音方面发挥了独特作用。

博物馆不是卖萌,很多博物馆的价值导向不明确,追求大众文化与消费市场,而文化导向功能弱化虚化。现在很多博物馆的工作重点依然在文物的保存与研究上面,使得他们善于展览但并不关注挖掘文物的文化内涵、也并不过多考虑观众实际参观需要,使得博物馆的文化功能相对弱化。[2] 上级部门对博物馆的要求也更多在对文物的收藏及研究上面,也没有采取更多措施考核博物馆的文化功能是否到位。收藏什么、不收藏什么,这在很大程度上决定着一座博物馆的性格和品味,体现着博物馆的评价水平和价值导向,决定着未来对我们这个时代的认识和把握。因此,必须正确把握博物馆的价值导向作用,充分发挥博物馆的正向文化导向功能,才能实现博物馆的价值。

---

[1] 王春法:《充分发挥博物馆的评价功能》,《中国政协》2018年第18期,第30—31页。
[2] 卢雪梅:《文物博物馆的文化传播教育作用分析》,《速读(上旬)》2015年第9期,第337页。

第二节　博物馆文化功能的实现

历史文物代表的是民族集体记忆，是国家文化基因，也是反映时代变化的代表性物证，蕴含着丰富的历史价值、文化价值、审美价值、科技价值和时代价值。如果说，我们今天在博物馆里看到的藏品大多是在历史的长河中不经意间留存下来的，我们对过去、对历史的认识很大程度上是通过考古发掘来实现的，那么，我们这个时代的形象很大程度上是通过博物馆来塑造和留存的，未来对我们这个时代的认识很大程度上要通过博物馆来实现，面向未来，我们必须坚持对国家社会负责、对民族负责、对历史负责，有意识地选择收藏某些内容，供后人来评价我们所处的时代，切实避免随意性随机性。这就是当代人类文化自觉、历史自觉的直接反映和必然要求。①

一、博物馆藏品是博物馆文化功能的独特载体

博物馆因收藏而存在，每个博物馆都有各具特色的藏品，这些藏品是人类智慧成果最为直接的表现。博物馆之中的藏品蕴含的历史价值、科学价值、审美价值、文化价值，通过不同的形式，展现出人类历史发展进程以及科学文化发展成果。这些藏品是了解当时社会生活、经济状况、宗教信仰、复原当时社会生活场景最直观的实物见证。尤其对历史类博物馆而言，藏品或者说文物是博物馆生存、发展和活动的前提，博物馆则是文物得以收藏、保存、研究和实现其价值的场所。二者互为依存，不可分离。②

在魏晋以前的古代典籍中，"文物"一词与"文"字有相同的含义，皆可指"礼乐典章制度"。而从汉字"文"的本义是指线条交错华美的图形推知，"文物"同"文"代表礼乐典章制度已是转义。③实物的文化特征一直被符号学所强调，认为实物作为社会文化传播的媒介，包含了当时文化的背景（个体、群体、地球各

---

① 王春法：《充分发挥博物馆的评价功能》，《中国政协》2018年第18期，第30—31页。
② 阮家新：《文物的特性与价值》，《中国博物馆》1994年第4期，第31页。
③ 刘禄山、徐东根：《试析文物的内涵和特性》，《南方文物》2000年第2期，第111页。

地域文化之间）。因此我们或多或少地在实物的收集、安排、展览方面得益于这些文化特征的帮助。①这些收藏品曾经由人制造、拥有、使用、交换，每件实物都是人类历史的记忆和证明。而博物馆的藏品种类多样、形式丰富，在馆藏文物中，不仅是对前辈优良传统的直观表现，也是对后来文化传承发展的一种促进。②

馆藏文物作为国家与民族历史不可替代的载体，在很大程度上影响着一个国家、一个民族的思想价值追求。流传下来的具有历史、艺术、科学等价值的文物，它们都是人类在生产、生活实践中根据自己的物质生活需要、精神需求不断总结经验，经过实践检验所形成的适合当时社会需要的物质产物。博物馆的文物收藏特性使得博物馆和文化馆、美术馆区别开来，也正是这种特性使得博物馆具有以物见文、以文化人的文化功能。

二、博物馆文化功能的实现方式和路径

保存人类文化遗产是博物馆最基本的职能，也是博物馆的基础性工作。在博物馆的定义中明确强调了博物馆具有"为教育、研究、欣赏的目的征集、保护、研究、传播并展出人类及人类环境的物质及非物质遗产"的功能。博物馆肩负着收藏、保护人类文明及其见证物的责任，博物馆应担负起为国家、民族、地区保存社会历史、文化艺术发展中见证物的职责。人类文化遗产包括历史遗物、古建筑、动植物标本、地质标本、艺术品以及各种类型的非物质文化遗产，博物馆对这些人类文化遗产进行收集并永久性加以保存，让人类回忆过去、认识自我、着眼当下、面向未来。在长期的发展过程中，博物馆的收藏手段不断完善，收藏对象不断扩大，保存手段不断更新，保存目的不断拓展；从最初的收集有形文物，到收集无形的图像、视频、声音，博物馆收藏功能不断地延伸。博物馆在文化遗产的保护上不断发挥着积极的作用。目前，很多博物馆通过信息技术对藏品进行数字化的整理，使藏

---

① [巴西] 特依萨·希尔纳：《作为证明、论据、工具的实物》，张晓悟译，《中国博物馆》1994年第4期，第33页。
② 丁晓玲：《博物馆在中华优秀传统文化传承发展中的地位和作用》，《中国民族博览》2018年第10期，第229页。

品得到更有效的保护。保存文化遗产需要对文化遗产进行研究以发掘其价值。博物馆有研究藏品的职责和义务，我国博物馆一直将此工作纳入业务工作的范围，在这项工作上也长期持续进行探索。开展藏品的研究，不断发掘藏品的信息和内涵，使其更好地发挥其功能，这对于文化的遗产保护有着特殊的优势和不可替代的作用，成为传承人类文化财富的重要力量。①

博物馆收藏、科研、教育三种基本职能形成文化复合体的过程就是一个不断继承、不断发展的过程。②作为博物馆的服务产品，各种展览都是有鲜明的意识形态属性的。③引导和教化民众，是近代博物馆创新的初衷，由此产生的文化解释权是博物馆的核心权力。随着经济社会迅速发展和博物馆事业参与者迅速增多，这种文化解释权又会因为参与者的多重身份而不断变化，比如博物馆工作人员、专业人士、教育工作者、艺术家、收藏家、评论家、社会观众等。他们都试图对博物馆的文化解释权施加影响，收藏什么藏品，藏品如何分类，希望举办什么展览，展览社会效果评估，如何对展品进行社会解读，等等。博物馆的文化功能贯穿于博物馆活动的各个环节、各个方面，无论是搜藏、保存、研究、展示行为，还是照看并不普通的世界文化遗产，整个活动链条自始至终都充满着评价、选择和价值判断。博物馆的收藏行为是以评价为前提的，学术研究活动也是以评价为导向的，展览活动是适应时代需求突出重点选择的，而讲解就是要用新的时代眼光对历史文物加以解读和评价。博物馆文化功能通过收藏、研究、展示、讲解、媒体传播等方式而实现。

博物馆中陈展的文物，包括艺术与科学、社会历史、民族文化等方面，是人类社会发展中的艺术瑰宝，是社会历史发展中科学文化知识的聚合。博物馆通过举办展览、组织学术研究、开展社会教育活动等方式，把传统文化的精神标识提炼出

---

① 刘舜强：《公共文化服务体系视野下的博物馆功能定位》，《学理论》2014 年第 10 期，第 164 页。
② 苏东海：《论博物馆的现代化》，《中国博物馆》1997 年第 1 期，第 6 页。
③ 2019 年 3 月 4 日，习近平总书记看望参加全国政协十三届二次会议的文化艺术界、社会科学界委员，并参加联组会，听取意见和建议。中国国家博物馆馆长王春法委员作了题为《充分发挥博物馆的教化导向作用》的发言。

来、展示出来，把优秀传统文化中有当代价值、世界意义的文化精髓提炼出来、展示出来，让蕴含着丰富文化的国家文化基因通过博物馆得到继承、转化和弘扬。

博物馆的评价是包括历史评价、科技评价、审美评价、社会评价等在内的综合性评价，具有鲜明的价值导向功能和强大的社会影响力。传统文化的创造性转化、创新性发展手段是多样的。中华优秀传统文化是中华民族的文化根脉，其蕴含的思想观念、人文精神、道德规范等，不仅是我们中国人思想和精神的内核，对解决人类问题也有重要价值。要把优秀传统文化的精神标识提炼出来、展示出来，优秀传统文化中具有当代价值、世界意义的文化精髓等核心的内涵，我们不能丢。①

习近平总书记2019年3月4日下午看望参加全国政协十三届二次会议的文化艺术界、社会科学界委员并发表重要讲话。他强调，新时代呼唤着杰出的文学家、艺术家、理论家，文艺创作、学术创新拥有无比广阔的空间，要坚定文化自信、把握时代脉搏、聆听时代声音，坚持与时代同步伐、以人民为中心、以精品奉献人民、用明德引领风尚。习近平总书记的谆谆教诲让我们更加坚定了要立足中国现实，植根中国大地，要利用好博物馆这座"大学校"，让文物"活"起来，用更多优质的展览把当代中国发展进步和当代中国人精彩生活表现好展示好，把中国精神、中国价值、中国力量阐释好。②

第三节 博物馆文化功能发挥重要作用

博物馆作为一个城市文化和文明的长期积淀，在促进城市经济、文化、社会和谐可持续发展中具有重要作用。今天，博物馆事业发展的总体规模、管理水平和服务质量已成为衡量一个国家、一个民族、一个城市文化发展程度的重要标尺。③

---

① 国家文物局：《牢记使命 奋勇担当——访全国政协委员、国家博物馆馆长王春法》，https://www.ncha.gov.cn/art/2019/3/5/art_2105_153981.html，访问日期：2020年12月24日。
② 《两会特别策划——文博界委员畅谈聆听习近平总书记重要讲话心得》，https://www.sohu.com/a/299305371_120029063，访问日期：2020年12月24日。
③ 单霁翔：《博物馆的社会责任与城市文化》，《中原文物》2011年第1期，第91页。

一、博物馆的公共文化服务窗口作用

博物馆作为重要的公共文化服务设施，承载着历史之文脉和民族之精神，承载着服务公众，传播中华优秀文化的重要功能和使命，是公共文化服务的窗口。在当下，中国的博物馆是社会主义文化事业的重要组成部分，是文化基础设施建设的重要方面，是公共文化服务体系建设的重要内容，是保障人民群众基本文化权益的重要阵地。[①]

公共文化服务，是指由政府主导、社会力量参与，以满足公民基本文化需求为主要目的而提供的公共文化设施、文化产品、文化活动以及其他相关服务。依赖的主要场所包括图书馆、博物馆、文化馆（站）、美术馆、科技馆、纪念馆等。中共中央、国务院《关于深化文化体制改革的若干意见》（中发〔2005〕14号）中描述："国家兴办的图书馆、博物馆、文化馆（站）、科技馆、群众艺术馆、美术馆等为群众提供公共文化服务的单位，为公益性文化事业单位。"这是在政策上首次明确了我国博物馆的公共文化服务功能。党的十八届四中全会把建立健全保障人民基本文化权利的文化法律制度纳入全面依法治国的总体布局，提出制定公共文化服务保障法，促进基本公共文化服务标准化、均等化的任务，中共中央办公厅、国务院办公厅《关于加快构建现代公共文化服务体系的意见》进一步要求建立健全公共文化服务法律体系。2016年12月25日，第十二届全国人民代表大会常务委员会第二十五次会议表决通过了《中华人民共和国公共文化服务保障法》，并于2017年3月1日起正式施行，自此我国公共文化服务有了法律保障。

《文化部"十三五"时期文化发展改革规划》和多部门联合发文的《加大力度推动社会领域公共服务补短板强弱项提质量 促进形成强大国内市场的行动方案》（2019年）明确提出推动博物馆基本公共文化服务均等化建设，建设惠及民众的博物馆公共文化服务体系。近年来，党和国家提出建设社会主义文化强国的方针，国家开始高度重视公共文化服务建设，推动公共文化服务设施向社会免费开放。建设优秀传统文化传承体系，弘扬中华优秀传统文化成为当代文化建设发展的一项要

---

① 刘舜强：《公共文化服务体系视野下的博物馆功能定位》，《学理论》2014年第10期，第163页。

务。在国家文化建设中，博物馆建设是国家公共文化建构中的重要组成部分、发展博物馆文化是保障公民文化权益的重要内容，博物馆人和公众的共同愿望与目标是使博物馆真正成为当下社会最活跃的文化生活的重要组成部分[1]。

"人"的因素是衡量一个博物馆能否实现将藏品的意义和价值传达给观众这一最终目标的最基本的标准。博物馆是宣传、陈列以及展示自然遗存和人类文化的重要场所之一，是社会主义文化建设以及公共文化服务体系建设的重要组成部分。其不仅肩负着弘扬民族精神和保护文化遗产的重要责任，而且担负着提升国民素质和传播科学文明的社会使命。越来越多的人走进博物馆，越来越多的科技成果应用到博物馆，越来越多的业态结合博物馆……从创意产品、中央电视台热播到现场爆棚，应该说博物馆赚足了眼球，一股股博物馆热开启了"博物馆2.0时代"。

目前，全国近九成的博物馆实行了免费开放。博物馆纪念馆免费开放，是一项看得见摸得着的文化惠民政策，是让文物"活起来"的有力举措，公众参观数量大幅提高，2019年全国博物馆年接待观众已达12.27亿人次。2012年至2019年，全国博物馆展览数量从1.1万个增长到2.86万个，增长了一倍多，与之相对应，全国博物馆参观人数从5.6亿人次增长到12.27亿人次，增长超过一倍，博物馆展览数量和参观人数同步增长。（图6-1）

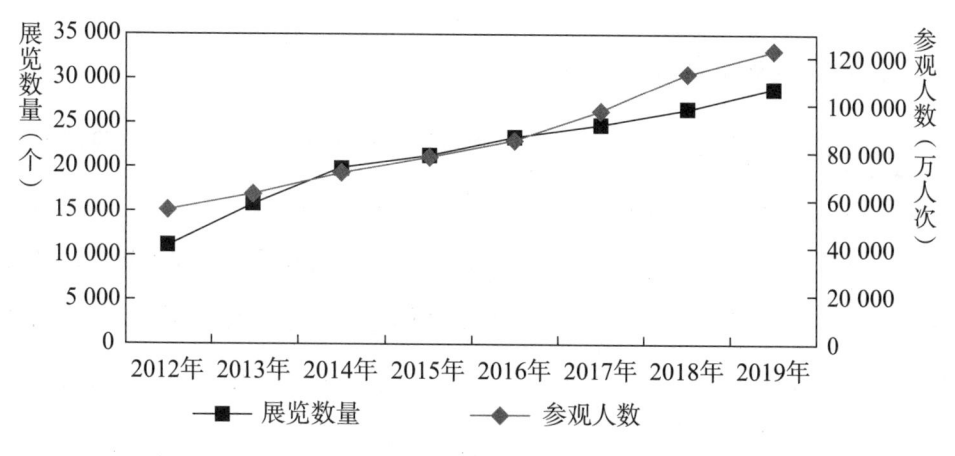

图 6-1　2012年至2019年博物馆展览数量与观众人数的比较[2]

---

[1] 李文儒：《博物馆的当代性问题》，《中国博物馆》2009年第4期，第62页。
[2] 数据来源：历年《中国文化文物统计年鉴》及《中国文化和旅游统计年鉴2019》。

博物馆是市民休闲娱乐的主要场所，也是市民接受文化熏陶，进行爱国主义教育，传承中华传统文化和弘扬社会主义文化的重要场所。人们可以在这个高品位的文化场所中获得知识，并在博物馆幽静、高雅的氛围中得到放松。同时，博物馆积极参与社区建设，成为社区居民最喜爱的文化活动场所，博物馆与人的关系更为亲密。

博物馆与社区的连接首先体现在教育功能的普及。体验式教育作为教育现代化的重要趋势，在"兴趣触发"和"学习参与"两个层面对学习效果的提升有着重要意义。博物馆在这一方面有着得天独厚的优势，一些世界一流的博物馆都在积极探索营造具有高度包容性的学习生态体系。[1]从文物收藏机构，到社会教育机构，再到社区服务机构，随着功能定位的悄然转变，博物馆的气质从"高冷"变得"亲民"，充满着故事、承载着历史、积淀着文化的一处处社区、一座座村落，能不能给这些生活器物、家族传承、文化印记保有一块净土，留住乡愁、拉近情感，让人们通过这些实物、影像得以寻乡愁、寻记忆、寻根脉，博物馆社区功能的发挥和社区博物馆的建设，成为国有大中型博物馆与市、县、乡镇、社区（乡村）公共文化服务体系建设"最后一公里"连接的重要力量，成为社区文化的重要载体和公众教育的又一方式。[2]

二、博物馆的文化枢纽作用

美国著名城市规划学家埃罗·沙里宁说："让我看看你的城市，我就能说出这个城市的居民在文化上追求的是什么。"文化是城市的生命和灵魂，是城市的内核、实力和形象；城市是文化的凝结和积淀，是文化的容器、载体和舞台；城市与文化是与生俱来、密不可分的统一体。城市文化是城市生活的灵魂和核心，当城市发展到一定的程度，其物质和人口基础已经足以承载起"文化"这一理念时，"城

---

[1] 甄朔南：《社区博物馆与博物馆如何为社区服务》，《中国博物馆》2001年第2期，第8—11页。
[2] 吕建昌：《博物馆"社区"概念及社区博物馆》，《回顾与展望：中国博物馆发展百年——2005年中国博物馆学会学术研讨会文集》，2005，第259—267页。

市文化"就"逐步以一种独特的性质和形态发展起来,它对人们的生活方式、交往方式、价值观念的影响与时俱增,甚至可以说是无处不在"①。城市文化是在城市的物质基础上建立起来的,同时,它又以极大的包容力,包容着一个城市内部物质的和精神的总和。

博物馆是一座城市的眼睛。近年来,随着"博物馆热"的兴起,诸多博物馆一时间已经成为市民文化休闲场所和热门旅游打卡目的地,成为城市的亮丽名片和文化地标。博物馆之所以能成为城市名片和地标主要有几个原因:一是博物馆保藏有反映本地历史文化和人文风情的证物,是地域代表性文化的荟萃之地和地域文化情感认同的重要枢纽。譬如我们到了西安就会自然联想到秦始皇陵兵马俑,到了安阳就会想到甲骨文,而显然掌握这些地域文化最直接的方式就是到博物馆看展览。二是鉴于博物馆的功能和使命,各地都会将博物馆建在极其重要的地理位置,使之成为城市文化的窗口和客厅。正因如此,各地博物馆的建筑风格都十分凸显地域文化特色,同时充满现代元素,成为人们旅游打卡的首选。

作为"文化枢纽"的博物馆实则跨越了时间和空间两个维度:作为时间轴上的"文化枢纽",博物馆应肩负起连接过去、现代与未来的使命;作为空间轴上的"文化枢纽",博物馆应致力于搭建不同地域、不同文明、不同民族之间沟通的桥梁。它作为文化枢纽,不仅提供了一个创意与知识互相融合的平台,也让参观者可以共同创作、分享和互动。博物馆作为文化交流与传承的平台,各种文脉都能在博物馆中体现,并可以通过它彼此影响。博物馆已逐渐成为一个城市、一个国家的文化枢纽。其引领城市文化发展,改变着城市,改变着我们的生活,丰富着整个城市的修养。作为中枢的博物馆就是汇集各地区文化,实现古今、新旧相碰撞的核心地带,实现跨越古今、连接未来,跨越地域、跨越文化的中枢作用,推动甚至指引未来的文化发展。

在国外,阿布扎比卢浮宫博物馆就是以建筑风格取胜的成功案例,该馆依海

---

① 田丰、夏辉:《城市文化与澳门城市文化形象建设》,载《城市文化形象的塑造——第八届粤台港澳文化交流研讨会论文集》,澳门基金会出版,2007,第1页。

而建，形成了别具风情的"博物馆之岛"，其内部空间设计也极具艺术气息，吸引着大量年轻游客到此打卡。在国内，博物馆的建筑风格也极具特色，如世界著名华人建筑师贝聿铭设计的苏州博物馆（新馆）采用了苏州园林的空间布局方式，又融入了现代设计元素，使之成为既传统又现代的建筑艺术典范，吸引了大量观众前来"朝圣"。此外，上海博物馆、湖南省博物馆、中国文字博物馆、深圳OCT博物馆等诸多博物馆都有浓郁的地域文化特色或现代气息。

作为城市名片和地标的博物馆不仅是展现城市风貌和地域文化的重要窗口，同时也会为文化旅游带来重大的契机。推动文化和旅游深度融合发展，以文促旅、以旅彰文，已成为新时代旅游业、促进文化传播的必然趋势。博物馆文化是旅游和旅游文化的重要人文景观。博物馆之所以能够在现代迅速繁荣和发展，与旅游业在现代经济中的崛起分不开。博物馆灿烂的历史文化和丰富的历史文物实物资源，对游客具有挡不住的诱惑。其收藏的历史文化遗产包括建筑文化遗产，特别是一些遗址博物馆，是历史遗留的具有较高价值的艺术文化和建筑文化。

据携程旅行网数据显示，自2017年12月初《国家宝藏》开播以来，通过"博物馆"搜索国内旅游产品的数据上升了50%，且这一涨势仍在持续。在携程旅行网上，国内"博物馆"旅游线路已达到近千条[1]。2018年元旦期间，"为一座博物馆赴一座城"成为热门，行程涵盖博物馆的旅游产品预订人次同比增长130%。双休日，带着孩子逛博物馆，已经成为许多"75后""80后"的生活方式。排队看博物馆在一些博物馆成为常态，中国国家博物馆由于场地入口的限制，夏季一般排队时间为1小时左右，暑假和节假日可能需要更长时间。中国国家博物馆、上海博物馆、陕西历史博物馆等出现了每天3至4小时排队的火爆现象。[2] 时隔两年之后，"千里江山——历代青绿山水画特展"再度开启"故宫跑"。上一度开启"故宫跑"的，是2015年的"石渠宝笈特展"，彼时的《清明上河图》，激发出了人们的观展热情。同样的

---

[1] 北京日报：《博物馆游引爆文化旅游热》，https://www.sohu.com/a/212593694_161623，访问日期：2017年12月25日。

[2] 人民日报海外版：《博物馆大排长龙为哪般？》，https://travel.people.com.cn/n1/2017/0914/c41570-29534403.html，访问日期：2017年9月14日。

《清明上河图》，在故宫博物院80周年院庆（2005年）展出时观众的热情远远不如当下。①社会正在掀起一股股"博物馆热"。

人们需要博物馆，博物馆也需要观众。博物馆以其丰富的藏品展览和活动，不仅让人增长知识、提高修养，还能带来精神的愉悦，引导人们自觉增强文化自信，树立正确的价值观，能够起到激励人、教育人的作用，并能达到润物细无声的效果。

西安博物院依托自身独特的资源，成功打造了多功能的城市文化平台，成为城市客厅和名片。其利用馆藏文物及征集城市发展物证活动，组织了"乐知学堂""彬彬有礼的中国人"等一系列互动式文化教育活动，使公众将博物馆当作自家的"客厅"，将博物馆看作公众交往的场所和对外交流的舞台，让进入博物馆参观成为公众一种休闲习惯、一种文化习俗、一种生活方式，使博物馆真正成为反映社会文明的窗口、培育公民素质的沃土和城市的客厅。西安博物院院内绿化面积占比超过70%，湖面面积达6600平方米。其还将文化遗产保护和城市景观相结合，结合东市、西市历史文化资源，打造一个唐长安城中轴线核心历史文化街区。西安博物院还创办了小雁塔春节荐福文化大庙会、快乐中华节，延续并创新了新年鸣钟祈福活动等一系列有特色的节事活动，复兴和传扬了传统文化，目前已经成为古城西安的一个文化品牌。②

当代旅游已经是一种物质与精神兼备的活动，仅仅在山水之间寻幽探胜是远远不够的，人们需要体验和评判更多的文化内容。文化是旅游的灵魂，旅游是文化的载体；文化提升旅游内涵，旅游实现文化价值。博物馆与旅游几乎天然不可分，很多博物馆本身就是重要的旅游景点，是该地区风景的重要组成部分。一方面，博物馆与旅游的结合对博物馆而言，扩大了博物馆观众数量，实现了博物馆的功能。另一方面，对旅游而言，丰富了旅游的内涵，提高了旅游的品味。博物馆作为现代旅

---

① 中国新闻网：《〈清明上河图〉逆袭之路：从少人问津到跑着去看》，https://www.chinanews.com.cn/cul/2015/09-23/7538881.shtml，访问日期：2015年9月23日。
② 苏杨等主编：《中国文化遗产事业发展报告（2016—2017）》，社会科学文献出版社，2017，第97页。

游资源亮点，成为旅游的重要资源，成为旅游中人文景观系列的重要组成部分。

博物馆在发展过程中，博物馆的建筑逐渐成为引领城市发展的名片，因而也带动了博物馆的建筑创作。如苏州博物馆的建设[①]，贝聿铭先生为苏州博物馆新馆所做的设计是博物馆对城市文化建设传承与发扬的最好典范，建筑细节上更是体现了所具有的丰富人文内涵。粉墙黛瓦这一苏州建筑标志符号的运用是对传统建筑元素的全新演绎，江南水乡建筑模数的采取是对传统建筑比例尺度在现代建筑设计中的完美运用，"不高不大不突出"的建筑体量与苏州城整体风貌的结合更是建筑与城市文化融合的体现。贝先生曾说："我企图探索一条新的道路：在一个现代化的建筑物上，体现出中国民族建筑艺术的精华。"苏州博物馆新馆正是中华民族建筑艺术在新时期的完美展现。[②]

三、博物馆的文化客厅作用

文明因交流而多彩，因互鉴而丰富。任何一种文明，不论产生于哪个国家、哪个民族的社会土壤中，都是流动的、开放的，这是文明传承和发展的一条重要规律。文明交流共鉴，与人类历史发展相伴而行，与各个国家、民族的进步如影随形，为世界和平发展提供重要动力，是让世界变得更加美好的必由之路。只有加强各国间的文明互鉴，才能促进各国文化的共同发展。

世界各国的不同博物馆都承担着反映本民族历史、传承文明薪火、增强民族自信、推动不同文明相互理解等使命。实现跨时空与跨地域文化的友好交流和良性碰撞需要一个中介，作为记录人类文明足迹的博物馆责无旁贷地担当了这样的历史使命。博物馆中的"物"即藏品为核心，博物馆为不同文化的理解、交流提供物质基础，博物馆为不同文化的理解、交流提供时间定位，博物馆为不同文化的理解、交流提供空间场所。

---

① 徐苏君：《我所经历的苏州博物馆新馆建设》，https://www.ncha.gov.cn/art/2018/11/7/art_2091_152560.html，访问日期：2018年11月7日。
② 张春鹏：《博物馆对城市文化建设之重要性分析》，《美与时代（上半月）》2009年第8期，第61页。

不同类型的博物馆具有不同的评价功能，它们在珍藏民族集体记忆和国家文化基因方面各具职能，文物藏品的评价标准也各不相同，不应该也不可能用同一套标准来评判，必须在面向国际视野的同时，坚持地域文明，摒弃贪大贪洋求全求最的建设心态。在承认差异的前提下，各类不同博物馆应该加强交流合作，实现优势互补。作为文化枢纽机构，博物馆有义务加强发起文化间对话，搭建和平世界桥梁和规划可持续性未来的能力。未来也必然随着博物馆扮演文化枢纽的角色日益成熟，不断寻觅新的方式展示其历史以及文化遗产，借以创造对后代具有新意义的传统。这种转变将对博物馆的理论及实践产生深远的影响。

博物馆是城市文化驿站，要在最短时间了解一座城市、一个国家、一个民族，去博物馆是不二之选。世界上一些城市的一些奇妙之处、奇妙的东西，大多在各类博物馆中找得到踪迹和答案，因此博物馆也就成了那些慕名而来的游客必到之处。人们到巴黎会去卢浮宫，到伦敦一定会去大英博物馆。因为博物馆是一个城市或国家的历史缩影，不同的历史文化使得博物馆具有独特的国家和民族特征表达方式，人们从中可以最快最便捷地读到最为真实的一切。英国共有1848家博物馆，众多博物馆都名声在外，最吸引海外参观者的10个英国景点中就有7个是博物馆，一半的英国人都去过，而且不止一次。慕名而来的各国各地参观者每年给英国带来了多达3亿多英镑的收入，观光客去伦敦之外的博物馆或者画廊的人数也正在逐年增加。

习近平总书记提出："要加强对中华优秀文化的挖掘和阐发，使中华民族最基本的文化基因与当代文化相适应、与现代社会相协调，把跨越时空、超越国界、富有永恒魅力、具有当代价值的文化精神弘扬起来。要推动中华文明创造性转化、创新性发展，激活其生命力，让中华文明同各国人民创造的多彩文明一道，为人类提供正确精神指引。"

面向未来的博物馆要更好地发挥"文化枢纽"作用，从国家需求层面上，要进一步发挥中国博物馆在增强中华文化国际影响力、构建国家良好形象，促进世界文明交流互鉴、构建人类命运共同体等方面的作用。必须立足文化传统与现实形势，在文明交流、思想交锋、观念碰撞的21世纪，用中国文化、中国精神、中国价值牢牢站稳脚跟，讲好中国故事，提升文化软实力，引领时代潮流，为世界未来发展方向提供中国方案，贡献中国智慧。

对人类而言，要积极构建人类命运共同体，坚守全人类的共同价值。当今世界，人类面临许多共同挑战，没有任何国家能独善其身，弘扬普遍共识的人类共同价值至为关键。中国秉持多元平等包容的人类文明价值观，积极为世界谋大同，以文明交流超越文明隔阂、以文明互鉴超越文明冲突、以文明共存超越文明优越。这集中体现了人类命运共同体的精神内涵，是名副其实的中国方案。

中华人民共和国成立初期的中国博物馆和国外博物馆的交流展览，对打开外交局面起到了很大的推动作用。之后，中外博物馆的文化交流一直保持一定的活跃程度。近年来，我国与国外博物馆间的交流展览不断增加，博物馆外籍观众、政府间交流也不断增多，有力地促进了不同文化的相互沟通和友好合作，对提升我国的国际影响力，增进各国人民友谊，促进世界和平都有重要作用。

2012年以来，中国国家博物馆先后与美国、英国、法国、俄罗斯等14个国家的博物馆共举办30余个国际交流展，不仅引进了卢浮宫、大英博物馆、美国大都会博物馆等世界著名博物馆的优秀展览，更配合国家的"一带一路"倡议举办了"阿拉伯之路——沙特出土文物""丝绸之路与俄罗斯民族文物""殊方共享——丝绸之路国家博物馆文物精品展""大美亚细亚——亚洲文明"等展览。此外多种国际论坛、联盟如火如荼地举行，如全球博物馆馆长论坛、金砖国家博物馆联盟会议等，博物馆的文化客厅作用日益凸显。

国际交流展览不仅"引进来"，而且要"送出去"。2017年国家文物局和美国大都会博物馆合作举办的"秦汉文明展"在美国引起很大轰动；南京博物院主办的"王的瑰宝：中国汉代考古新发现"在美国旧金山亚洲艺术博物馆展出；华美协进社中国美术馆与徐州博物馆合作策划"楚王梦：玉衣与永生——徐州博物馆汉代珍藏展"，在华美协进社中国美术馆及美国纳尔逊艺术博物馆展出。2018年上半年，上海博物馆分别在美国芝加哥艺术馆、法国巴黎池努奇博物馆、俄罗斯克里姆林宫博物馆举办了3个展览。这些交流展不仅为中国的观众提供了领略世界文明的宝贵机遇，更重要的是把中华文化推向了世界，为中外的政治、经济、文化等方面的交流提供了平台。

第四节 小结

当今世界正经历百年未有之大变局，处在时空交汇风口浪尖上的博物馆如何发挥文化枢纽作用，是时代赋予博物馆人的责任和使命，博物馆文化功能是其价值的核心呈现。

第一，文物的价值通过博物馆的文化传播和公共文化服务实现和体现，进而使文物中蕴含的历史文化价值实现当代解读，实现博物馆文化功能的当代价值和对未来的导向，否则单纯为收藏而收藏、为研究而研究难以展现其社会文化价值和作用。

第二，文化的价值与功能强大与否，取决于其内涵的说服力、形式的吸引力、历史的影响力和未来的延续力。对于博物馆来说，参观群体的数量越多、范围越广，则博物馆的利用率越高、教育面越广。博物馆也不再是藏在深巷之中，而是应该主动宣传自己，主动做好服务，通过展览、讲解、丰富多彩的活动和与观众的互动，提高公众尤其是青少年的兴趣，在弘扬中华文化，增强民族文化自信中发挥博物馆更大的作用。

第三，博物馆已逐渐成为一个城市、一个国家的文化枢纽。收藏什么，展览什么，在很大程度上决定着一座博物馆的性格和品位。中华优秀传统文化是中华民族的文化根脉，其蕴含的思想观念、人文精神、道德规范，不仅是我们中国人思想和精神的内核，对解决人类问题也有重要价值。紧贴时代意味着我们对这个时代的认识和把握要有历史感，要把反映时代特点的典型物证有意识地选择留存下来；突出特色就意味着突出和强化博物馆评价体系的多样性多层次性，就意识着承认和认可人类历史发展的丰富性，这本身就是多元文化呈现的内在要求和必然结果。

总体而言，近年来我国博物馆得到了快速发展，博物馆的文化功能也有所增强，但在观众普及广度和范围上还有所偏失，尤其是西部地区，无论是博物馆的数量还是展览、教育、文化传承等工作，都没有充分发挥博物馆的优势，尤其是规模较小的博物馆甚至没有讲解服务和青少年教育功能，与观众的互动体验还需要加强，更谈不上科技手段的运用和文化交流、引领功能了。实际上，规模较小的博物馆可以和社区发展紧密结合，找到自己的定位，激活自身的资源。而规模较大的博物馆则应该利用独特的藏品和现代科技手段，充分发挥文化引领和文化传承的作用，满足人们多元化的文化需求，在服务人的全面发展、促进城市发展等方面发挥更积极作用，真正做到让文物活起来。

综上所述，新时期博物馆功能的拓展，需要博物馆积极发挥更多的文化功能，充分利用自身馆藏资源的教育和文化价值、旅游价值、休闲价值，将城市功能的拓展与博物馆的长远发展进行有机结合[①]，使博物馆成为城市发展的亮点并引领城市的发展，进而在推动城市与人的发展，跨越时空连接历史、当代和未来，提升我国的软实力，跨越地域促进国际跨文化交流与合作，共同构筑人类命运共同体等方面作出更大的贡献。

---

① 侯越：《新时期博物馆的城市功能拓展》，《美与时代（城市版）》2016年第8期，第91页。

第七章
中国博物馆的经济功能

博物馆的经济功能可以从广义和狭义两个范畴进行界定：狭义的博物馆经济功能是指博物馆满足自身运营的经济活动；而广义的博物馆经济功能是指博物馆对经济增长的间接作用，是博物馆经济活动与社会活动的溢出效应，即博物馆对相关产业和社会经济发展的带动作用，是一种新的经济形态和经济发展模式。[①]

中国博物馆对自身的经济功能认识经历了一系列发展变化。20世纪50年代，中国博物馆事业是建立在公有制为基础的计划经济体制上，博物馆行为和博物馆活动高度行政化，博物馆运作一直靠国家财政拨款，由国家包办。[②]20世纪80年代中期，随着改革开放的不断深化，博物馆事业快速发展，经历了短暂的经商热之后，中国博物馆人仍坚定地选择了"社会效益优先"的办馆道路。20世纪90年代后，社会主义市场经济逐步完善，许多博物馆打破"文不经商，士不理财"的陈旧观念，利用自身特点和行业优势，开展经营创收活动，博物馆快步进入"市场"。但是，博物馆的经济活动和收入受地域、地区经济、博物馆类型等诸多因素影响，仍普遍感到资金不足。2008年，博物馆实施门票优惠政策，凸显公益特性。随着事业单位改革的逐步推进，改革的思路逐步清晰和明确。《中共中央 国务院关于分类推进事业单位改革的指导意见》（中发〔2011〕5号）将事业单位进行了分类处理，但是，对于公益性事业单位内部的产业经营问题，没有明确的提法。2014年3月，国务院出台《关于推进文化创意和设计服务与相关产业融合发展的若干意见》（国发〔2014〕10号），促进文化创意、设计服务与相关产业融合发展。2015年《博物馆条例》明确了博物馆是经登记管理机关依法登记的非营利组织，同时明确博物馆可以

[①] 北京奥林匹克公园博物馆经济发展对策研究课题组、李佐军等：《我国博物馆经济的理论及其实施路径——以北京奥林匹克公园为例》，《中国市场》2012年第16期，第27页。这里的经济形态不是指政治经济学意义上的经济形态，而是指以某一种要素为突出特征的新的经济发展方式，如数字经济、共享经济、创意经济等，概念界定相对宽泛。

[②] 苏东海：《中国博物馆管理学引论》，《中国博物馆》1994年第3期，第11页。

从事商业经营活动。近年来，随着博物馆不断渗入到广大人民的日常生活，博物馆的社会、文化功能也不断得到增强和拓展，与之相对应，博物馆的经济功能也由单一的自身运营拓展至博物馆文化产业、旅游业甚至建筑业、健康产业等周边产业的发展。

第一节 博物馆的经济活动

研究、典藏、展示、教育被认为是现代博物馆的四大基础功能，博物馆的经济功能未纳入博物馆的基础功能。然而，博物馆作为一个社会机构首先也是一个经济组织，博物馆的运营离不开设备维护、后勤服务、安全保卫等运维保障的支持，更离不开藏品收藏与展览展示，所有这些活动都需要经费的支撑，从这一点上说，博物馆的生存发展离不开博物馆的经济功能。博物馆经济功能在博物馆建设与管理中发挥着重要作用，主要依托博物馆的经济活动得以实现。

随着世界各国对文化和历史的重视程度越来越高，各国的博物馆事业取得长足发展。作为非营利的社会公益性组织，博物馆发展的事业资金从何而来？在西方，大多博物馆采用基金会的形式，专设筹资部门，或称发展部、开发部。建立包括个人、企业、基金会、各级政府在内的多层次筹资网络，针对不同对象采取不同的筹资策略：积极拓展个人、公司协会和社会各种公益性基金会的捐助；努力获得社会或者个人的捐助；获取适当的门票收入；通过博物馆商店、举办特展和其他经营活动获得收益；此外还有通过资金运作获取的投资收益。

在中国，除少部分非国有博物馆外，绝大多数博物馆是公益性事业单位，是不以营利为目的的机构，博物馆为了开展业务活动，满足社会需求，需要大量的资金支持。《中国文化和旅游统计年鉴2019》统计数据显示，全国博物馆2018年收入合计30 431 798千元，财政补助收入24 505 482千元，上级补助收入860 876千元，经营收入1 702 318千元，文化创意产品销售收入3 935 390千元。财政和上级补助收入合计

25 366 358千元①，文化创意产品和经营收入合计5 637 708千元②。财政和上级补助占总收入的83.35%，文化创意产品销售收入占总收入的12.9%，经营收入占博物馆总收入的5.59%。可以看出，中国博物馆的资金来源主要有两个渠道：一是财政补助；二是博物馆文创开发与经营收入。与西方国家不同的是，财政和上级补助是中国博物馆的主要资金来源，文化创意产品的生产销售及博物馆经营收入是博物馆收入的重要补充。此外，门票、捐赠、拍卖等博物馆自身经济活动也为博物馆创收作出积极贡献。

一、财政拨款是博物馆主要收入来源

1974年6月，国际博物馆协会第一次明确提出博物馆非营利的概念，也正是这一时期，"非营利"③的研究和使用在学界和社会上流行起来。美国学者埃斯特尔·詹姆斯认为非营利组织是"不得向组织成员分配货币收益的机构"。亨利·汉斯曼进一步指出，非营利组织是"根据所在地法律，禁止向实际控制该组织的个人（如管理人员、董事或会员）分配剩余收益"。西方从事非营利机构研究的学者普遍认为，非营利机构是介于政府和私营经济实体之间的一种社会经济、社会活动机构。虽然具体定义不同，非营利组织的界定主要是从收入来源和收益分配两个角度进行的界定，收入和收益的主要用途是用于非营利组织的发展，而不是组织成员的分配，本质上是公益组织。博物馆是非营利组织的规定的社会和历史背景是西方社会从法律上明确博物馆社会身份和社会地位，明确申明博物馆的法律身份和经济属性，从而有利于一些西方国家博物馆享受本国法律对非营利机构的优惠政策④。

---

① 数据根据《中国文化和旅游统计年鉴2019》中"财政补助收入"和"上级补助收入"加和所得。
② 数据根据《中国文化和旅游统计年鉴2019》中"文化创意产品收入"和"经营收入"加和所得。
③ 非营利，英文是nonprofit，也写作non-profit、not-for-profit或non-profit making；非营利机构NPO，Non-Profit Organization；另一个比较相近也是同一时期应用较多的概念是非政府组织NGO，Non-Governmental Organizations。联合国社会统计署认为："非营利机构的大部分收入不是以在市场上出售商品或服务获得的，而是通过其成员或支持者的会费或捐赠获得的。"
④ 宋向光：《博物馆"非营利"机构性质谈》，《中国博物馆》2000年第4期，第52页。

总体而言，我国博物馆以国有博物馆为主，大多数博物馆的财政管理模式采取公益一类事业单位收支两条线，财政拨款依然是博物馆收入的主要来源，经济支出主要用于维持博物馆的藏品收藏与展览、日常运营、物资消耗和人员经费等。改革开放以来，博物馆事业经费的不断增加，中央和各级财政对博物馆事业投入的持续增加，为推进博物馆快速发展提供了强有力的支撑。

据统计，我国博物馆财政补助经费由2012年的120.4亿元增长到2017年的256.9亿元，增长了113.4%，2018年有所下降，为245亿元；从2012年到2018年的7年间投入超过1284亿元，国家财政向博物馆免费开放投入的经费由2012年的86.8亿元增加到2017年的206.0亿元，6年间共计投入超过790.2亿元。仅2017年，国家财政给免费开放的博物馆拨款206亿元，相当于国家一年给每个参观人次补贴了21.24元的文化消费红包；按照2016年末中国大陆总人口13.8亿人计算，相当于给每人14.93元的博物馆免费参观票。博物馆总收入由2012年的149.2亿元增加至2017年的325.6亿元，6年间增加了176.4亿元。与财政补助收入类似，博物馆总收入在2018年也有所下降，为304.3亿元。从总支出来看，2012年为142.5亿元，2017年为330.7亿元，2018年接近308.5亿元。总支出在前6年不断攀升的基础上到2018年有所下降，比2017年减少22.2亿元。[①]

经计算，2012年至2018年财政补助占博物馆总收入的比重分别为80.68%、80.00%、81.84%、79.65%、81.00%、78.90%、80.53%，均稳定在80%左右，可见，财政补助一直是博物馆总收入的主要来源。此外，可以看出，在2012年至2018年的7年间，虽然博物馆的财政补助收入、总收入和总支出都呈现出逐步增长趋势，但是增幅并不一致，到2017年，这三个数值均到达最高值。到2018年，随着财政补助收入的下降，总收入和总支出也随之有所下降。（表7-1）博物馆总支出与财政补助收入、总收入表现出显著的正相关性。政府财政补助资金也在不断提升中趋于稳定。

---

① 数据依据《中国文化和旅游统计年鉴2019》、历年《中国文化文物统计年鉴》及历年全国博物馆统计年鉴计算所得。

表 7-1　2012年至2018年我国博物馆收支情况[①]

单位：千元

年度	财政补助收入	免费开放财政拨款	总收入	总支出	财政补助占总收入比重[②]
2012	1 203 7889	8 676 489	14 920 242	14 248 022	80.68%
2013	14 027 807	10 924 476	17 557 386	17 068 968	80.00%
2014	15 846 683	11 486 829	19 555 119	18 741 974	81.84%
2015	17 284 589	13 086 110	21 699 873	21 676 368	79.65%
2016	19 020 416	14 250 068	23 485 213	22 869 509	81.00%
2017	25 686 493	20 600 944	32 555 584	33 068 127	78.90%
2018	24 505 482	18 856 185	30 431 798	30 845 857	80.53%

二、博物馆其他收入

随着博物馆迅猛发展，各级政府对博物馆的投入虽然逐年增加，但仍然难以满足博物馆数量和质量发展上的实际需要，部分运营经费需要博物馆想方设法自筹。博物馆自身组织收入主要包括门票收入，企业、团体捐助，个人捐助及拍卖等。

（一）门票收入

门票收入属于博物馆业务收入，它是大多数博物馆的主要收入来源之一。在计划经济体制下，门票是属于象征性的收费，票价很低，基本和当时的电影票价一致。随着文博事业改革深入，多数博物馆的展陈投入得到政府的全额拨款，同时，政府规定免费参观。近年来，随着博物馆被纳入到旅游资源开发中来，门票才开始作为博物馆收入的一部分。门票成为博物馆收入来源之一，各个博物馆加强了门票

---

① 数据来源：历年《中国文化文物统计年鉴》及《中国文化和旅游统计年鉴2019》。
② "财政补助占总收入比重"根据历年《中国文化文物统计年鉴》及《中国文化和旅游统计年鉴2019》计算得出。

管理，并且按照各自所在的当地情况进行调整，基本走势由低向高。由以前的0.1元、0.2元涨到现在的10元、20元、30元、50元、80元，有些热点的旅游景点博物馆门票高达上百元。以目前我国的博物馆事业发展状况来看，门票收入起着减轻财政负担的作用，政府明确规定博物馆的门票收入全部上缴财政，而博物馆开支另行由财政划拨，即文博界所称的收支两条线。从趋势上看，这两条线还要实行下去，短期内不会完全取消。

从2015年起，国家统计局对博物馆门票销售额进行统计，通过2015年至2020年的《中国统计年鉴》可以查阅到2014年至2019年的全国博物馆门票销售状况，如表7-2所示。

表 7-2　全国博物馆门票销售总额[①]

	年度					
	2014	2015	2016	2017	2018	2019
门票销售总额（万元）	331 007.0	329 461.3	390 030.8	990 512.4	614 922.4	527 571.4
参观人次（万人次）	71 774	78 112	85 061	97 172	104 404	114 669

从表7-2可以看出，2014年至2019年博物馆参观人数分别从2014年的71 774万人次增长到2019年的114 669万人次，呈现逐年递增态势。然而门票收入总额并未完全与博物馆参观人数同步递增。2014年门票总额为331 007.0万元。2015年门票销售额有所下降，为329 461.3万元。2016年、2017年随着博物馆参观人数有较大幅度增长，门票收入持续增长，参观人数和门票收入分别为：2016年85 061万人次、390 030.8万元，2017年97 172万人次、990 512.4万元。此后2018年门票收入有较大幅度缩减，为614 922.4万元，2019年持续下降至527 571.4万元，这两年间，博物馆参观人数仍稳步增长，分别为104 404万人次和114 669万人次。可见，博物馆门票收入未必与博物馆参观人数呈现完全的正相关性，但是，从趋势上看，从2015年的

[①] 数据来源：国家统计局编《中国统计年鉴2015》《中国统计年鉴2016》《中国统计年鉴2017》《中国统计年鉴2018》《中国统计年鉴2019》《中国统计年鉴2020》。分别由中国统计出版社于2015年、2016年、2017年、2018年、2019年、2020年出版。

329 461.3万元门票收入，到2017年的990 512.4万元，门票销售总额持续增长，增长额为661 050.7万元，两年间的增幅达201%，此后，2018年、2019年与博物馆财政补助额类似，呈现递减并趋于稳定的趋势。

（二）企业、团体捐助

博物馆资金来源除了财政拨款外，社会捐助也是不可忽视的一条重要渠道。改革开放以来，随着国家政策的不断出台，我国很多企业快速发展，拥有可自由支配的资金不断增长，具备一定的捐助能力，能够从事一些公益性社会捐助活动。20世纪80年代，企业开始意识到作为专门从事经营活动的实体，通过对公益事业的赞助，可以赢得社会公众的赞誉及支持，塑造良好的社会形象。资助公益性文化事业，既是对社会的一种贡献，也是支持公益文化事业发展的使命感和责任心的体现。[①]

近十几年来，企业对公益事业的赞助日趋增多，出现了企业积极参与、资助文化事业的新现象。这种新现象为博物馆谋求企业赞助提供了可能性和现实性。另外，一些企业家在经济实力壮大的基础上，也会向博物馆慷慨解囊，以此扩大自己的影响。捐助形式大概分为三类：一是大型企业或者港澳台企业为国有大型博物馆捐助，二是高校校友会为母校博物馆的捐助，三是行业内知名企业为本行业博物馆的捐助。捐助形式既有资金也有设备等固定资产。如：2019年3月2日，黄廷方慈善基金向故宫博物院捐款1亿元人民币，用于延禧宫区域建筑研究性保护和修缮，并筹备外国文物馆，协助故宫博物院文物保护事业。2019年6月20日，重光实业有限公司光学显微镜捐赠仪式在清华大学举行，重光实业有限公司向清华大学科学博物馆捐赠10台光学显微镜。2020年，面对新冠肺炎疫情，大众汽车向北京汽车博物馆捐赠抗疫见证物。2020年12月2日，中国一重集团公司向中国国家博物馆捐赠建厂时期的老机床。

但是，由于缺乏有力的政策支持，文博机构自身吸引社会资金的方法还不多，并且没有形成一种规范性操作程序，使筹款活动没有普遍地在文博界推广开来。总体上来讲国内博物馆所得到的捐助大多数是偶然性的和一次性的，缺乏长期捐助，

---

① 卢晓莹：《中国国有博物馆资金来源的研究》，硕士学位论文，吉林大学，2007，第18—21页。

规模小的博物馆和非国有博物馆获得的捐助非常有限。

(三) 个人捐助及拍卖

从目前情况看,个人捐助一般为社会富裕阶层对博物馆的资金支持或者实物捐赠,尤其是我们的港澳台同胞及海外侨胞们,他们有着深厚的爱国情怀,也深知保护国家文物的重要性,愿意出资捐助。得到个人捐助的博物馆往往是知名度比较高的博物馆,如:1990年香港爱国企业家田家炳先生得知北京自然博物馆的标本因库房条件太差,正面临霉变危机后,特意来馆考察,并捐款200万元人民币;1993年,台湾同胞杨清钦为修缮北京孔庙捐款20万元人民币给首都博物馆;1996年7月25日,全国政协常委、香港特别行政区筹委会委员、港事顾问、南京博物院名誉院长徐展堂先生为筹建新馆陶瓷厅,捐款80万美元。2019年6月25日,旅美华人招思虹向中国国家博物馆捐赠百余件/套文物。此外,许多国外人士也乐于提供资助。

此外,还有以拍卖形式,将拍卖所得款捐助博物馆的资助方式。如:2004年3月8日,由北京自然博物馆、北京大学光华管理学院主办的"知识改变女人命运"论坛及捐助北京自然博物馆的慈善拍卖活动,在北京大学举行。作为论坛重要的内容之一是为支持北京自然博物馆建设的拍卖活动,其中包括北京自然博物馆捐赠的10 000年前的三叶虫化石砚台等。大会将所有拍卖所得的近7万元,全部捐赠给北京自然博物馆用于馆内建设[①]。

第二节 博物馆文创发展空间广阔

根据《中国文化和旅游统计年鉴2019》统计,全国博物馆2018年总收入合计30 431 798千元,文化创意产品销售收入3 935 390千元,经营收入1 702 318千元,文化创意产品和经营收入合计5 637 708千元。文化创意产品和经营收入占总收入的18.53%。[②]可见,除了财政拨款外,博物馆通过文创开发和经营获得的收入成为博

---

① 卢晓莹:《中国国有博物馆资金来源的研究》,硕士学位论文,吉林大学,2007,第16页。
② 数据来源:《中国文化和旅游统计年鉴2019》。

物馆经费的重要补充。按照国家统计局文化产业分类，将博物馆列入文化产业的核心层，其产业地位不断提升，经济作用不断凸显。优化博物馆结构，丰富博物馆藏品，将文化资源转化为文创衍生品，发展博物馆文化创意产业，不仅是弘扬中华传统文化的重要途径，也是提升博物馆公共文化服务和社会教育功能的助推器。

一、博物馆文化产业内涵丰富

博物馆文化产业是以博物馆为载体，以博物馆藏品为核心发展文化产业的统称。中国农业博物馆的王际欧先生将博物馆文化产业定义为"以博物馆为主要资源的、从事博物馆文化产品的生产经营和服务的一种文化产业。它包括以收藏、展示、传播、研究等一系列与博物馆业务紧密相关的，或作为其外延的，或支持和补充性的活动"[①]。2018年4月，国家统计局发布了最新的《文化及相关产业分类》提出：本分类规定的文化及相关产业是指为社会公众提供文化产品和文化相关产品的生产活动的集合。并将生产活动范围分为两个层次，一是以文化为核心内容，为直接满足人们的精神需要而进行的创作、制造、传播、展示等文化产品（包括货物和服务）的生产活动。二是为实现文化产品的生产活动所需的文化辅助生产和中介服务、文化装备生产和文化消费终端生产（包括制造和销售）等活动。按照《文化及相关产业分类》，可将文化产业概括为文化核心领域和文化相关（辅助）领域。博物馆属于文化核心领域下"内容保存服务"，大类代码为02，中类代码025，国民经济行业分类及代码为"专业性团体（9521）"。文化及相关产业类别名称及小类代码为"文化团体（0772）"。这与2004年4月国家统计局发布的《文化及相关产业分类》中，将博物馆列入文化产业的核心层，归类为文化艺术服务项目内，释放着同样的信息：博物馆作为公共文化服务的重要组织，一直是我国文化产业的核心组成部分。

博物馆文化产业先天固有的经济性、产业性、文化性、公益性等特点，使得博物馆文化产业的内涵极为丰富。

---

① 王际欧：《浅析博物馆文化产业的特征、结构与开发策略》，《中国博物馆》，2006年第3期，第84—90页。

首先，博物馆文化产品具有特殊性。博物馆文化产品是基于馆藏"文物"开发衍生而来的，而"文物"可以理解为两重内涵。第一，文物的"物质性"，也就是文物本身，承载的是历史文化的实物，是不能够进行产业化运作的。第二，文化的"精神性"，也就是文物所传递的年代、工艺、考古记录等历史信息和文化底蕴。这可以与文物"身体"分开，而通过其他载体来传递。并且，通过其他载体的传递更容易实现文物信息的批量复制和传播，通过产业化运营和市场化运作，把"博物馆带回家"可以更好地彰显博物馆的文化价值。这也反过来凸显了博物馆文化产业与物质生产产业的本质区别，满足人民的精神需求。

其次，博物馆文化产业先天有着很高的产业关联性。表现为：其一，博物馆文化产业自身的产业链长，包括从藏品的收集、展览的设计开发到文物资源的筛选，再到文化衍生品的设计、生产、营销等多个环节。其二，基于博物馆不同的功能和特点，在各地区间、同一地区不同的博物馆之间也存在着较高的关联性。相互之间既无法替代又密切联系，共同构成了博物馆行业的基本架构。其三，博物馆与其相关产业有着很高的关联性。因此，可以推断博物馆文化产业是由很多个相关的产业门类，跨行业甚至跨地区共同构成的，博物馆文化产业发展必将呈现跨地区跨行业合作的趋势，走向开放融合的时代和高质量发展的时代。

二、博物馆文创蓬勃发展

2016年11月16日，国家文物局发布《关于公布全国博物馆文化创意产品开发试点单位名单的通知》，92家单位成为全国博物馆文化创意产品开发试点单位。在此之前，故宫博物院、中国国家博物馆等一些国有大型博物馆已经进行了一系列有关文创产品创意生产的探索。在国家大力支持促进文保单位进行文创开发、推动"文物活起来"的背景下，全国很多博物馆都进行了文创产业的积极尝试。

运作方面，从国内大多数博物馆文化产业发展模式看，呈现两个共性特点。第一，坚持事企分开的管理原则。博物馆一般都会成立相关的经营管理部门，对博物馆产业化运作进行管理，拥有独立经营权，独立核算，利润部分上缴，用于博物馆公共文化服务的发展，部分用于投入新的文创研发资金。第二，实行公司化运作成为近年来博物馆文化产业运作的一个趋势。条件成熟的项目可以注册成立公司，拥有相应的法人。部门人员采用在编和派遣聘用相结合的机制，在符合国家相关政策的前提下，根据实际需求，条件成熟的大型博物馆还会不定期地聘用一些专业设计、文创研发人员、设计师等。

从文化产业业态方面看，当前，我国的博物馆在文创新业态方面已经有一定的探索，在开发文创产品、展览制作、餐饮服务、文博讲堂等方面取得了一定的成绩。此外，还有以《国家宝藏》为代表的一批展示博物馆丰富藏品的电视栏目，取得较高收视影响的同时，也是博物馆文化产业与传媒业融合发展，共同孕育孵化IP的有益探索。

从发展趋势看，数字化技术应用及数字化文创产品逐步成为时代的要求，也是博物馆文化产业发展的重要途径。2018年5月18日，国家文物局与百度公司共同启动"用科技传承文明：AI博物馆计划"，上线全国"数字博物馆地图"第一期，内容涵盖1400多家博物馆精确兴趣点信息，并实现了人工智能技术在秦始皇帝陵博物院、上海历史博物馆、苏州博物馆等博物馆的初步应用。

以文化和旅游部所属的中国国家博物馆、故宫博物院和恭王府为例，以官方网站、政府网站和公开媒体数据可以查到的资料为依据，目前，中国国家博物馆已开发了3000余款文创精品，具有完全自主知识产权的文创产品设计方案1800余款，涵盖了创意家居、办公用品、文具、服装配饰、邮品、玩具、电子产品、商务礼品等12个大类，价格上从几元到几万元不等，可满足不同消费层次人群的需求。此外，还成立了国博文化事业中心、饮食文化中心、雅集文物有限责任公司等多家馆属企业，承担展览策划、图文设计、经营演出活动、餐饮服务、文物鉴赏、艺术交流等文创活动。仅2019年，自主研发"国博衍艺"文创产品230余款，文创类食品共计6种[①]。馆藏IP授权业务涉及食品、服饰、洗护、文具、家居品类等14个品牌。2016年，故宫文创产品销售额达到10亿元。2017年，故宫文创产品突破10 000种，产品收益达15亿元。2018年，相继推出6款国宝色口红，以及"故宫美人"面膜，引发市场哄抢。2019年，从"故宫

---

① 数据资料来源：《中国国家博物馆社会服务报告2019》。

里过大年"到"故宫下雪",故宫博物院流量爆棚。①恭王府主要开发设计的文化产品种类已达2000余种,文创产品分为"福系列""阿狸系列""红楼梦系列""建筑系列""其他系列"等5大系列,目前每年销售额都达几千万元。

同其他新兴产业一样,当前博物馆文创也存在一些共性问题:受旧有观念和计划经济体制思想束缚,创新创意能力还不够,创意人才缺失;博物馆文创产业链条延伸不够,产业结构亟待升级;文创产品及服务的文化内涵不够,附加值不高;知识产权开发及保护意识低,新技术应用能力不强;博物馆文创置于文旅融合大背景下的视野还远未打开,博物馆文创广阔的市场机遇与更为严峻的挑战并存。

三、IP开发与运营是博物馆文创的新风口

近年来IP开发的热度已经从动漫、游戏、影视等行业,蔓延至文博创意产业。博物馆不仅是公共文化服务机构和景区,其浓厚的历史底蕴、丰富的文化价值,使得博物馆还是一个文化资源的大IP。博物馆IP的价值主要体现在为其他的行业和产品提供创意与内容来源,文创产品开发只是博物馆IP运营的一部分。通过赋能的方式,跨界融合进行全产业链的"二次开发"才是博物馆挖掘IP价值的核心方法论。

综观国内外博物馆IP开发,主要是通过博物馆文化授权来实现的。博物馆将拥有的商标、品牌、藏品形象及内容授予被授权者,进而进行文创衍生品的开发、售卖。博物馆按照协约,获得相应的权利金。例如,2018年5月由"抖音"联合中国国家博物馆等7家博物馆推出的第一届"文物戏精大会",各家博物馆一改往日严肃高冷的形象,通过创意形式,拍摄视频,吸引了众多年轻人关注和参与,博物馆也迅速成为众多品牌寻求商业合作开发的热门IP。还有近两年火遍朋友圈的IP"故宫",堪称第一"网红",通过各种周边创意产品,借助移动互联网与娱乐营销,迅速吸引了新一代的年轻粉丝,并与众多品牌如腾讯、饿了么等合作开发。

需要注意的是,在实际操作中,博物馆IP开发与运营是处在一个多元、动态并受多重因素影响的环境当中。这些因素包括:公众的文化消费偏好,对博物馆资源的

---

① 郑艺佳:《景区文创产品如何能卖出10个亿?》,《新京报》2018年1月24日第D01、02版。

认同感，博物馆自身的知名度，授权标的物本身的知名度，市场推广与营销等。因此，博物馆IP开发与运营要想实现可持续性，还需要适应公众文化消费环境的变化，提升博物馆自身的品牌和影响力。

对于博物馆，特别是大型国有博物馆来说，博物馆IP开发与运营仍有深耕空间。第一，要树立品牌意识，重视文化价值。要以人民为中心，更好满足人民的精神文化需求，切忌追求短期的经济收入而随意将自己的商标与藏品形象授权给对方。第二，要注重方式创新，利用现代科技手段及创意思维，以更"接地气"的形式传播中华文化。例如，中央电视台的文化节目《国家宝藏》，就是利用博物馆大的IP资源，每期筛选几件藏品，由国宝守护人演绎并呈现藏品背后的故事，以大众喜闻乐见的形式追索历史记忆，以此进行IP开发，就更能得到大众共鸣。第三，博物馆应根据自身规模、类型找准定位，选择合适的IP开发与运营方式。不仅要重视IP开发授权的准备、合作方的选择、授权后的监管，还需要思考IP授权后可能会受到哪些干扰因素，做好危机预警与防范。第四，要明确博物馆IP开发不是博物馆哪个部门单打独斗，需要多个部门相互合作来实现，要有开阔的视野，将博物馆IP运营置于整个博物馆运营发展中，需要文创部门、公共教育、学术研究部门等共同发力，协作来完成。

截至2019年，中国拥有76.7万处不可移动文物、1.08亿件/套国有可移动文物以及5354家博物馆，巨大的市场体量，提供了丰厚土壤，博物馆日益成为公共活动的重要场所。博物馆通过文创业务、IP开发及相关周边活动不仅促进博物馆创收，也是切实践行"让文物活起来""把文物带回家"的有益探索。

第三节 博物馆带动就业增长[①]

与我国快速发展的博物馆事业相对应，博物馆的数量和就业人数也呈同步增长态势。博物馆数量的增加和规模的扩大，既带来直接就业人数的增长，也间接促进外包服务人员、志愿者、毕业生、实习生就业，进而促进文化产业和旅游业等间接就业。

---

① 本节数据来源：历年《中国文化文物统计年鉴》及《中国文化和旅游统计年鉴2019》。案例数据来自内部统计。

一、博物馆促进直接就业

博物馆直接就业，即博物馆从业人员。2018年，全国博物馆从业人员人数107 506人，较2017年增长2.3%。按同一可比时间段2012年至2018年，全国文物从业人员人数从12.5万人增长到16.3万人，增加了3.8万人，共增长31%；而博物馆从业人员人数从7.2万人增加到10.8万人，增加了3.6万人，共增长了50%。（表7-3）全国文物从业人员人数的增长主要来自于博物馆从业人员数量的增长（占比89.1%），不仅与一些文物保护单位更名为博物馆有相关性，更重要的是客观反映出各地博物馆数量和规模的增长带动了从业人员数量的增加。

表 7-3 2012年至2018年全国博物馆从业人员和文物业从业人员人数[①]

单位：人

	年度						
	2012	2013	2014	2015	2016	2017	2018
博物馆从业人员人数	71 748	79 075	83 970	89 133	93 431	105 079	107 506
文物业从业人员人数	125 155	137 173	148 095	146 098	151 430	161 577	162 643

二、博物馆带动间接就业

博物馆带动外包服务人员就业。按照国家统计局对从业人员统计指标的说明，本单位因劳务外包而使用的人员没有计入本单位从业人员，而在一些博物馆尤其是规模较大的博物馆由于安保、保洁、餐饮、文创产品销售、讲解服务等工作的需要，存在很多劳务外包岗位的工作人员，这些人员没有计入博物馆从业人员的统计，是博物馆带动的间接就业人员。例如：早在2001年10月31日，中国电信博物馆在北京正式对外开放。从一开放就依托上级单位中国电信集团有限公司的资源优势将馆内后勤服务（安保、前台、会议、保洁）工作交给了与中国电信合作的物业公

---

① 张伟明：《中国博物馆人才现状与培养机制初探》，《博物馆管理》2020年第2期，第65页。

司进行统一管理，包括门票、讲解服务、大楼24小时安保等事宜均由物业公司进行专业化的服务和打理。博物馆外包业务为博物馆核心业务开展提供周到细致服务的同时，也间接带动了社会就业，创造就业岗位。

博物馆带动志愿者、毕业生、实习生就业。虽然按照国家统计局统计口径，尚未将志愿者、毕业生、实习生纳入从业人数统计，但是与上述第二种情况类似，博物馆为志愿者、毕业生、实习生提供平台，给予锻炼机会，志愿者、毕业生及实习生通过志愿服务、实习、兼职等途径切实参与到博物馆的各项业务中，提升就业技能储备，积累博物馆从业经验，间接带动就业。近年来，博物馆志愿者已经发展成为博物馆与社会互动的有效方式之一，国内规模较大的博物馆大多已经有了比较成熟和稳定的志愿者队伍。2015年，全国文物业登记注册志愿者达147 145人，其中全国博物馆共有登记注册志愿者134 124人，占比91.15%。到2018年，全国文物业登记注册志愿者达166 769人，其中全国博物馆登记注册志愿者154 663人，占比92.7%。可见，博物馆志愿者人数逐年增长，占文物业志愿者人数的90%以上，是文物业志愿者的主要力量。从数量上看，2018年博物馆从业人数107 506人，博物馆志愿者人数为154 663人，博物馆志愿者数量已经超过从业人员数量。

博物馆带动文化和旅游产业链相关人员就业。博物馆带动旅游业从而带动旅游业导游、交通、餐饮、住宿等的就业；再如博物馆馆舍的建设带动建筑业从业人员如建筑设计、施工以及配套服务人员等的就业；博物馆举办的各种临时展览、活动等带动布展施工人员、展品运输、展品保险等相关业务链条的人员就业；博物馆带动人的素质的提升和城市建设的发展，从而带动消费、房地产业的发展和相关人员的就业等。以中国国家博物馆为例，其共有安保、保洁、设备维护等劳务外包服务人员近1000人。

第四节　博物馆促进文旅融合

2018年3月国务院机构改革，原文化部和原国家旅游局合并为"文化和旅游部"，正式拉开了文化和旅游融合发展的大幕，实现了"诗和远方"的融合。2019

年《政府工作报告》提出"推动文化事业和文化产业改革发展""加强文物保护利用和非物质文化遗产传承""壮大旅游产业",将文化与旅游的单向途径切实扩展为文旅的双向交流融合与发展。

一、文旅融合背景下博物馆的新角色

博物馆是保存人类历史文明与记忆的重要场所,也是人们感知历史、认识现在、探索未来的重要文化殿堂。旅游是发展经济、增加就业和满足人民日益增长的美好生活需要的有效手段。随着博物馆事业上升为国家战略和公众对文化旅游的日益关注,推动文化与旅游融合发展,科学利用博物馆、纪念馆、美术馆、艺术馆、世界文化遗产、非物质文化遗产展示馆等文化场所开展文化、文物旅游,促进博物馆与旅游深度融合,顺应文化和旅游消费提质转型升级成为博物馆发展的新趋势。不论是为了适应国家的顶层设计,还是满足游客对博物馆游的急切期待,博物馆都应基于各自的文旅IP,做好角色转换,担负起新时代所赋予的新使命,成为以文促旅的先行者,以旅彰文的目的地。[①]

首先,博物馆最为重要的角色定位还应该是文化输出者。要提供极具针对性的深层次文化旅游体验服务,如一个具备多角度的特色导览讲解系统、一系列与文博相关的专业讲座、一场以文博元素贯穿始终的文化演出、一场更具包容和开拓精神的临时展览、可互动的文创体验销售体系等,充分发挥博物馆的收藏、保护、展览、展示、阐释等传统职能。

其次,还要顺应文旅融合,明确博物馆新的角色定位,将其从过去单一的公共文化服务提供者转变成为重要的文化旅游目的地。一方面,在硬件上除了原有的基础便民设施外,还应按照旅游景区的要求,配备停车服务、餐饮、以文创为主导的商业中心等,将博物馆打造为城市综合文化旅游的服务中心。另一方面,加强博物馆的研究功能,既是博物馆发展的源头活水,也是扮演好新角色的重要手段。深入

[①] 杜瑶:《以文促旅的先行者,以旅彰文的目的地——浅论新时代文旅融合背景下的博物馆新角色、新使命》,《文物鉴定与鉴赏》2019年第13期,第114—115页。

的研究成果能够决定博物馆陈列展览的深度和广度，使配套的陈展讲解也能做到对观众有话可说，有助于游客更深入了解藏品价值和历史文化价值。研究的深入还能充分挖掘出所富含的特色IP，为拓展开发其他文旅体验项目提供可能。

再次，借鉴国外做法，在保证文物安全的前提下，在博物馆馆区内举办与文物、文博相关的读书会、音乐会、发布会、体验项目等，都可以成为博物馆深入探索和开发的发展选项。

此外，还要避免走上泛旅游化、泛娱乐化的道路，加强公共文化服务提供者的角色定位，发挥好博物馆的教育职能。即使游客出于旅游目的参观博物馆，也有想接受博物馆历史文化感染的强烈愿望，达到获取知识的满足感。因此，文旅融合背景下，博物馆既有职能不仅不能被削弱，反而应更加强化，注重"文化敬畏"。

二、博物馆顺应文旅融合发展

博物馆是公共文化服务的重要单位，也是文化旅游的重要窗口。现如今，到各地博物馆打卡已然成为旅游新风尚。2019年，博物馆里过大年成为新年俗，中央电视台《新闻联播》2月10日报道："春节期间，全国各地的博物馆人气爆棚，欣赏精美文物、品味传统文化，走进博物馆里过大年，已经成为新年俗。"博物馆热的背后折射出的是中国老百姓文化生活品位逐渐提高和文化需求的不断增长，同时，也反映了博物馆文化与旅游融合发展的巨大市场空间，文旅融合为博物馆带来发展机遇，成为促进文化旅游发展的新动能。"为一座馆，赴一座城"也成为越来越多博物馆游爱好者的旅游必选项，博物馆促进文旅融合大有作为。

（一）文旅融合视域下博物馆运营中的问题

近年来，随着国家对文化旅游产业的加大重视，博物馆也在全国各地蓬勃发展，博物馆数量不断增多，功能不断扩大，地区分布及类型结构不断优化。但是，在快速发展的过程中，尤其是在文旅融合驱动下，也呈现出一些共性问题，亟待解决。

博物馆缺乏市场运营理念。传统的博物馆管理者在博物馆运营方面大多聚焦于公共文化服务，缺少面向市场经营的思考，尚未树立文旅融合大环境下，文化事业与文化产业、旅游业携手并肩发展的理念。博物馆虽然是公益性服务机构,但也可以遵照市场需求来开拓自身的观众流量,满足民众日益增长的精神文化及旅游需求。目前,大部分博物馆对于文旅融合新时代自身的定位和发展方向还不够明确,对于博物馆作为城市名片充分利用文旅融合契机扩大自身知名度和影响力的举措还较为欠缺。

文创产品没能跟上潮流。文创产品作为游客参观留念,既能宣传博物馆传承的文化,又能为博物馆创造收益。但是,大部分博物馆销售的文创产品缺少创意,缺乏文化内涵,也跟不上时代,造成博物馆文创相关收入并不乐观。特别是随着旅游经济的发展,消费主力逐渐年轻化,消费者的品位越来越高,对于文创产品的要求也越来越高,而博物馆大多仍按旧有思维方式运营,不能够精准地定位消费对象,开发的文创产品毫无创新,既无法有效实现文物活化,也难以顺应文旅融合,让消费者"把文物带回家"。

(二)文旅融合视域下博物馆发展思考

文化是旅游的灵魂,旅游是文化的载体。博物馆首先是当地文化传承的重要基地,同时又与当地的旅游景点形成互补关系。在文旅融合的新阶段,亟须转变观念,树立创新驱动的博物馆跨界融合及市场化发展理念,进而跨界衍生开发,延伸博物馆文旅产业链。对此,博物馆要开发具有自身特色的展览展示及文化产品,让更多的人通过博物馆了解当地的文化,也让更多的游客通过博物馆感受到其是旅游的必到之处,进而使博物馆成为"文旅融合"的核心地带,而不是文化和旅游的简单相加。

基于不同类别及各自的发展定位,应该分别谋划发展思路,挖掘文旅IP,在文物活化的进程中,实现博物馆的经济收益,拉动旅游产业发展。综合类博物馆可定位为偏学术传播的文化旅游交流中心。要做好文物藏品和历史文化研究,深度挖掘特色文旅,为文博相关的学术交流提供场所,营造氛围,使游客在学术游中体验到获得学习知识的满足。遗址类博物馆是以保护珍贵文化遗产为前提,具有唯一性。游客对文化遗产有极高的认知兴趣,可在增强游客体验互动上多下功夫,根据博物馆各自的文旅IP，有针对性地开设文化体验项目。如大唐芙蓉园举办汉服嘉年华；与游戏业合作，利用虚拟现实技术，在故宫博物院里"吃鸡"、古城里跑酷、指挥兵马俑与六国会战函谷关。专题类博物馆往往文旅IP独特，是为某一历史事件、历史人物、工艺技术与某一类文物藏品等专门开设的。其文旅发展可积极融入研学游，从设计游览线路时就围绕其独特的文旅IP加以包装，使之成为重要的旅游节点或目的地，让整个研学游览线路更富故事性、主题性、逻辑性。在研学过程中增加体验项目，使游客身临其境，印象深刻，达到文化传播的目的。如河南渑池八路军兵站纪念馆，便可编入八路军革命历程的研学游览路线，在游览过程中，让游客身着八路军服，重新体验八路军在渑池兵站调派军力的过程，增强研学体验。[1]

博物馆作为国家文化展示的重要途径，其重要性随着民众精神需求，文化素养与经济基础的提升而逐年递增。文旅融合于博物馆而言，更是机遇的显现。一方面，在"文旅融合"的促进下，博物馆所具备的文化底蕴可以充分发挥出对游客的吸引力，促进周边文化产业的良性发展，进而形成多元化的文化氛围，深层次提升城市面貌，使文化渗透于广大群众生活之中，在意识形态层面加深群众对文化的重视和认可，进而提升旅游的文化层次价值。另一方面，文旅融合带来的广大观众群体和经济支撑为博物馆延伸了更为宽广的产业链条和发展机遇，不仅较大程度提升了博物馆的经济收益，还能够更好地转化为对游客的文旅服务，不断满足人民日益增长的美好生活需要。

第五节　小结

近年来，中国博物馆无论是数量上，还是规模上，都取得了长足发展。与此同时，博物馆的功能、定位也随之发生变化，已经逐渐由传统的"保管模式"向"市场模式"迈进，工作内容由单纯对"物"的重视转向"博物馆—游客"之间的联系

---

[1] 杜瑶：《以文促旅的先行者，以旅彰文的目的地——浅论新时代文旅融合背景下的博物馆新角色、新使命》，《文物鉴定与鉴赏》2019年第13期，第115页。

上,在此过程中,博物馆的经济功能得以彰显。

博物馆自身经济活动是保障其有序运行的驱动力,中央和各级财政对博物馆事业投入是博物馆经费保障的主要来源。改革开放以来,博物馆事业经费不断增加并于近年趋向稳定。据统计,2012年至2018年,财政补助占博物馆总收入的比重均稳定在80%左右。此外,门票收入,企业、团体捐助,个人捐助及拍卖也逐步成为博物馆经费的有益补充。随着市场经济体制改革的不断深化、博物馆管理方式的改革和博物馆运营模式的多元化发展,博物馆资金来源也将呈现多元化发展。

在文旅融合的新时期,国家大力支持文化文物单位文化创意产品开发,大多博物馆进行了文创开发的有益探索。在衍生品开发、展览制作、餐饮服务、文博讲堂、IP授权、跨界合作等博物馆周边业务均取得一定成绩,这不仅是推动旅游经济和文化产业融合发展,切实践行"让文物活起来""把文物带回家"的战略举措,也间接带动了社会就业,扩大了博物馆的社会和文化影响力,实现了"社会效益"和"经济效益"的双效统一。

放眼未来,博物馆自身经济活动还面临观念、资金、人才等多方面的制约,机遇与挑战并存。博物馆要做好角色转变和功能定位,不仅是文化传承的重要基地,还需树牢"以文促旅,以旅彰文"的理念,深入挖掘自身文化资源,进行跨界衍生开发,实现跨产业的合作和融合发展。

第八章
中国博物馆发展背后的科技支撑

科技改变生活,同时随着科技的不断进步,博物馆的发展也凸显对高精尖技术的迫切需求,二者相互融合、相互促进。[①]博物馆不断地创造性地将最新的尖端科技融入到对藏品的研究与保护、展览的设计与呈现、观众的服务与教育等一系列的博物馆运营事务中。这些引领和超越时代的技术往往可以用"黑科技"这一名词予以表述。"黑科技"一词最初源于日本,指超越人类认知范围或现有科技水平的科学技术创新及其产品。在我们汉语中"黑科技"所指的范围更广:一方面,它泛指目前难以实现但可能会在未来实现的概念科技;另一方面,也指已经实现但超越绝大多数人认知范畴的高精尖技术及产品。

早在20世纪90年代,作为当时"黑科技"的数字技术就开始涉足文化领域的大范围应用。1990年,美国国会图书馆成功开启了美国数字图书馆时代;1992年,联合国教科文组织发起了"世界记忆"工程,将数字技术带入到了全球文化遗址的保护工作当中;1995年,欧美区域的多家博物馆,包括美国大都会博物馆、法国卢浮宫都着手开展数字化存储项目,进一步将数字技术在博物馆的应用扩大化。数字技术在世界文化领域的应用日益成熟,也为我国博物馆数字化提供了良好的外部环境。

在博物馆的数字化应用方面,我国始终紧趋世界步伐。我国的博物馆数字化浪潮可以追溯至1998年8月,河南博物院成立了首家互联网网站,后期随着我国互联网技术的快速发展,国内博物馆都先后建立了自己的互联网网站,标志着我国博物馆"触网"拉开了序幕。如今,公众已经可以通过"网上博物馆"的形式,对博物馆的藏品、展览内容通过网络进行浏览,博物馆的展览内容也已经在"实体空间"的基础上发展出"虚拟空间"。

[①] 孙瑞霞:《新词"黑科技"的语义发展及传播模式研究》,《文化学刊》2020年第8期,第165—169页。

第一节　新技术助推博物馆发展

近年来，不少博物馆开始探索与新技术的结合，来助力博物馆核心业务工作开展。藏品作为博物馆的核心工作内容，传统工作方式通常是借助纸质档案进行管理，该项工作在耗费大量人力物力的同时，所取得的工作效果也不尽如人意。数字化技术作为"黑科技"之一，在藏品工作中一经应用，便极大地改善了藏品管理工作效率。1999年，北京市文物局独立开发的藏品管理系统供全市共同使用，文物行政部门首次开展的地区性博物馆数字化工作进一步推动了博物馆数字化的开展。2001年，国家文物局将数字化试点工作进一步推广到全国范围内，开始了我国的"文物调查及数据库管理系统建设"项目，对我国博物馆数字化的工作起到了统一推进作用。近年来随着对物联网技术、云计算技术、移动互联技术、大数据技术、人工智能技术等新技术不断的掌握，博物馆已逐步将这些"黑科技"应用到建设过程中，改善博物馆展览、研究、教育与管理的功能，将博物馆的智慧化程度提升到一个新阶段。

一、新技术助力中国博物馆发展带来机遇与挑战

各种新技术可以有效推动博物馆实现数字化和智慧化。其中，虚拟技术的应用范围比较广泛，能够有效展示出博物馆的各项信息和内容，使其能够变得更加真实。新技术应用于博物馆是时代所需，合理利用好这些先进的科技技术，对我们今后博物馆事业的发展会有更大的帮助。以展陈为例：一方面，博物馆运用先进的技术和设备将原有的文物进行充分还原，虚拟技术所带来的优势得以彰显。通过虚拟技术和数字技术可以实现对文物的建模，保证观众能够充分体会到几千年前的文物样貌。同时，虚拟技术可以为游客提供各种文物的资料和图片，保证资料以多元化的方式呈现。部分博物馆配备有大型LED屏幕，游客通过这种大屏幕可以了解文物的背景和历史，使游客充分感受到历史文化的魅力所在。[1]信息技术对现有文物进

---

[1] 李莉莉：《浅析智慧博物馆建设中的机遇与挑战》，《中国民族博览》2019年第22期，第216页。

行保护、修复和复原，文物得到更好的展示和传播，最终让文物打破地域和时间的限制，让大众更多地关注和了解历史文化。另一方面，新技术对博物馆的影响也是显而易见的。各种新科技手段先进、效果明显，但科技手段在博物馆中的应用不能喧宾夺主，在有效运用声、光、电等现代技术的过程中，需要始终以文物本身作为重点，不能使藏品失去真实性。现代化科技的合理利用要尽量减少转移观众的注意力，防止偏离参观博物馆的初衷，不能剥夺观众对展品"理解"的享受，也需要给观众想象的空间。[①]同时，在博物馆日常工作中，对于新技术的使用也需要反复验证其可靠性与必要性，防止各类技术对文物信息的损坏与伤害。

二、新技术助力博物馆实现精细化运维管理

新时期博物馆运营管理策略正在向智慧博物馆转型，科学的运营管理策略能够保障其全部系统合理、平衡地运作。运用大数据、云计算、人工智能等新技术对博物馆业务进行全局性、系统性的梳理与分析，厘清各个业务功能以及各个业务之间的联系，通过在数据方向上的业务重组与结构重塑，将有望实现全业务的互联协同，进而实现全业务从数字化到数据化的转变。信息化建设不仅仅是一种工具或手段，在提高博物馆工作效率或辅助信息展示等方面还是一种脱胎换骨式的平台建设。运用先进信息技术实现精细管理是一个整体的革新，而非各种部分或功能的简单组合，沉淀的数据也不是完全静止的，而是随时变动并创造价值的。每个服务中心相互协同，有机组合，随时应对业务的变化，并适应未来业务的拓展需求。通过改变业务数据的使用机制，对业务资源实行共享，对生产要素进行重新组合，有力地支撑了各项业务的创新，有效地构建了闭环的信息平台，对博物馆发展带来了深远的影响。信息化建设是一项十分复杂而庞大的系统工程，需要以业务发展为导向，依据自身特点，进行科学、完整的顶层设计，建立一体化的综合服务平台，盘活博物馆数据资源，为博物馆持续创新创造良好的基础支撑平台。随着博物馆信息

---

① 王元：《浅议科技对博物馆教育功能的影响力》，《文物鉴定与鉴赏》2019年第17期，第130—131页。

化建设全面开花，全国基本普及藏品目录数字化保护，并大规模采集藏品照片，实现了基本的影像数字化保护，数据资源利用逐步推进，数字化保护利用系统应用到博物馆的各个业务领域。

三、新技术助力博物馆实现精准化观众服务

科学技术的发展推动了博物馆与科技的结合，进一步促进了新技术在改进观展体验，提供优质高效服务，实现精准服务方面的力度。显示屏、触控屏、投影系统、影院系统、虚拟现实技术、增强现实技术、数字导览等是博物馆展示中常应用的新技术手段。在舞台艺术中使用的全息投影技术，不仅可以产生立体的空间幻象，幻象还可以和观众互动，令观众有身临其境的震撼效果。[1]汉景帝阳陵博物院借助全息投影技术展示了汉景帝时期百官上朝的故事片段，让观众生动了解当时人们的生活情境；蓬莱古船博物馆利用大型幻影成像技术展示了一艘古船在海底打捞之前的状态和周边环境的情况。博物馆通过不断提升展示手段，增加互动性，使观众参与其中，把展览展示的信息由被动接受变为主动学习，让展览展示的内容更具针对性传播。

第二节　博物馆发展需求牵引新技术的应用与发展

博物馆历来与新技术之间存在着不解之缘，新技术对博物馆的功能进行了深化及拓展，博物馆对新技术也始终保持着开放、接纳的态度。从功能定位上而言，传统博物馆是进行收藏、展示历史物品的实体场所，兼具有研究、教育功能，同时工作人员提供展览引导服务及日常管理工作。博物馆的馆藏、展览通过互联网技术、信息技术及虚拟技术的具体应用，在展示藏品的过程中拉近了公众与博物馆的距离，突破了公众参观博物馆的时空界限，公众不仅可以在实体博物馆进行参观，还

---

[1] 王元：《浅议科技对博物馆教育功能的影响力》，《文物鉴定与鉴赏》2019年第17期，第131页。

可以通过多样化的移动终端设备来浏览藏品内容。博物馆的研究与教育功能，作为博物馆的附加功能，也通过新技术的应用与发展呈现出了更强的生命力。随着传统博物馆积极进行变革，对传统功能进行进一步阐释及深化，各项"黑科技"技术应用也将为满足博物馆需求而不断提升。

一、博物馆的数字化需求，促进了数据采集技术的应用与发展

博物馆藏品信息数字化的手段包含了二维高清影像采集和三维数据采集两种方式。二维高清影像采集主要是针对图书古籍、画稿文献等文物。三维数据采集主要有三维结构光扫描、三维激光扫描及近景摄影三维扫描等技术。许多博物馆都使用三维扫描技术对文物信息进行采集。如：内蒙古博物院建立了三维藏品数据管理系统；甘肃省博物馆对丝绸之路部分文物进行了三维数字化采集；秦始皇兵马俑博物馆一直在进行兵马俑三维模型的数字采集工作，对兵马俑一号坑的陶俑进行了三维数据的采集建模，录入数据库，并借助数据库系统实现兵马俑在线上的三维立体展示，实现文物测量等功能，为文物展示、保护和修复提供数据支持。

二、博物馆的库房智慧化需求，促进了物联网技术的应用与发展

物联网指的是利用射频识别、红外感应器、定位系统、扫描仪等设备设施，让所有物品与互联网相连接，从而实现人与物之间的智能识别与互动。这一技术已经被广泛应用到城市基础设施、交通管理、物流管理和安防监控等领域。在博物馆领域，物联网技术主要应用在文物信息采集、文物定位管理、展厅环境监测、安全保卫、观众服务等方面。这一技术对于藏品智能管理工作具有重要的价值。首先是藏品定位技术能够实现对藏品位置的准确定位，对藏品存放位置和存放状态进行实时监测；其次是对藏品存放环境进行实时监测，实现对文物保存环境的智能调节；再次，物联网技术还可以对藏品出入库人员进行一对一的管理，记录藏品出入库人员的行为信息，提高藏品管理安全。例如敦煌研究院在莫高窟建立的环境监测预警系统，可以监测开放洞窟的温湿度变化；秦始皇帝陵博物院使用视频识别等技术手段实现了文物管理工作的智能化。

三、博物馆的文物保护需求，促进了3D打印技术的应用与发展

藏品巡展是博物馆的重要工作内容，同时珍贵藏品的展览也为博物馆的安全管理工作提出了更高的要求。对于展览而言，所展示的文物是经专业人员精心鉴选出具有历史价值、艺术价值等各方面较完美的精美器物，以及具有代表性的标型文物，这些文物在巡展过程中，虽然离开了原有匹配环境，但通过合理的辅助展览和使用科技手段，同样使文物具有说服力，帮助观众更加深入地了解展品，弥补展览内容单一的不足。[①]3D打印，作为一种快速成型技术，已经在国外博物馆的藏品巡展中占有一席之地。美国皮博迪·埃赛克斯博物馆在全国巡展过程中，采用该技术复制了托马斯·哈特·本顿（Thomas Hart Benton）的艺术品，该黏土模型可以让观者亲手触碰，以获得更为直观的体验。在日常的文物保护工作中，为了保存、恢复文物的艺术信息和历史原貌，缓解或者终止文物病害，长期保存文物，必须定期对文物进行修复工作。在文物巡展过程中，由于外部环境的不确定性，将会受到外界环境干扰，这也为文物的日常保护工作带来了较大的挑战。3D打印技术的应用一定程度上也解决了珍贵藏品的易碎性、安全性等问题。

四、博物馆的数据共享需求，促进了云计算技术及大数据平台的应用与发展

随着信息技术的发展，云计算技术也日益深入应用到社会生产的方方面面，它以互联网为中心，在网站上提供快速且安全的云计算服务与数据存储，让每一个使用互联网的人都可以使用网络上的庞大计算资源与数据中心。传统博物馆利用云计算技术，将博物馆的信息资源在事先定义的范围内实现共通共享，使用户可以不受时间空间的限制，随时随地获取资源与信息，也为博物馆藏品信息等学术资源的共享带来了便利。美国国家艺术博物馆通过数字化手段，实现了首个在线学术图录的编撰工作，这一学术图录的特点是方便用户在一个地方就能找到藏品的所有信息。

[①] 王元：《浅议科技对博物馆教育功能的影响力》，《文物鉴定与鉴赏》2019年第17期，第130页。

线上藏品图录不仅包含了基本信息,而且增加了展览历史、学术记录、学术评价等信息,并为公众查看藏品、与藏品有关的文章等提供了方便的搜索入口。国内很多博物馆都在利用各种技术及合作方式来进行数字博物馆建设,如故宫博物院的"数字故宫"、秦始皇帝陵博物院的"秦始皇兵马俑数字博物馆"、敦煌研究院的"数字敦煌"等。数据显示,仅"百科数字博物馆"这一个平台,就有235家数字博物馆上线,并且收录了1625家博物馆的文图资料,线上浏览人次已超过7300多万。同样,数字信息技术也同样应用于文物的发掘过程中,在遥感、物探等尖端技术的助力下,西域都护府古城遗址所在地已经被锁定,这个在西域历史上占据着重要地位、代表着中原王朝对西域管理和统治的标志性机构,即将重新展现在世人的面前。

五、博物馆的公共服务需求,促进了人工智能、增强现实和虚拟现实技术的应用与发展

新技术增加了展览展示的趣味性,更好地和观众进行互动,吸引了更多观众。科技为观众提供了过去无法比拟的工具,辅助博物馆达到更好的展示效果。AI人工智能的基本思想在于利用计算机技术实现智能工作,通过训练计算机提供系统思维的能力,让计算机完成部分智力工作,模拟人类智能行为。人工智能的发展,应用到博物馆的发展过程中,集中在智能导览、人脸识别、图像识别等方面。AR增强现实技术,将原本在现实世界中受到时间、空间限制很难体验的实体信息,通过电脑等科学技术手段,实现模拟仿真后的叠加,将虚拟信息应用到真实世界,被人类感官所感知。在国外,AR技术已经开始探索性地应用到虚拟讲解、"复原"展品、"复活"展览对象,博物馆通过将藏品的展览工作与AR技术的紧密结合,实现了展览工作的生动性。在国内,AR、VR等技术也更多地应用到了博物馆资源的藏品展览过程中,例如:2017年5月,中国园林博物馆举办的"看见'圆明园'"数字体验展览活动,选取了圆明园西洋楼、正大光明、勤政亲贤等26个景区,利用现代数字技术复现了"圆明园"的整体布局,给受众带来更为直观、深刻的感受。在文化遗产复原方面,百度在2018年启动了一项AI计划,通过人工智能技术,让更多丰富的文化遗产更为直观、生动地呈现在观众面前。在秦始皇帝陵博物院中,用户利用人工

智能技术，对准文物拍照，兵马俑可以自己"开口说话"，让观众在100米之外就可以看到盔甲上的"文物"。2018年，谷歌利用人工智能技术为纽约现代艺术博物馆的30 000张图片进行自动识别，并将图片做成博物馆展览的互动档案。VR的应用进一步拓宽了我国文化的传播路径，拓宽了文化传播广度，提高了文化影响力。2018年2月21日，由敦煌研究院、威尼斯大学和敦煌文化弘扬基金会联合主办的"丝路明珠：敦煌石窟在威尼斯"展览，以敦煌艺术作品、原大临摹复原整窟模型、高保真图片资料、多媒体影片、线上线下的展览互动为主要展示手段，以丝绸之路上其他来源的图片物品为辅助展陈，同时运用二维码扫描、VR互动、手绘临摹等交互体验方式为展览技术，让观众近距离、深层次体验敦煌艺术魅力。

六、博物馆的文化传播需求，促进了移动互联网的应用与发展

移动互联网是移动通信和互联网融合的产物，继承了移动随时、随地、随身和互联网开放、分享、互动的优势。移动互联网突破观众享受馆藏资源的时空限制，将博物馆各项研究成果、展览、文物进行多元传播。上海博物馆利用"互联网+展览"的方式让展览更加精彩。在增强原有网站传播力的基础上，通过建立微信公众号及移动导览系统，开发各种配合展览的移动应用，打通了传统互联网和移动互联网两个平台。2017年"大英博物馆百物展：浓缩的世界史"运用了动态地图让观众看到"世界历史"的概念，受到了好评。2018年初，上海博物馆在官网举办"壁上观"网上展览，展示了其在"互联网+"背景下文物数字化展示利用方面的实践成果。这一数字展厅是上海博物馆与山西博物院共同举办的"山西博物院藏古代壁画艺术展"的数字化成果。这一展览充分运用三维漫游、全景漫游等数字化手段还原展览的原生环境，拓宽展览的观赏维度，满足观众对博物馆藏品深度了解的需求。

七、博物馆的社会教育需求，促进了知识图谱技术的应用与发展

知识图谱技术拥有强大的语意处理和互联组织能力，为博物馆文物散落在各方面的信息点形成了"串联"。知识图谱可以实现丰富的知识表达、开放互联的服务，可以通过精确语义检索、知识问答、关联挖掘、可视化呈现等方式应用到文物

的展览过程中。基于历史文物的知识图谱资源，同构构建跨馆界、国界的文物知识图谱。在文物的虚拟陈列设计前期，可以利用文物的数字信息，突破博物馆资源的场地限制，实现博物馆历史文物的时间、空间融合。基于展览主题内涵，结合展览受众的特征需求，通过大数据分析，精准定位文物知识讲解的受众对象；同时，在系统中融合文物的研究资料、图片、音频视频、展览资料等，形成多元化视角下的文物内涵展示。

第三节　中国博物馆"智慧"建设现状

大数据时代背景下，日益增加的数据需求，对博物馆的数字化服务能力提出了更高的要求。大数据是信息化建设和更高层次智慧博物馆的信息中枢，为智慧服务、智慧保护和智慧管理提供技术支撑，是博物馆的智慧大脑。在实际工作中不仅仅要做到对自身数据资源的深度开发，还要重新审视自身的数据情况，认识大数据及相关技术，认真考量适合纳入的数据源，通过各种基础性工作，不断丰富可供友好展示的内容，产生由内而外的知识型服务；更需要主动调整并适应于由外而内的信息流动现象，尤其是数据资源的采集与利用。充分开发深入挖掘"不属于"博物馆自身传统信息获取范畴的外部数据资源，对其进行有效合理的采集、管理与利用，最终产生由外而内的智慧型服务、研究与管理。应当说，大数据的采集是当前博物馆面临的巨大挑战，而数据管理又是其中的核心。近年来，国内一些博物馆在"智慧"建设层面进行了有益的探索。

一、让数据开口说话：上海博物馆可视化数字中心

数字化工作是博物馆运营工作中的重要组成部分，有利于文物信息资源实现共享开放、提高了文物博物馆单位活用文物资源的积极性。2018年5月3日，上海博物馆建设完成了国内首创、全面基于数据的博物馆数字化管理平台，实现了上海博物馆的管理从"经验驱动"转变为"数据驱动"。上海博物馆数据中心，是以数字化为技术手段，基于博物馆学理论，研究开发的数据分析和管理信息系统。该系统以

博物馆管理为核心，在流程管理过程中，将人、馆、物对数据实施分类管理。在数据采集方面，该系统主要涵盖了上海博物馆的藏品、观众客流、新媒体传播、展览区观众的行为、文创产品的销售数据等内容，涵盖了博物馆的收藏、研究、传播三大功能的基本面；在数据应用分析方面，该系统主要对博物馆的业务数据进行数据挖掘和精准分析，并且通过可视化的形式给予准确形象的表达。

二、让布展轻松便捷：浙江省博物馆智慧自主策展应用系统

博物馆的展览一方面受制于馆藏文物丰富性的不足，另一方面也缺乏对已有馆藏文物的盘点、梳理与解读，大量文物仍处于"待开发"状态。随着策展团队专业性的提高，博物馆的策展能力对该馆的展览吸引力和影响力产生了重要影响。其策展理念也会随着社会文化的发展，更注重展览的人文体验，紧密联系日常生活，学术的知识性、趣味性与传递性的融合程度进一步提升。新技术的不断发展为博物馆展览提供了千载难逢的机遇，可以利用新技术提升展览运营质量，改善观众参与体验。浙江省博物馆基于大数据挖掘与分析，开发了智慧策展应用系统，使"展览+"与展览边际"展览+"工作模式在展览的延展项目上也得到了充分的体现。通过提高策展的科学性，该馆展览的影响力也不断扩大，已形成一定的品牌效应。

三、AI智能服务导览：湖北省博物馆掌上智慧博物馆App

随着智能手机的普及，App软件在短期内发展迅猛，移动手机的App多元化的发展满足了当今社会发展和人们的日常生活、文化及娱乐的需求。其中，App软件的最大优势在于便利性，利用受众群体的碎片化时间，为使用者即时、快捷提供所需要的信息；同时，App软件能够更为直接地传递信息，在使用过程中增加了客户黏性。2019年5月，"5G博物馆"在湖北省博物馆建成，基于已实现的5G网络全场馆覆盖，掌上智慧博物馆App通过改变传统的文字、图片传播方式，将博物馆内的曾侯乙编钟、越王勾践剑等一批珍贵文物实现了"毫米级"的展现。其中，曾侯乙编钟已距今2400多年，其气势恢宏、音色浑厚，但是自1978年出土后，编钟只被敲响过3次，观众对编钟所演奏产生的音乐尤为好奇。通过湖北省博物馆App，结合

VR游戏技术，观众可以戴着VR设备，使用5G网络，敲击编钟，身临其境体验编钟奏乐的过程。

四、MR新技术体验：重庆中国三峡博物馆智慧化管理平台

混合现实技术MR基于虚拟现实技术VR，将虚拟环境中的物体呈现在现实场景中，将虚拟世界、现实世界与用户之间联系在一起，搭建交互反馈的信息回路，增强了用户体验的真实感。通过可视化环境里物理和数字对象的共存性，增强两者的实时互动性。重庆中国三峡博物馆将MR技术应用到了晚清时期的《增广重庆地舆全图》中，观众通过HoloLens全息设备，可以置身于晚清时期的重庆街道，"游览"在街道、店铺、码头等场景中，通过虚实内容的相互结合与互动，理解文物内在的故事，提供了全新的交互式参观模式的范本。在MR技术带来的场景中，有效拉近了观众与博物馆之间的距离，让观众沉浸在文化科技的新奇中，实现与浩瀚文化历史的"对话"，为博物馆的文化传播带来了全新体验。

第四节　智慧博物馆建设是未来博物馆发展趋势

博物馆是新技术快速应用的领域，从信息化、数字化到智能化，既是未来社会生活发展的大趋势，也是博物馆智慧化发展的新趋势。智慧博物馆的发展，是随着信息技术的发展而发展的。智慧博物馆是在原有数字博物馆的基础上，通过加入互联网和云计算及大数据等现代信息技术进行发展的。同时，技术之间也是相互融合发展的，作为技术系统的生态圈，将云计算、物联网、人工智能、数字信息采集、人工智能技术综合应用，不断形成技术的迭代更新。智慧博物馆借助物联网、云计算、传感器等信息新技术，实现对博物馆藏品、库房、展厅等在管理和对外开放中的自动、实时和连续的感知，将原本相对独立的博物馆信息化统筹并架构提升为整合、关联和开放的博物馆综合性的数字化大系统。智慧博物馆将发挥数字化技术的整体效能，通过泛在网络、移动技术，实现无所不在的网络互联服务和随时、随地

的数据智能融合服务。①智慧博物馆也将为观众提供更为真实的交互式体验，通过影像感知技术为观众模拟出相应的场景，并通过音频引导等渠道为观众带来多角度的体验。

一、以数据可视化为基础，重新定义博物馆的收藏和展陈理念

随着观众对知识深度的渴求和了解，博物馆会越来越成为文化知识的生产者、时代风尚的见证者和先进技术手段的应用者。这就要求在博物馆建设与展示中充分运用先进科技手段，推进博物馆建设运营管理的智慧化智能化，同时也要求在博物馆的展陈内容中充实科技内涵，把第一生产力的作用充分展示出来。②此前，陕西省文物局与深圳市腾讯计算机系统有限公司签署合作协议，开启陕西文物部门与腾讯在"科技+文物"领域的合作。陕西与腾讯将在"互联网+文物"、新型智慧城市、云计算大数据、综合运输信息化等领域开展深入合作。通过腾讯平台实现陕西省内文物的"活化"，在文物识别、文物修复、数字科技馆建设、智慧游园平台搭建、文物IP打造与传播等方面开展全面合作。

二、以知识图谱技术为重点，实现博物馆数据的智慧融合

要以大数据、云计算、物联网、互联网、人工智能等先进信息技术手段大力推进文物资源数字化，拓宽文物信息开放渠道，实现文物信息资源共享开放，将收藏在博物馆中的文物数据公布，让公众有更多、更方便的渠道了解馆藏文物情况，满足群众参与文物研究、文物鉴赏的多元化需求。③近年来，甘肃积极探索，尝试通过数字技术让古老文物焕发新生，并得到更广泛的传播。如今数字技术已成为甘肃文物保护的重要支撑。"数字敦煌"是敦煌研究院2016年上线的一个网站，包含30

---

① 冯伟民、魏轩：《信息化助力博物馆走向公众的思考与实践》，《学会》2019年第10期，第47页。

② 王春法：《关于新时代博物馆事业发展的若干思考》，《中国国家博物馆馆刊》2018年第5期，第17—18页。

③ 王春法：《关于新时代博物馆事业发展的若干思考》，《中国国家博物馆馆刊》2018年第5期，第16页。

个敦煌石窟的高精度数字图像和虚拟漫游节目。只要轻点鼠标,人们就能免费畅游千年石窟。2017年9月"数字敦煌"英文版成功上线,实现了敦煌数字资源的全球共享。此外,甘肃还完成了莫高窟35个洞窟的数字化及全景漫游节目制作、麦积山石窟数字化勘察测绘,实施了仙人崖石窟、天梯山石窟等5处石窟数字化保护项目。"数字敦煌"开创了文化遗产全球共享新模式。

三、以用户画像和互动式交流为依托,全面提升观众参观体验

运用新兴技术让文物展示从静态转为动态。近年来,"互联网+"已经走进人们的日常生活,移动端、二维码、VR、AR、人工智能等新兴技术使博物馆文物的展览展示获得更多途径,越来越多的博物馆也主动采用各种"黑科技"让文物动起来,从静态展示到动态展示,利用各种技术让观众与文物互动起来。除了博物馆自身,推动博物馆向大众化方向转型的另一个重要力量,是科技大公司。科技给博物馆和公众的连接带来一场革命,移动互联网、AR、VR甚至是人工智能,都被用于提升公众的参观体验。比如IBM(国际商业机器公司)的著名人工智能机器人沃森,就在博物馆找到了一份新工作——在巴西圣保罗博萨博物馆成为一名解说员。通过预先对展品信息的收集和学习,它可以回答参观者提出的许多问题,从历史到创作技法,甚至还包括和当代事件的联系。这么做的好处是,仿佛真的可以让展品"开口说话",并且通过互动体验吸引更多人参观博物馆。同时博物馆还要采集观众的各种数据以了解观众喜欢的方向,对目标观众有针对性地展开文物展览。博物馆可以记录每一次展览的观众数量、地域来源、各个时间段的观众数量以及观众的性别、年龄等,同时通过官方网站、微信及微博等渠道去了解观众喜好。建立好一定的数据基础之后就开始分析观众喜欢怎样的展览、喜欢哪个年代的文物、在哪个时间段比较有时间参观展览等,从而根据综合分析结果来开展博物馆的展览宣传推广,加大传播的宽度和广度,吸引更多观众进而更好地服务观众,进行文化、历史传承工作。[1]

---

[1] 徐浩:《浅谈大数据在博物馆中的应用》,《中国新通信》2020年第6期,第92页。

四、以个性化的文化传播为契机,让博物馆焕发新的活力

近年来,博物馆成为热门的旅游"打卡目的地",而迅速兴起的"博物馆热"也折射出了整个社会对文物、对文化遗产的空前关注和重视。博物馆以极具创意的形式、年轻化的表达为公众搭起一座走进历史文化的桥梁,并正在成为城市的文化客厅。从博物馆热到博物馆游,优秀传统文化深入人心。博物馆一夜之间成为众所瞩目的"网红","为一座博物馆赴一座城"的外地游客不在少数,博物馆游悄然兴起。随着新技术的快速发展,高度重视传播手段建设和创新,加强互联网多媒体内容建设,提高新闻舆论的引导力、影响力和公信力。观众需求也得益于新技术的发展,在后期各种差异化需求得到了及时响应及满足。在未来,博物馆不再是传统的历史文物教学场所,文物呈现方式将会更加出彩,更为多样化。传统单一的宣传推广渠道限制了传播的宽度和广度,让很多潜在观众无法了解相关信息。因此博物馆应该充分利用网络渠道,在官网、微信、微博等平台上大力推广,提高观众的认知,更好地推广历史文化。

第五节 小结

博物馆历来与"黑科技"有着不解之缘,新兴技术对博物馆的功能进行了深化及拓展,博物馆对新兴技术也始终保持着开放、接纳的态度。VR、AR、3D打印等"黑科技"的涌现已经让数字博物馆衍生出了更多的表现形式。当今科技的进步极大地推动了计算机与网络技术的发展,突出了信息技术自身价值,对社会发展与进步产生了深远的影响。在信息技术快速发展的背景下,通过计算机技术将藏品内容信息化,利用网络技术在博物馆与信息化之间建立桥梁,赋予博物馆新时期的发展意义,为博物馆宣传、教育与研究的功能提供了技术基础。

智慧博物馆的建设是以整合的思想构建博物馆管理平台,实现对现有文物信息资源、现有业务信息系统的整合,构建对内实现数字资源管理、数字化观众管理、陈列展览管理、保护修复管理、文创产品管理等文物保护和业务管理,对外实现智

能导览、门户平台、新媒体平台、VR互动应用等数字化展陈互动体系等展示服务的综合性博物馆管理与服务平台。

无论是过去隐居幕后修复文物的匠人成为年轻人的偶像，又或是腾讯、阿里巴巴、谷歌这样的大公司争相和博物馆合作，曾经高冷的博物馆，正在用新技术和创新手段走入大众视野。在这个快消费时代，一个看起来反潮流的现象诞生了：如今的年轻人，开始愿意放慢脚步，对与博物馆有关的一切着迷了。当下，越来越会用现代而年轻口吻讲故事的博物馆，正在迎来一个"黄金时代"，智慧博物馆也会成为未来智慧生活的重要组成部分，承载人们日益丰富的精神文化需求。

第九章
中国博物馆人才建设

博物馆人才是中国博物馆发展的第一支撑力量。进入新时代,在党中央的高度重视和支持及社会各界的共同努力下,我国博物馆的数量和质量都呈现出高速发展的态势,博物馆人才队伍也在不断壮大。博物馆人才队伍是现代博物馆事业建设发展的重要主体,也是现代博物馆有序发展的重要推动力。博物馆要顺应时代发展的新变化,提高对人才队伍建设的关注度,深刻认识博物馆人才成长规律,发挥好人才因素作为促进新时代博物馆事业创新发展、更上新台阶的关键因素作用,有力支撑中国博物馆事业不断进步。

第一节 中国博物馆人才概况[①]

党的十八大以来,我国博物馆事业取得前所未有的巨大发展,博物馆的社会关注度也显著提升,对人才队伍的建设要求不断提高。随着人才强国战略成为我国经济社会发展的一项基本战略,博物馆领域坚持党管人才原则,遵循博物馆事业发展规律和人才成长规律,推动人才发展体制机制改革和政策创新,加强博物馆人才队伍建设。

一、博物馆人才建设的政策环境不断优化

党和国家历来高度重视人才工作,中华人民共和国成立以来,特别是改革开放以来,提出了一系列加强人才工作的政策措施,培养造就了各个领域的大批人才,这其中也包括博物馆人才。

随着《国家中长期人才发展规划纲要(2010—2020年)》颁行,《全国文博人才发展中长期规划纲要(2014—2020年)》于2014年实施,明确提出"到2020年,培养和造就一支数量充足、门类齐全、结构优化、素质优良、充满活力的文博人才

[①] 本节数据来源:历年《中国文化文物统计年鉴》及《中国文化和旅游统计年鉴2019》。

队伍"的目标。

2014年开始实施文博人才培养"金鼎工程",并公布了《"金鼎工程"实施方案》,提出"高层次领军人才、科技型专业技术人才、技能型职业技术人才、复合型管理人才"四种类型人才的培养措施,构建起多层次、多类型的文博人才培养体系。2016年国务院印发《关于进一步加强文物工作的指导意见》(国发〔2016〕17号)中再一次明确,大力实施人才培养"金鼎工程",加快文博领军人才、科技人才、技能人才、复合型管理人才培养。

2017年1月中共中央办公厅、国务院办公厅印发《关于实施中华优秀传统文化传承发展工程的意见》明确指出,建立健全中华优秀传统文化传承发展重大项目首席专家制度,培养造就一批人民喜爱、有国际影响的中华文化代表人物;对为中华优秀传统文化传承发展和传播交流作出贡献、建立功勋、享有声誉的杰出海内外人士授予功勋荣誉或表彰奖励。

2019年,国家人力资源和社会保障部、国家文物局印发《关于进一步加强文博事业单位人事管理工作的指导意见》,明确要创新文博事业单位用人机制,深化文博系列职称制度改革,鼓励文博事业单位与工作人员订立长期聘用合同,鼓励工作人员潜心研究,完善奖惩制度,强化文博事业单位工作人员能力建设,健全培训制度,提升创新能力,根据需要设置开展文物保护科技研发工作的创新岗位,绩效工资分配向在创新岗位作出突出成绩的工作人员倾斜;鼓励有条件的地方探索文博事业单位和工作人员文博创意产品收益分享机制,拓宽才智汇集机制。

此外,围绕文博专业人才的评价、培训、激励等还出台专项政策,为博物馆人才队伍建设创建积极有利的政策环境。

二、博物馆人才队伍现状

根据《国家中长期人才发展规划纲要(2010—2020年)》对人才的界定,博物馆人才是指博物馆领域中具有一定的专业知识或专门技能,进行创造性劳动并对社会和博物馆事业作出贡献的人,是博物馆人力资源中能力和素质较高的劳动者。博物馆人才中既包括党政人才、专业技术人才,也包括经营管理人才、技能型人才。

受已有统计数据所限，本部分分析主要采用博物馆专业技术人员数，部分参考博物馆从业人员数，前者是博物馆人才的重要主体，后者是博物馆人才的基础，可以在一定程度上反映当前我国博物馆人才队伍的现状。

根据文化和旅游部历年发布的统计数据，我国博物馆人才队伍持续壮大，博物馆专业技术人才从2012年的27 309人增长到2018年的38 327人，平均增幅为5.84%，这一发展趋势大体与全国博物馆的从业人员数量的发展变化保持同步，从业人员2012年至2018年的平均增幅为7.03%。（表9-1）

表 9-1　2012年至2018年全国博物馆从业人员和专业技术人员数量表

单位：人

	年度						
	2012	2013	2014	2015	2016	2017	2018
专业技术人员	27 309	29 918	30 934	32 460	34 177	37 333	38 327
从业人员	71 748	79 075	83 970	89 133	93 431	105 079	107 506

从博物馆人才的区域分布看，东部人才更为聚集。根据2017年统计数据，东、中、西部博物馆专业技术人员分布：东部地区，1859个博物馆共15 526人，馆均1411人；中部地区，1416个博物馆共10 208人，馆均1276人；西部地区，1443个博物馆共10 074人，馆均839人。（表9-2）

表 9-2　2017年我国东、中、西部地区博物馆人员数量列表

单位：人

	专技人员总数	从业人员总数	博物馆数量	馆均专技人员
东部	15 526	40 744	1859	1411
中部	10 208	28 462	1416	1276
西部	10 074	32 978	1443	839

可见，东部地区无论在博物馆专业技术人员总量、博物馆数量，还是馆均专业技术人员数量上，都比中、西部有优势，特别是相对西部地区的优势更加明显。拥有超过3000人以上的博物馆从业人员的地区，东部地区有6个省（区、市），中部地

区有5个省（区、市），西部地区有3个省（区、市）。西部地区省份众多，但西部博物馆平均拥有专业技术人员839人，远远低于东部1411人和中部1276人，相比东部减少了四成的专业技术人员，博物馆人才的区域性差异较为明显。

从博物馆类型上，根据历年《中国文化文物统计年鉴》及《中国文化和旅游统计年鉴2019》的数据，2016年至2018年，各个类型博物馆的专业技术人员都保持增长态势，增幅差距不是很大。综合类博物馆和历史类博物馆的专业技术人才明显高于艺术类、自然科技类和其他类博物馆。

2018年，在综合性博物馆工作的专业技术人员为18 394人，历史类12 214人，艺术类2407人，自然科技类1989人，其他类3323人。博物馆人才高度集中于综合类和历史类博物馆中，两者总数占博物馆人才总数的80%。（表9-3、图9-1）

表 9-3 2016年至2018年我国各类型博物馆专业技术人员数量表

单位：人

年度	综合类	历史类	艺术类	自然科技类	其他类
2016	16 878	11 287	1966	1362	2584
2017	18 123	11 939	2401	1844	3026
2018	18 394	12 214	2407	1989	3323

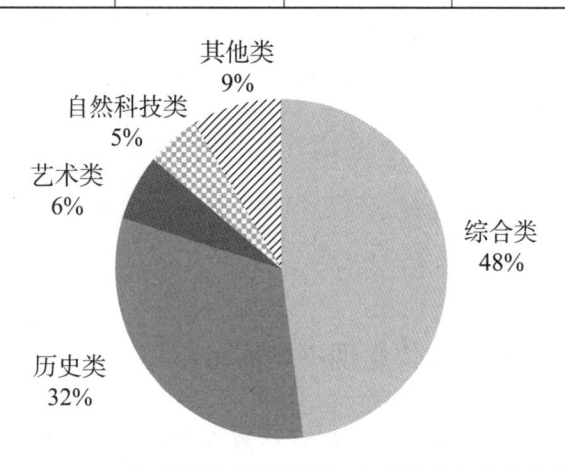

图 9-1 2018年我国各类型博物馆专业技术人员分布情况

第二节 中国博物馆人才队伍建设中的问题[①]

近年来,虽然博物馆人才建设环境不断优化,但仍然面临许多突出的问题。只有正视当前中国博物馆在人才队伍建设上存在的这些问题,才能促使人才队伍更好地满足新时期博物馆的发展要求,促进博物馆事业的可持续发展。

一、博物馆高层次人才相对不足

高层次人才代表了领域内研究的前沿和能力水平的高点。目前博物馆领域的高层次人才相对不足。2018年,我国博物馆具有高级职称的专业技术人员为7322人,其中正高级职称的专业技术人员1990人;同年国家文物局登记在案的博物馆为5354家,平均每家博物馆拥有1.4个具有高级职称的专业技术人员和0.4个正高级职称的专业技术人员,真可谓凤毛麟角。

在人文社科类的一级教授里,几乎没有博物馆行业履职的领军人才。博物馆行业内具有全国影响力的博物馆顶级专家很少。通过中国知网的"中国引文数据库"H指数分析来看,许多博物馆专家的H指数大多在5以下,博物馆里有较高学术影响力的专家寥寥无几。中国国家博物馆终身研究馆员孙机先生的H指数为25,是影响力较高的博物馆学者。由于学科属性和专业特点,文博专业人才成长需要较长时间积累,许多学者往往刚有点学术影响就到了退休年龄。具有行业声望,在文物、博物馆学等学科体系建设方面具有权威影响力的中青年专家屈指可数,一些重要文物鉴定仍然主要依靠八九十岁的老专家领衔担纲,活跃的大部分都是退休的专家,在职专家中很少出现全国知名的高水平领军人才。

二、博物馆人才分布总体呈现不均衡特点

我国博物馆数量虽然增长较快,但存在着省与省之间、城市与城市之间分布不均衡的现象,一些经济文化资源集中的省市,如北京、上海等一线城市拥有博物馆数

[①] 本节数据来源:《中国文化和旅游统计年鉴2019》。

量显著高于其他省市，东部地区相对中西部具有明显优势。从博物馆类型看，综合类和历史类博物馆相比艺术类、自然科技类及其他类博物馆也表现出优势。这些优势同样也体现在博物馆人才资源方面。正如上文所分析的，博物馆人才东、中、西部地区的分布呈现出递减的趋势，综合类和历史类博物馆成为博物馆人才的聚集高地。

博物馆人才分布的不均衡性还体现在其他方面。从博物馆所属系统看，国有博物馆的人才远远超过非国有博物馆。如2018年，文物系统博物馆专业技术人员31 678人，其他部门所属博物馆专业技术人员3867人，民办博物馆2782人。国有博物馆的专业技术人员共35 545人，占全国博物馆专业技术人员总量的九成多。

博物馆人才在各省（区、市）的分布差异也较为明显。2018年，山东省以2984名专业技术人员排在各省之首，独占全国总量的7.8%，与最后一位西藏的66人相比，差距十分悬殊。紧随山东之后的江苏和陕西两省，专业技术人员数量也都超过2000人，分别为2453人和2283人。专业技术人员数量维持在三位数的省（区、市）有14个，彼此之间也各有分化。（表9-4）这种分布细化到市、县的博物馆，人才分布将更不均衡，人才紧缺是诸多基层博物馆的共性问题。

表 9-4 2018年各省（区、市）博物馆专业技术人员情况表

单位：人

排序	省（区、市）	专业技术人员	正高级职称	副高级职称	中级职称
1	山东	2984	189	459	1161
2	江苏	2453	150	360	989
3	陕西	2283	129	257	808
4	河南	1948	108	267	796
5	广东	1926	35	170	824
6	浙江	1890	137	302	724
7	湖北	1807	114	220	818
8	上海	1673	58	163	703
9	四川	1579	86	160	592
10	甘肃	1386	39	163	548

续表

排序	省（区、市）	专业技术人员	正高级职称	副高级职称	中级职称
11	山西	1355	29	191	548
12	河北	1271	63	228	458
13	安徽	1229	63	128	449
14	江西	1206	76	131	502
15	北京	1177	49	137	391
16	黑龙江	1170	81	238	519
17	福建	971	68	117	356
18	云南	950	41	175	426
19	辽宁	948	54	166	468
20	广西	915	33	85	359
21	湖南	913	22	93	366
22	内蒙古	908	43	157	378
23	重庆	887	52	131	307
24	吉林	833	57	171	279
25	天津	616	26	94	254
26	贵州	461	17	61	134
27	新疆	358	9	29	145
28	宁夏	235	15	34	77
29	青海	172	3	25	66
30	海南	151	1	11	39
31	西藏	66	1	10	25
总计		38 327	1990	5332	151 67

三、博物馆人才培养不能适应事业发展的需要

博物馆人才培养的整体形势不能适应博物馆事业迅速发展的趋势。在近10年中，博物馆数量从2000多座迅速增加到5000多座，但是博物馆专业人员的数量没有

显著增长，全国仅有不到4万的专业技术人员，平均算下来，每家博物馆只拥有7.16个专业技术人员。很显然博物馆人才，尤其是专业人才培养成长的速度较为缓慢，适应不了博物馆蓬勃发展的趋势。

博物馆没有建立起系统的人才培养体系。其现有人才培养渠道比较单一，高校等科研机构培养的历史文博专业人才数量少，又缺乏博物馆与高校等科研机构的联合培养机制。传统上博物馆一直有独特的人才培养方式，主要依赖于岗位所能提供的工作实践机会、部分岗位的培训以及专家的传帮带，特别是部分需要技艺传承的岗位主要在博物馆专家带领下学习成长。这种培养体系是一种自发的培养体系，强调的是在干中学，在岗位中学习。培训的效果依赖于从业者本身的态度、工作能力和工作效果，对个人的主观因素要求较多，没有针对人才和岗位的系统性培养，没有为个人在岗位上的成长提供客观有效的条件，存在着人才培养随意性、随机性的现象。培训是断续和不稳定的，导致博物馆高层次人才出现的概率较小，没有预测性，受单位和部门工作作风影响很大。由于博物馆的综合性特征，需要的人才方方面面，专业需求多样，所以培养的目标和要求也不一样，这种非体系化的培养，总体上不利于人才的快速脱颖而出。

四、博物馆人才评价导向限制人才积极性

在文物博物人才评价中，相当一段时间不同程度存在"四唯"的倾向，即唯学历、唯资历、唯论文、唯奖项的倾向。特别是在对专业技术人才评价中的唯论文倾向，导致博物馆的专业技术人员进行社会科学再创造的积极性和主动性不高，学术交流受到较大限制，不利于博物馆科研工作整体质量的提升。比如撰写展览陈列大纲，编写展览讲解稿，开展文创策划等工作，如果不能转化为论文，就不能得到认可，评价标准与博物馆的陈列展览、藏品保护、社会教育等业务工作完全脱节。由于评价范围受到户籍、地域、身份、档案等制约，博物馆行业的封闭性也较为明显。博物馆行业内人才的交流普遍较少，每年博物馆的调动率很低。一是强调文物的珍贵性、不可再生性和特殊性，导致建立在文物安全理念基础上的整体行业的保守倾向一直存在；二是强调文物博物馆职工的清贫职业操守，推崇甘坐冷板凳，无

私奉献的精神，强调岗位的专业技术积累，不鼓励职工岗位的流动性；三是由于每个单位对人才成长稳定性的需求，博物馆与博物馆之间，博物馆与文物保护机构之间的人员流动相对较少。原有的人才评价制度逐渐显现出不能适应新时代新要求的问题，限制了博物馆人才的积极性和创造性。

第三节 对策建议

博物馆人才是博物馆发挥职能作用的基础，所以要以开放的态度采取措施，提升博物馆人才建设的水平。

一、理清观念，转变博物馆人才管理思路

开展博物馆人才培养和队伍建设，关键是要主动研究深化人才发展体制机制改革。要改变博物馆人才管理思维，推动实现从身份管理向岗位管理转变。人才管理的思路、工作方式要实现根本变化，最重要的是实现从原来以干部、工人，在编、派遣等身份管理方式向以管理岗位、专业技术岗位，绩效管理为核心的人才管理方式的转型，特别是要从思想观念、制度体系上实现人才管理工作方式的转变。

要转变人才管理导向。坚持明确博物馆人才工作导向，坚持在主责主业主阵地上培养锻炼人才。把有潜力的年轻人才放在主责主业的岗位上培养成才，放在重大活动、重要工作中锻炼成长。优先使用、选拔在主责主业、在任务艰巨的工作岗位上经受锻炼的人才，形成博物馆人才的中流砥柱。

要转变人才管理方式。坚持博物馆开放合作态势，培养和引进相结合，积极引进社会专业人才，优化博物馆人才专业结构，形成领军优势。在加强培养馆内人才的同时，积极招聘一批事业所需专业背景的人才，积极引进一批具有一定影响力的专家学者，培训和引进相结合，形成专业结构合理的人才结构，形成领军优势、行业研究优势。

二、推动高校博物馆专业设置与现代博物馆人才需求相衔接

高校是博物馆人才培养的重要途径。包括北京大学、浙江大学等知名高校在内，我国许多综合性大学都设置了文物与博物馆专业，招收本科、硕士和博士的学生，课程类别主要是博物馆学概论、博物馆陈列设计、博物馆藏品管理、博物馆经营管理、文物学概论、中国历史地理、考古学通论、文化人类学、艺术史等。例如，1998年北京大学与国家文物局合作成立北京大学考古文博院。2002年组建北京大学考古文博学院。设立考古学系和文化遗产学系，分辖旧石器时代考古、新石器商周考古、历史时期考古、外国考古、科技考古教研室，以及博物馆与文化遗产、文物保护、文物建筑教研室。文物博物馆学的核心课程有中国考古学、博物馆学概论、设计初步、博物馆陈列内容设计、博物馆陈列形式设计、博物馆藏品管理、博物馆实习、文物鉴赏、文物研究与鉴定等。[1]

高校文博教育与博物馆本身的教育存在着一定的差别。学校教育注重课程体系和学科的完整性，以学科知识传授为主要模式，博物馆的教育则更为直接和直观，通过物的展示来体现主题。相对于学校的日常教学实践来说，博物馆工作的实践性比较强，特别是管理、策展、征集、保护等工作，其动手能力要比理论研究的要求更高。高校的文博类教师大多没有参与过实际博物馆的运营与管理，教授的是文博、考古、艺术等方面的学科体系知识，承担的是培养学生具备从事文物博物馆行业基础知识体系的任务，教学上存在着博物馆实践方面的不足。

博物馆要加强与高校联系，推动高校在不削弱历史、考古、文博等专业基础理论课程占比的前提下，适当增加博物馆管理、藏品征集、藏品保管、展览策划、文化创意、大数据与信息化等应用性课程。

三、推动博物馆与高等院校等建立人员合作培养机制

高等院校与博物馆之间在学科建设、知识体系、博物馆实践、人员培训等方面

---

[1] 北京大学考古文博学院：《北京大学考古文博学院本科生教学手册（2018年版）》，https://archaeology.pku.edu.cn/info/1148/1369.htm，访问日期：2020年9月。

加强交流与合作对双方都有利。高校文博专业课程设置大多偏重理论传授和学科知识体系，缺少相关实践经验，藏品征管、文物研究、展陈设计、社会教育、文创开发、展览推销、资金筹措、公众形象设计、公共关系、安保管理、信息技术等现代化博物馆迫切需要的综合性课程也不多，毕业生到博物馆工作后，往往需要几年时间才能进入岗位角色，成长较为缓慢。同时，博物馆本身与高校是两类不同的科研单位，博物馆侧重实践性与业务性研究，高校学科体系理论研究较多，再加上博物馆本身的行业封闭性，导致高校的文物博物馆研究对博物馆的实际管理和运营工作没有什么指导作用，文物博物馆学的研究成果对博物馆工作几乎没有实质影响。

加强博物馆与高校等科研机构之间的交流，可以加快培养博物馆专业人才。一是建立博物馆与高校等科研机构之间的兼职与挂职机制，选派专家到博物馆或高校兼职或者挂职，进行讲课或专业研究。博物馆专家与高校院所专家相互兼职兼薪，联合培养研究生、申报科研课题、建设博士后科研工作站，增强人才培养的针对性导向性。二是打破文博圈相对封闭的现状，充分发挥博物馆馆藏资源丰富的突出优势，走出馆内人研究馆内文物的思维定式，建立博物馆与高校院所联合攻关机制，吸引馆外专家进行联合科研，使藏品的科研价值充分体现出来。三是建立更加广泛的学术交流体系，高校学生到博物馆学习或者实习，博物馆工作人员到高校进行进修培训，还可以通过学术会议、课程讲座等方式，吸引专家在博物馆和高校两种课堂上讲课教学，使博物馆专家与高校教师之间有更多的学术交流。

四、推动博物馆人才岗位交流和行业流动

频繁的博物馆内部岗位交流有其弊端，主要是不利于博物馆专业技术人员在本职岗位上深入发展专业技能，提高专业素养，特别是如文物修复等专业技术岗位需要长期的培养，也不宜进行频繁的岗位交流。但良性的岗位调整，有利于打破专业人员岗位长期固化后形成的利益格局，有利于博物馆整体专业水平和素质的提升，有利于培养博物馆需要的综合性复合型人才。对于博物馆大多数的专业技术岗位来说，经过一定年限后予以岗位调整和交流则是适宜的。做藏品保管的工作人员，在对库房藏品情况研究熟悉之后，可以转岗至陈列展览部门，能够更有效地策展不同文物的主题展览。陈列展览部门的专业技术人员，也可以转岗至保管部门，进一步接触、熟悉和研究文物。社会教育部门职工可以转岗至保管或展览部门，进一步深造业务技能，综合管理部门与业务部门的专业技术人员，也可以进行相互的岗位调整，使业务部门职工了解博物馆运营管理，使综合部门职工增加业务能力。

从博物馆离职的人员，不一定再从博物馆行业中寻找职位。所以，考虑到人员的流动方向，博物馆行业内的人员流动就更少。要大力消除博物馆人才流动的壁垒，特别是在户籍、身份、职称等方面的限制，充分释放博物馆行业人才流动对整个行业的业务交流和水平提升的助益，特别是省级博物馆人员向县市博物馆流动、国有博物馆的人员向民间博物馆流动，推动整体博物馆行业人员水平的整体提升，促进人才分布均衡化。

五、系统开展博物馆人才培训

博物馆人才的培训要坚持一种开放的、系统化的、有针对性的培养体系建设思路，结合人才的整体需求和岗位需求，有针对性地选送人才予以培养，形成骨干队伍，以提升整体的人才水平。一是系统开展党的理论教育。在博物馆党员干部范围内开展党的理论教育，提高党员干部的马克思主义理论水平和政治理论素养；二是开展精准的专业化能力培训。加强博物馆管理、藏品保管、文物修复、文物鉴定、藏品征集、展览策划、社会教育、信息化技术等方面的专业化训练，有计划地普遍提高从业人员的专业素养，特别是针对博物馆传统技能，例如青铜器、瓷器、漆器、纸质文献、油画等材质文物的修复，进行有针对性的培训，建立较为系统的技艺传承培训机制；三是拓宽培训培养的渠道，与博物馆、高校等科研院所合作，通过在职教育、博士后等方式，联合培养紧缺人才，开拓国际培训渠道，与国际博物馆合作，培养懂外语、懂业务、视野开阔的专业人才；四是发挥好传帮带的传统人才培养优势，探索组织化、系统化的培训方式，特别是技能型人才的培养中，要把老专家的技术和经验传承好、发扬好。

第四节 小结

中国博物馆事业发展，关键在人。未来十几年，是我国人才事业发展的重要战略机遇期。必须清醒地看到，当前我国博物馆人才发展的总体水平同世界先进国家相比仍存在差距，与我国经济社会和博物馆事业发展需要相比还有许多不适应的地方，特别是高层次人才匮乏，人才结构和布局不尽合理，人才发展体制机制障碍尚未消除，等等。

中国博物馆人必须进一步增强责任感、使命感和危机感，积极应对日趋激烈的国际人才竞争，主动适应我国经济社会发展需要，坚定不移地走人才强国之路，科学规划，深化改革，重点突破，整体推进，不断开创人才辈出、人尽其才的新局面。只有建设一支规模适度、结构合理、素质过硬的高素质人才，逐步建成梯次合理、知识结构多元、专业化程度较高的与博物馆事业发展相适应的人才队伍，实现人才结构的根本变化，实现人才质量的全面提升，才能提升博物馆行业的影响力与引导力，推动博物馆事业高质量发展。

第十章
中国博物馆公众形象的塑造和提升

近年来，得益于文化与旅游深度融合等一系列重大"利好"政策的助推，中国博物馆行业展现出勇于改革创新，谋求高质量发展的新面貌新姿态。几乎每隔一天，就会有一座崭新的博物馆在中国诞生。在中国，越来越多的人爱上博物馆，为一座博物馆赴一座城。如何避免"千馆一面"，塑造和提升各馆独一无二的形象，不断满足人民群众精神文化新需求和文化消费新期待，在世界多彩文明交流互鉴中讲好中国故事、展示东方智慧、增强文化自信，就成为中国博物馆人需要回答的时代课题。

第一节 博物馆形象塑造与提升的重要意义

所谓形象，是主体和客体之间发生的一种关系。即一定主体本质，通过言论、行为、状态、面貌，经媒介向外界传输出某种信息，由客体接收后而产生对主体的感觉、印象、认知和判断。形象首先由主体决定，进而在客体方面形成某种感觉、印象、认知和判断。对形象的判断基于一定的价值标准，主体、客体、媒介都可能有不同标准，标准还会随着时代的变迁而发生变化。

博物馆形象是博物馆本身折射出来的可为受众和消费者所感知的印象和联想。具体而言，是博物馆在开展征集、保管、研究、展览展示、公众教育、阐释传播、文化创意、对外交往和公益活动等工作时形成的个性特征在公众心目中形成的总体反映、认知与评价。从博物馆主体来说，包括藏品形象、展览形象、服务形象、管理形象、馆舍形象、人员形象、标识形象；从客体来看，则包括公众形象、媒介形象和国际形象等。

从公共关系学角度来看，机构形象常常用知名度和美誉度评估。其中，知名度是机构被公众知晓、了解的程度，而美誉度则指机构获得公众欢迎、喜爱、信任、好评的程度。从心理学角度分析，品牌形象是受感知主体的主观感受、感知方式、知识背景等影响的一个综合概念，主要指品牌形象所表现、传达的信息及消费者从中接收到的对品牌要素视听及概念集合体的感受、印象和态度。博物馆最基本也是最直接的影响力体现为博物馆对公众的影响，并通过对公众广泛的影响进而形成博物馆的社会影响力。博物馆公众影响力是评估博物馆实现社会价值的重要衡量标准之一，由公信力、文化力、亲和力等要素构成，对公众的注意、记忆、理解、态度和行为等层面产生不同程度的影响。

博物馆应采取多种方法与博物馆以外的大众建立联系，包括与国家、地方、行业和新型媒介建立联系。博物馆学家托米斯拉夫·索拉在讨论博物馆与公众关系时指出，博物馆必须将自己融入公众的感受之中，否则在博物馆与公众之间便不会产生交流，也不会有任何理解可言。国际博物馆协会主席高斯从科学博物馆的角度提出，博物馆应当成为"信息工具"，"更加体贴人"对博物馆来说是至关重要的。

对一座博物馆而言，展览、服务、餐饮文创、陈设环境等每时每刻都通过观众价值观、感官和审美潜移默化塑造着品牌形象。每家博物馆都应该拥有独特禀赋和与众不同的个性形象，从成百上千的同类机构中"脱颖而出"。良好的形象是博物馆的无形资产和战略资源。做好形象设计、形象塑造、形象传输，对内可以产生向心力凝聚力，聚天下英才助力博物馆高质量发展。对外可以彰显博物馆的价值理念，增进观众对博物馆的支持率和美誉度，为文博事业发展繁荣奠定良好舆论环境和社会基础。以鲜明特色吸引公众、媒体和国内国际的广泛关注，以正面信息引起媒体聚焦，加大与外界的关联互动，激励公众走进博物馆体验展览、服务和各类产品，进而增强对博物馆的美誉度和忠诚度，这是博物馆塑造和提升自身良好形象的有效途径。

一、新时代中国博物馆的群像

走进新时代，中国博物馆在公众、媒体心目中透射怎样的形象？拥有怎样的社会和国际影响？回望2019年，中国博物馆给世人最突出的群体印象是"火"与"活"。

2019年大年初一参观人数3.7万人、大年初二6.67万人、大年初三6.8万人、大年初四6.57万人、大年初五6.6万人……寒冬抵挡不住群众来中国国家博物馆参观的热情。在学生寒假观展旺季和春节小长假客流暴增的双重推动下，中国国家博物馆春节假期人气爆棚，吸引数十万观众在博物馆里过大年。原本正月初一闭馆的成都博物馆被观众"叫醒"。馆长决定打破惯例开门迎宾，关键岗位人员一个半小时集结完毕，数千名观众在博物馆里"过大年"。

伴随着越来越多的公众走进博物馆，博物馆正不断融入百姓生活。"到博物馆打卡去"，渐成一种时尚而有内涵的生活方式。"博物馆里过大年"[①]，成为无数家庭欢度春节的首选，或者说成为一种"新年俗"。这是中国博物馆在当下"火"起来的生动写照。在中国，博物馆已成为能够影响更多日常出游人数的重要指标。在中国人的旅游行程中，参观博物馆已经成为惯例，博物馆是必到的地方。据中国旅游研究院统计，2019年春节4.15亿旅游人次，其中40%以上选择了博物馆。

国家文物局局长刘玉珠分析认为，博物馆正经历"成长的烦恼"[②]。在看到博物馆文化热现象的同时，面对迅猛增长的社会需求，文博人应该保持一份冷静。深入思考如何充分实现社会效益和公共价值，如何让民众乐享其中并在潜移默化中获得价值观的教化和历史文化艺术的滋养。事实上，还有很大一部分博物馆尚未被公众认知，不少小博物馆运营不尽理想。人们期待：博物馆无论大小，无论国有私有，无论综合专业，都能立足自身特点在人民文化生活中扮演更加积极的角色。博物馆是一部鲜活而非凝固的历史，不仅要弘扬和继承，更要有勇气推动中华文明创造性转化和创新性发展，激活其生命力。美国著名博物馆教育学者古德曾认为，博物馆不应该是物品的坟墓，而应该是思想的摇篮[③]。的确，博物馆不在于它拥有什么，而在于它用这些资源做了什么。对物的选择与收藏，离不开人的价值判断；对物

[①] 人民日报社记者王珏：《博物馆里过大年》，《人民日报》2019年2月3日第8版。
[②] 搜狐网：《全国两会开幕，国家文物局局长解读文化旅游带来的博物馆热》，https://www.sohu.com/a/299324772_100014700，访问日期：2019年3月5日。
[③] [美]史蒂芬妮·诺比：《从物品的墓地到思想的摇篮——从古德到数字化时代史密森博物院的教育理念与实践》，萧凯茵译，《中国博物馆》2015年第1期，第93页。

的展示，在物与观众之间、进而在观众与观众、更广的人与人之间架起桥梁，联通古往今来启迪未来。作为重要的社会公共文化场所，博物馆承担着传播知识、传承文明、弘扬正确的价值观、对公众进行教化美育的功能。在这个精神家园中，观众可以汲取无尽的营养，与自然对话、与历史对话、与人类对话、与美对话。中国博物馆里，中华文化通过一件件文物，传承着中华民族的精神力量、精神追求、精神标识。

习近平总书记强调"让收藏在博物馆里的文物、陈列在广阔大地上的遗产、书写在古籍里的文字都活起来"，揭示了文物价值的全新"打开方式"。从"火"起来到"活"起来，博物馆展现出动人的时代群像，博物馆人豪情满怀迎接新挑战超越新梦想，加速破解保护与利用的矛盾，让"保护和传承人类文明的重要殿堂"发挥传播知识和弘扬文化、增强文化自信的作用；通过创造性转化、创新性发展让文物"活"起来，活在当代人的世界里，服务百姓，惠及民生。

二、个性与特色是博物馆高品质发展的灵魂

没有观众喜欢"千城一色""千馆一面"。面对亿万观众多元的文化需求，博物馆要回答的首要问题就是明确自身的定位。在这个意义上，博物馆必须把形象塑造与提升放在战略层面进行规划，明确自身定位，走出同质化，体现差异性，锤炼独有品格。

作为公共文化教育、传播机构，引领社会风尚的场所，行业的基础属性决定了博物馆形象宜高雅而不能深奥，宜亲和而不能媚俗。在新时代，文博行业的形象塑造无疑应当更加注重传统文化的挖掘与诠释，在原创性和精神内涵等方面传达中国特色，形成既有文化底蕴，又有时代性与亲和力的形象符号系统。

一座博物馆应当有独一无二的内核与品格。根据自身的职能定位进行形象设计，依据办馆方针、馆藏优势、研究基础、地理位置、对外交流合作条件等组织基本陈列，举办特色展览，开展多形式的主题活动。专业博物馆需对不同观众群体特点和需求进行识别和分类管理；地方博物馆则应对区域特征、人口结构、兴趣爱好等进行深入调研，通过对观众及其心理、行为的调查和分析来实施相应的

品牌策略。

打造观众喜爱博物馆的方式有很多。博物馆既可以从公众角度出发，选取和表现与公众生活相关的主题、贴近公众及公众兴趣的内容，让公众在博物馆中看到自己或自己的生活，通过密切博物馆与公众的联系来提升博物馆对公众的影响力；也可以通过高于公众视野的具有引导性的选题或陈列表现理念来影响公众的关注重点、议题选择、思维方式和价值判断。触达人的感官世界最有效的介质是形象。树立独特的形象、激发品牌永续发展，博物馆需要找准定位、发挥优势，利用好馆藏禀赋，更直观、更频繁、更具感染力地向公众传播自然、历史、考古、艺术、科学等人文信息，在丰富公众文化生活的同时，发挥引导、教育、审美、休闲等多种功能。

标志（LOGO）是表明事物特征的识别符号，是博物馆形象最简约鲜明的表达。它以简洁、显著、易识别的形象、图形或文字符号为直观语言，鲜明地展示博物馆的个性形象和品牌内涵。作为博物馆形象的缩影，LOGO成为人们对博物馆的重要记忆点。好的标志令人过目难忘，第一眼就有极强的吸引力，需要用心设计精心打造。矗立于天安门东侧的中国国家博物馆，是新中国最具象征意义的文化地标和国家最高历史文化艺术殿堂。中国国家博物馆的LOGO形象源自面向天安门广场博物馆西立面建筑造型，以简洁的线条勾勒出建筑的外观、主入口以及柱廊，给观者以庄严、宏阔、稳重的视觉感受。湖北省博物馆的LOGO形象基于对其馆藏珍宝——曾侯乙编钟的提炼。LOGO两侧编钟轮廓线条的重复，宛若敲击编钟后的余音袅袅，兼具视听想象空间。（图10-1）

图 10-1　中国国家博物馆、湖北省博物馆LOGO[①]

---

① 壹号收藏：《读懂博物馆，先从它们的 logo 开始！》，https://baijiahao.baidu.com/s?id=1632938242551914665&wfr=Spider&for=pc，访问日期：2019 年 6 月 6 日。

如果说LOGO是博物馆的形，蕴含着博物馆的神，那么作为博物馆立命之本的藏品、以展览为龙头的产品和服务，以及背后的价值理念则是博物馆的核与心。湖南省博物馆为突出历史艺术博物馆形象特质，利用现代陈列艺术精心打造了"长沙马王堆汉墓陈列"和"湖南人——三湘历史文化陈列"两个基本陈列来展示人类优秀文化遗珍。特色甜点"金乌蛋糕"（图10-2）的开发灵感来自其馆藏的T形帛画上的天堂金乌图案，受到消费者青睐。

图 10-2　湖南省博物馆特色甜点"金乌蛋糕"[1]

博物馆要有富有个性与精神的优秀文化产品，不断满足人民群众美好生活的文化需求。博物馆已成为一个城市、一个国家的文化枢纽。收藏什么、展示什么、传播什么，彰显博物馆的个性与品格，决定着博物馆的现在与未来。"以人民为中心"的理念应贯穿展览展示、公众服务、社会教育、阐释传播、文化创意等各项业务的始终。博物馆要"有人来"、"愿意留"、"高兴买"和"满意走"。从藏品到展览、从产品到服务、从建筑到内涵，鲜明的形象是博物馆放射出来的自然光辉，具有直抵人心的力量。

三、良好的形象是博物馆的金字招牌和战略资源

良好的博物馆形象一旦经过传播深植于公众心中，具有较长期的稳定效应，就

---

[1] 携程旅行网：《端午游历史文化名城　品长沙特色美食》，https://you.ctrip.com/travels/hunan100053/3689975.html，访问日期：2022年3月21日。

形成了博物馆的竞争优势、无形财富和战略资源，使其有别于其他文化机构，也区别于彼此。

良好的形象对博物馆长远发展的战略意义体现在多个维度[①]。首先，良好的博物馆形象可以提振员工的自豪感、荣誉感和归属感，为稳定和吸引人才创造了优越的条件，增强内部向心力和凝聚力，吸引更多高素质创新型人才朝着共同的目标前进，进而形成强大合力助推博物馆做优做强。其次，在文博行业机遇与挑战并存的时代背景下，博物馆需要政府的支持、公众的信赖、外部单位的合作。良好的形象，有利于在全社会营造助力博物馆健康发展的外部条件和舆论氛围。再次，当正面形象稳固确立，博物馆的价值观和品格得到社会公众的广泛认可，公众对博物馆的产品和服务产生一种信赖的心理倾向，将更大程度提升博物馆实现社会效益和经济效益，大幅提高博物馆的行业影响力和引领力，并赋予博物馆可持续发展的强劲动能。

对博物馆而言，良好的形象是一种经济资本，可以为机构或组织带来经济回报；良好的形象也是一种文化资本，它所传递的价值观念和历史文化艺术内涵能够潜移默化地滋养观众并凝聚共识增强自信；良好的形象还是一种社会资本，基于社会交往产生关系价值，帮助我们深入理解博物馆如何成为一种新的生活方式。尤为重要的是，优秀的博物馆应勇担积极价值观的引领者传播者责任，通过"价值观为导向"从深层提升顾客忠诚度。品牌是价值理念的集中体现，通过品牌核心价值、品牌理念、品牌定位形成差异化的基础。而独特的品牌形象让消费者明确、清晰地识别并记住某个品牌的个性，是驱动消费者认同、喜欢乃至爱上一家博物馆及其表达、代言的核心价值观的重要力量。

"好酒不怕巷子深"的年代已经远去。在资源配置和市场竞争过程中，博物馆为社会提供了产品与服务。但能否成为知名品牌、行业翘楚，不仅取决于其深厚的内涵，还取决于能否设计、塑造、维护自身独特的形象。鉴于此，实践中越来越

[①] 龚良、张蕾：《博物馆高质量发展：品质、效能与评估》，《东南文化》2019年第2期，第100—106页。

多的中国博物馆对金字招牌是博物馆生命线的认同日益加深，开始把"树形象立品牌"放在战略层面予以重视，审时度势，有使命感、危机感、紧迫感，以新发展理念指引高质量发展①，不断提升形象，擦亮金字招牌。使用品牌战略，更加主动积极地向公众推广自己的特色、品质、优势，不断扩大社会影响，以获得更高的知名度、更好的美誉度。

第二节 中国博物馆品牌形象塑造的主体与策略

文物活起来的方式千姿百态，博物馆有"N种"融入百姓生活的路径。其中，"博物馆理念+公众体验"是博物馆形象塑造和品牌运营的关键一条。公众通过线上或线下的体验，感受博物馆的理念与品格、责任与担当、情感与温度。只有当博物馆各个岗位员工的智慧与汗水，化作观众在博物馆收获的历史文化艺术滋养时，博物馆才真正融入了百姓，成为人民的精神食粮和文化自信的源泉，而不只是文物展品的陈列和文化元素的堆砌。

一、每个博物馆人都是品牌形象的塑造者和维护者

本质决定形象，形象反映本质。外部形象取决于实际行为，实际行为造就外部形象。博物馆的形象塑造与提升，要从根本抓起，固本强体。与此同时，加强博物馆的形象设计、形象建设和形象宣传，使博物馆的本质通过其形象准确地反映出来，并不断得到提升和改善。

博物馆的形象塑造与维护无处不在，无时不在。从浏览官网官微、预约安检起，公众对博物馆的"打分"就已经开始。视、听、触、品、互动、购买，公众通过多维体验给博物馆"打分"。从征集到保管，从展览到讲解，从文创到餐饮，从传播到评价……博物馆的每项业务，每个层面，一线或幕后每个人的精神风貌、形

---

① 孙红湘、张静：《以新发展理念指引高质量发展》，https://theory.people.com.cn/n1/2018/1113/c40531-30397711.html，访问日期：2018年11月13日。

象姿态、服务态度都时时刻刻、直接或间接在观众心目中的博物馆形象"大厦"上"添砖加瓦"。训练有素的服务人员一句温暖的"欢迎光临,希望你能够享受在博物馆的美好时光",就会给博物馆形象"加分"。

品牌是价值承诺,能够转化成公众对品牌的认知和评价。好的产品与服务是伟大价值追求和品牌梦想的表达,它超越了具体产品服务本身。新时代博物馆的形象塑造和品牌打造,应站在更高的维度,用初心和使命,价值观和愿景,情感交流与共鸣,铸造坚实的忠诚度。事实上,品牌是一种新型人际关系聚合器。消费者围绕兴趣、品牌价值观、品牌个性形成一个个"部落",或者叫粉丝圈。品牌圈层在帮助消费者运行社交关系,反之粉丝互动和由此拉动的粉丝经济又进一步提升品牌活跃度和影响力。

无论品牌的忠诚度,还是品牌规模价值,最终通过公众的评价、消费者的行为来"兑现",在对中国博物馆公众影响力的研究中显示,博物馆的展览展示、服务态度、阐释传播以及文创商品最受公众关注。对美团的用户评价词进行云分析可以看出,在满意度较高的评价中,"内容丰富""涨知识""很壮观""气势磅礴""很有意境"等对博物馆形象予以正面评价的词出现频率较高;负面评价中,"服务不耐烦""特展价格偏高"等词出现频率较高。可见,中国博物馆需在增加展览、丰富服务的同时,着力提高服务质量,为广大民众提供更加舒适的参观体验。

玛格特·A.华莱士通过对各种类型和规模的博物馆的案例分析,从品牌塑造、展品、博物馆董事会、志愿者、会员制等多方面细述了博物馆品牌的建立和维护[①],进而分部门分步骤地就如何打造名牌博物馆提供了一些有参考价值的建议。在博物馆内部,要引导从管理层至普通员工深刻认识自己所在博物馆的品牌价值和深厚的文化内涵,进而形成认同感和归属感。无论综合管理、主营业务,还是运维保障部门都要在自身的岗位上像石榴籽一样各司其职、齐心护牌、荣辱与共。比如,陈列

---

① [美]玛格特·A.华莱士:《博物馆品牌形象的塑造——如何创立并保持形象、忠诚度和支持》,于君、王晓蕊译,北京燕山出版社,2012,第12—32页。

展览是博物馆的核心产品和面对观众最直接的窗口，博物馆靠文物"开口说话"，靠展览吸引观众。博物馆要产出主题鲜明的基本陈列和丰富优质的特展。又如，用精细管理调动精准服务，让观众进馆时如沐春风，离馆时游意未尽。再如，宜人的空间环境会带给观众的亲和感和舒适感。博物馆应对公共空间进行科学合理的设计，兼顾审美表达和便捷实用，让观众在餐饮休憩之余感受博物馆历史的厚重与现代的灵动。即使小到印有LOGO的文创购物袋都很重要，作为性价比最高的广告，使每一位携带购物袋的人都成为博物馆"移动的广告牌"，超越空间限制，把博物馆带回家，赢得更多潜在消费者的关注和喜爱。

二、新媒体背景下的博物馆品牌形象塑造

新媒体是利用数字技术，通过计算机网络、无线通信网、卫星等渠道，以及电脑、手机、数字电视机等终端，向用户提供信息和服务的传播形态，是基于技术进步引起的媒体形态的变革。新媒体的"新"，主要新在媒体互动的新方式、媒体技术的新融合上，新在对于传统传播形态及传播方式的颠覆上[1]。新媒体方兴未艾，以微、端、App、小游戏为代表的新媒体分众化传播不仅加速了媒体的数字化转型和传媒格局的深刻变革，同样也推动了传统文化产业的传播迈向新阶段，刺激着博物馆产业的业态及传播方式发生重要革新。新媒体之于博物馆，可以理解为博物馆传播的综合延伸，通过视、听、触等感知方式，将博物馆传播的触角从馆舍内部延展到馆舍之外人们的生活空间。这种媒介形态给博物馆传播插上了翅膀，赋予传播无限可能。

新媒体交互式、数字化传播方式的"超时空"优势，颠覆了以往观众对博物馆信息的获取方式，建立起更加便捷有效的信息获取途径，进一步拉近了博物馆与公众之间的距离。无论是展览活动的资讯还是藏品背后的故事，无论预约还是网购文创周边，观众只需要一部可以上网的移动多媒体设备，动动手指便可轻松实现。博

---

[1] 唐婷婷：《博物馆文化的跨界传播"新"表达——以H5产品〈第一届文物戏精大会〉为例》，《科技传播》2018年第15期，第180—181页。

物馆新媒体传播不仅可以带来观众信息获取途径的便捷与多元化，而且有助于观众群体范围的拓展，即通过线上的高质量信息传递吸引那些对博物馆有兴趣但缺乏信息获取渠道的"潜在观众"，使他们带着好奇走进博物馆，参与到博物馆的相关活动中来。

鉴于此，博物馆应在整合自身历史底蕴和文化内涵的基础上，更加积极主动地拓宽新媒体传播渠道，线上线下凝聚特长，增强与大众的互动关联。这些都有利于提升博物馆形象，提高观众对博物馆的好感与忠诚度。近年来，各大博物馆在新媒体传播上有不少新尝试，河南博物院在微博、抖音上打造鲜活的"河博君"形象，通过幽默轻松的"小段子"拉近与观众的距离。四川广汉三星堆博物馆官方微博注重与公众积极互动，展示博物馆的人文关怀，而且能够跟踪热点并及时作出反应，在吸引关注的同时传递知识。

让"老古董"们从历史中醒来，讲述中华文明，引发公众共识共鸣、增强文化自信和民族自豪感，塑造博物馆正面、亲切、可感的品牌形象，通过专业媒体、社交媒体和官宣平台不间断地传递出有态度、有角度、有温度的博物馆之声，是新时代博物馆传媒人的职责所在。博物馆的传播方式已从由博物馆自行决定传播主题和内容的单向传播，转变成为博物馆与观众双向互动的方式。博物馆之声如何进入人们的选择半径，提升吸引力？必须要结合受众的视听习惯及审美情趣，以人为中心去解读文物、介绍展览、推广产品。关注观众的需求、重视观众的体验，学会接地气的表达方式，表达中要有人的态度、人的温度、人的情感。接地气的内容和清新明快的文风，能够跨越专业知识水平的障碍获得更广泛传播，并且赢得公众的认可和喜爱。

博物馆官宣平台有几个常见的运营技巧：一是用图片和短视频"说话"，它们更为直观感性，更能抓住动态记录过程。二是平等交流、自然亲切，诙谐幽默能达到事半功倍的传播效果。三是以诚相见，真情动人。在社交网络时代，情感在信息传播中可以软化交流障碍，获得心灵上的共鸣。四是利用节假日多发布微博微信，博物馆大多在节假日开放，容易赢得网民好感。五是多与粉丝互动，充分释放社交媒体的价值。

对博物馆官宣而言，一切技巧归结到一个技巧——讲好故事。只要心怀用户需求，有性格、有情境、有感情地去做，就会熟能生巧，讲好故事没有那么高不可攀。2018年底，圆明园文物青铜"虎鎣"经历158年海外漂泊、异乡拍卖、买家捐赠的"漫漫长路"后，"回家"入藏中国国家博物馆。中国国家博物馆联合中央主流媒体、文化文博行业媒体和新型社交媒体提前策划精心报道，用心用情讲述"虎鎣"的前世今生和回家故事，连续数月在多个节点主动设置议题，对回归、研究、春节展出、和国人一起过大年进行了全程"微直播"，与公众实时互动。根据国家图书馆对"虎鎣"资讯进行的专项监测，自2018年11月"虎鎣"从英国回归到2018年12月11日入藏、再到2019年1月29日"虎鎣：新时代·新命运"展览开幕，共创三次传播高峰，舆情热度呈"W"型走势。截至展览闭幕，共监测"虎鎣"回家和展出相关报道15 026篇（条）。其中，网络新闻5529篇，微信文章3717篇，App采集3124条，微博1583条，报刊文章518篇。

从社会反响来看，围绕"虎鎣"回归和展出，正面声音成为舆论主流。（图10-3）绝大多数网民欢迎"虎鎣"回家，表达激动心情，期待更多海外流失文物回归祖国怀抱。部分网民点赞展览成功展现"虎鎣"真容之精美，肯定布展之用心等。

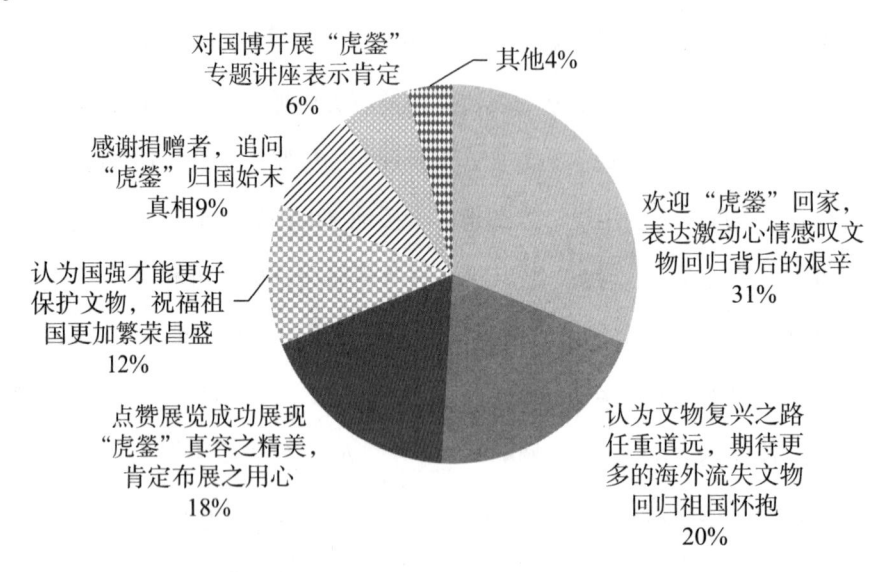

图 10-3　"虎鎣"专题传播舆论构成分析

正如网民在中国国家博物馆官微评论区的评论：一件"旧"物，通过"新"

闻，以这种表达方式让我们看到了三重奇迹："虎鎣"的存在，是数千年前先祖们文明精髓的形象化再现；"虎鎣"的流传，是数千年间不同人群共同守护的智与力的凝聚；而"虎鎣"的回归，则是我们祖国在伟大复兴之际，国力强盛、万众齐心的见证。

社交媒体时代，无论是机构还是个人的形象都会成为易碎品。舆情形态从高高在上的社会刚性管控转变为平等互利的对话式的柔性传播[1]。博物馆这样的文化公益机构，容易成为民众关注、凝视、评价的对象。一方面，博物馆官宣发声一定要客观真实，不能做虚假宣传，发布虚假信息，要像呵护自己眼睛一样呵护品牌形象公信力。传媒是现代社会的一把双刃剑，博物馆在运营中不可避免地会面临负面舆情。这就需要我们在讲好故事塑造形象的同时，密切关注各类信息，及时发现负面舆情，从源头上预防不良信息的扩散。如果发现相关负面舆情和突发事件，应立即启动应急预案，第一时间分析研判、第一时间上报信息、第一时间应对处置，真诚面对媒体及受众，对事实给予合理解释和澄清，尽可能消除负面影响，最大限度维护博物馆良好的社会形象。

三、口碑功能日益突出的两微一端成为博物馆重要的开放信息源

习近平总书记强调："全媒体不断发展，出现了全程媒体、全息媒体、全员媒体、全效媒体，信息无处不在、无所不及、无人不用，导致舆论生态、媒体格局、传播方式发生深刻变化。""要坚持移动优先策略，让主流媒体借助移动传播，牢牢占据舆论引导、思想引领、文化传承、服务人民的传播制高点。"移动优先策略的提出，基于我国互联网络迅猛发展的现状与态势。中国互联网络信息中心公布的第44次《中国互联网络发展状况统计报告》[2]呈现了2019年上半年我国互联网最新发展状况。截至2019年6月，我国网民规模达8.54亿，互联网普及率达61.2%。我国手机

---

[1] 李彪：《直击人心 社交媒体时代新闻发布与媒体关系的管理》，人民日报出版社，2017，第30页。

[2] 中国互联网络信息中心：《第44次〈中国互联网络发展状况统计报告〉》，https://www.cac.gov.cn/2019-08/30/c_1124938750.htm，访问日期：2019年8月30日。

网民规模达8.47亿，网民使用手机上网的比例达99.1%。移动互联网迅速占据了人们大量的时间、空间以及关注度，新媒体平台大都聚焦于移动端。

（一）转变叙事方式，用活"三微一端"

人人发声的时代，谁能引领舆论？中国博物馆当前正处在媒体融合时代，已经或陆续建成"三微一端"（微博、微信、微视频和客户端），新媒体传播矩阵与纸质印刷宣传物料为代表的博物馆传统传播媒介长期并存。"移动互联网+"博物馆和馆内实体传播体验，正以线上线下相结合相融合的形式向观众传递、传播博物馆理念、动态和文博知识。

国内博物馆通过整合藏品保管、数据采集、学术研究、陈列展览等传统职能板块的优质成果，在官宣新媒体、大众媒体等多平台展示，让文化资源宝库典藏的精粹内涵，跨越时空限制，通过"移动互联网+"有效触达日益广泛的受众，向人们传播办馆理念与愿景，"实时"传递博物馆收藏、研究、展览展示、社会教育、文创衍生的最新动态。

近年来，越来越多的中国博物馆重视藏品的数字化采集和展示，开始利用新技术手段对有限数据资源进行加工，尝试借助新媒体平台分享。敦煌研究院对新媒体新技术的应用起步较早，30年来，在数字化保护、利用、展示、传播方面积累了丰富的实践经验，陆续完成了上百个洞窟的数字采集和图像处理，三维重建了43身彩塑和2处大型遗址，上线了中英文版本的"数字敦煌资源库"，实现了敦煌石窟30个洞窟整窟高清图像的全球共享。2019年的数据显示，"数字敦煌"资源网的全球访问量已超过700万人次。

然而，这种尝试尚处在内容有限、互动性不强的初级阶段，一场突如其来、波及全球的新冠肺炎疫情，让各家博物馆纷纷拿出"家底"，对藏品、展览的数字资源进行加工创新，为宅居民众提供"云端"公共文化传播服务。陕西历史博物馆利用馆藏文物数字资源开展线上展览，建成了虚拟现实馆，在其官网推出系列线上展览和"云看展"活动；上线"宅家看展·回顾博物馆往期精彩展览"专题，更新"长安丝路东西风"等多个数字展。"南博在线"为南京博物院近日推出的博物馆资源聚合网页，以虚拟展厅、视频讲座和图文影像介绍为呈现形式，整合了博物馆的一部分展览、活动、非遗、文创数据资源。上海博物馆的官网资讯栏目长期更新包括虚拟展厅、三维藏品和平面桌面贺卡等数字资源。2020年4月，敦煌研究院与华为联合推出全新的"莫高窟窟外展示游览"，采用"河图平台"将敦煌学研究成果、数字敦煌高精度壁画图像和洞窟三维模型制作的虚拟数字内容与莫高窟实景实时相融合，观众在洞窟外即可用华为手机看到洞窟内详细的壁画内容，创造了一种全新的洞窟数字体验方式。

中国博物馆正在通过转变叙述故事的方式来塑造和提升自己的品牌形象，参与、体验、交互正在成为高频词。过去看不见的库房文物和在实体展线上陈列的文物正在以高数量级别的增长速度被添加进上线的名单列表中，通信技术、虚拟现实技术的变革正逐渐改变博物馆的语境。这同时给博物馆提出了更大的挑战：如何合理运用这些数据以人为本设置议题，从而达成博物馆的文化传播目的？

（二）新方式链接新公众，移动融媒塑造博物馆新形象

移动互联条件下，"新方式"链接了更多的用手机上网获取资讯的"新公众"。调查显示，当观众考虑是否去博物馆参观时，成行前往往会上网搜索相关博物馆的基本信息、预约方式和展览情况。以中国国家博物馆官方微信服务号"国家博物馆"为例，2019年7月"国家博物馆"关注数突破百万。尤其值得关注的是，十一国庆假期，"国家博物馆"粉丝增长人数呈现爆发式增长。10月1日新关注人数为6400人，10月2日为7319人，10月3日为7776人。（图10-4）截至2020年10月18日，"国家博物馆"新浪微博账号粉丝数为490万人，"国家博物馆"微信服务号关注数为158万人，"国博君"订阅号微信粉丝数超9万人，抖音账号粉丝数94.8万人，头条粉丝数76.9万人，快手粉丝数62.8万人。2020年7月底新开设的"国家展览"粉丝数3020人，"National Museum Of China"英文版官方微信服务号有关注者920人。国博融媒矩阵正利用新媒体新技术为公众提供文化服务，不断提升传播力、引导力和公信力。

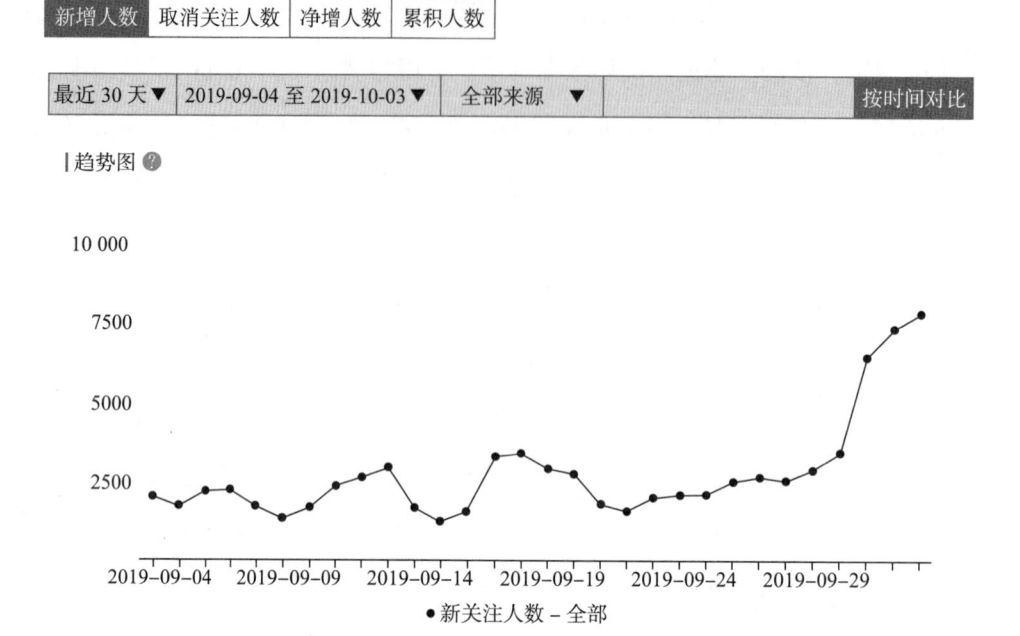

图 10-4 2019年十一期间"国家博物馆"微信粉丝增长情况

新媒体极大地提升了博物馆与公众联通互动的时、度、效。如今，博物馆的收藏、展览、活动、藏品、文创等信息绝大多数源自微博、微信、移动App、小程序等社交媒体，更多地依赖各类移动终端，这改变了传统媒体的单向模式。交互式传媒让受众的角色发生突变，圈层频现，分众社区出现，传播速度快，优质传播瞬间形成热点成为可能。

比如，上海博物馆充分利用官网平台进行内容传播，在"每月一珍"栏目中，每月用图片、视频、VR等多种技术展示一件馆藏珍品的构造、原理。上海博物馆信息中心工作人员表示，网站传播相对于传统博物馆传播的优势在于其全面性、多样性和多维度。又如，广东省博物馆利用社交功能强大的微信开展宣传，陆续开发了微信导览、展览推送、相关阅读等，逐步实现整体服务线上化。新媒体与传统媒体的最大区别在于"效果评估"。新媒体运营团队可以利用对后台用户数据的分析制定或调整策略，积累经验，并不断寻求新的方式来完善传播机制。中国茶叶博物馆周文劲认为，博物馆传统宣传有很强的专业性，普通群众没有相关专业知识很难看得懂。互联网思维则是用户至上、体验为王，它推动博物馆传播以"自我为中心"

转向为"以用户为中心"。①

新媒体最被称道的是它的与公众的"连结性"和"互动性"。在新媒体时代，以"人格化"的方式推出创意互动活动，成为博物馆塑造和提升形象，让品牌走进公众内心深处的有效途径。如中国国家博物馆的微信订阅号2019年由"小博"更名为"国博君"，在内容上通过运用拟人手法及第一人称代词等，生动形象地表达出运营者的情感，利用多种传播手段，注重网民互动，有效提升国家博物馆的信息公开、展览宣传等效果。网友称，更名之举改变了国博在民众心中"神秘、遥远"的形象，增强了国博君与"拥趸"之间的亲切感，显著提升了账号的吸引力。2019年全年@国家博物馆发布的转评赞总量超过1000次的微博内容中，网民互动类内容占比为56%，热门微博话题、抽奖转发等活动广受追捧，营造了良好的社区运营氛围。

同时，在官方微信方面，"国家博物馆"将众多数字化的博物馆服务迁移至手机微信客户端，以第一人称设置了"看展览""我要来""读国博"三个板块，为游客提供"预约入口"、展览地图、虚拟展厅、展览资讯等信息服务，吸引了更多公众关注。从博文传播力看，2018年8月30日至2019年8月30日"国家博物馆"共发文139篇，单篇文章平均阅读量21 389次，平均点赞量为116次。10万阅读量以上的爆款文章4篇（见表10-1）。

表 10-1 "国家博物馆"微信高热文章TOP10列表

文章标题	阅读量
国博有情|想不想来国博看个展，从早九点到晚九点那种？	10万+
国博新展|大美亚细亚！49国400余件精品文物，来国博啦！	10万+
盛世大唐绝代风华|"大唐风华"展览今日开幕	10万+
国家博物馆又放大招，"大唐风华"展览开幕在即	10万+
国博新展|191件套精品文物，让你足不出户感受新疆！	9万+
国博新展|意大利返还的700余件文物展出啦！快来留言赢奖品吧！	9万+
"虎鎣"回家入藏国博	8万+

---

① 周文劲：《浅谈新媒体时代的博物馆对外宣传》，《今传媒》2017年第12期，第95页。

续表

文章标题	阅读量
国博有情|我们明天开馆啦！这些重要信息莫错过	6万+
中秋将至，来国博看这些精彩展览	6万+
展讯|玩转满城汉墓展，金缕玉衣都来啦！还有独家视频哦！	6万+

面向未来，中国博物馆应该顺应科技发展的潮流，主动利用新媒体新技术革新展览、传播的方式，以网为媒将文化传播到世界各个角落。新媒体时代，传播渠道变化、用户场景变化、流行文化变化三因素带动传播语境变化。品牌想拥有好口碑和长久的生命周期，需要通过移动互联网的新媒体渠道追踪用户的习惯。博物馆在运维自己的新媒体账号时也要贴近用户喜好，除主动设置议题、"制造"热门话题、使用网络流行语、推出创意互动活动外，还要切实转换思维方式，加强与公众在线互动，真正做到良性沟通。

四、让优质媒体成为博物馆之声的扬声器和形象塑造的同盟军

文物，是承载于实物之上的文化。郑振铎先生曾指出："每一个民族文化的特征，最好的表现，便是在各个时代遗留下的古文物、古文书上。"文物的核心价值和意义不是器物本身，而是文化。任何一件文物或一处遗址，背后都有丰富的历史文化故事，都承载着中国智慧、中国精神和中国价值。博物馆在对文物价值的挖掘阐释，充分发挥文物的时代价值方面负有职责。激活文物的时代生命力，让文物活起来，是新时代博物馆的使命。

无论是要讲好文物背后的故事，"见证历史、以史鉴今、启迪后人"，还是塑造和提升博物馆形象，除了依靠博物馆本身的努力以外，离不开媒体。公众对博物馆的认知和评价，很大程度受传媒的引导和影响。以报纸、杂志、电视、广播、网络、社交媒体等为主要载体的现代传媒扮演着社会传播者的角色，是公众获取和传递信息的重要渠道。媒体是"传声筒"，是"扩音器"，掌握了最有效的传播渠道和工具资源，能够实时地、直接地传播信息。媒体的报道对博物馆形象的正负程度和扩散范围起着相当重要的作用。

博物馆在塑造和提升品牌形象的过程中要善待媒体，善于让优质媒体成为博物馆之声的扬声器。当今世界，传播的方式日益多样，大众媒体和自媒体非常广泛，对博物馆形象的形成和传播起着越来越大的作用。所以，博物馆应当发挥媒介优势，源源不断地通过媒体把正面的、富有个性的形象信息传递给社会公众，使之深植于公众心目中，不断提高博物馆的知名度和美誉度。活跃在中国博物馆新闻报道领域的媒体大致有三类：其一是中央新闻单位，如《人民日报》、新华社、中央广播电视总台、《求是》、《解放军报》、《光明日报》、《经济日报》、《中国日报》等；其二是文化文博行业媒体含新媒体，主要有国家文化和旅游部官方网站、国家文物局官方网站、《中国文化报》、《中国旅游报》、文旅之声、文博在线、文博中国、艺术中国、弘博网、博物馆头条等；三是很多地方媒体也对博物馆动态颇为关注，尤其在文物大省和文化传媒发达的省份更为活跃，比如《新京报》、《北京日报》、《北京青年报》、北京卫视、《文汇报（香港）》、《文汇报（上海）》、《新民晚报》、澎湃新闻、《南方都市报》、《羊城晚报》、《广州日报》等。

鉴于媒体关系对博物馆品牌建设的重要性，一流博物馆与一流媒体的合作已由展览、活动的微观层面逐步上升为全方位的战略合作。2019年3月，上海博物馆与东方网共同签署战略合作协议，发挥新闻网站的传播优势和艺术领域的专业优势，开展互利共赢的合作发展新模式。双方将共同探讨在新形势下运用信息化手段，扩大博物馆丰富文化宝藏的信息传播，切实有效地促进博物馆各项工作的高效开展。双方将利用东方智库专业、多元的融合性资源平台和上海博物馆丰富独有的馆藏文化资源，共同打造具有专业性、历史性和国际性的战略目标，进一步总结、提炼、升华上海博物馆的品牌形象。同年，故宫博物院和《人民日报》开展战略合作，发挥故宫博物院馆藏资源优势和人民日报社媒体融合发展优势，加强对中华优秀传统文化的挖掘和阐发，通过"报、网、端、微、屏"等全媒体形式，多语种、全方位、多层次展示中华文化的独特魅力。四川日报报业集团则与四川省文物局、成都市文物局及四川博物院、成都博物馆、成都金沙遗址博物馆、四川广汉三星堆博物馆签署四川"文博+传媒"战略合作框架协议，探索文物与传媒跨界融合新路径，创新文物价值传播推广体系，推进四川文物全媒体传播，推动四川文博、文旅、文创产业发展。

中国国家博物馆2019年以来也与中央广播电视总台开创了合作新局面，先后推出文化和自然遗产日的中央电视台科教频道《2019中国记忆》90分钟特别节目，与央视网合作以微视频讲述新中国第一面五星红旗背后的故事，中华人民共和国成立70周年之际与中央电视台大型节目中心联合出品国庆快闪短视频《今天是你的生日》等，通过资源共享、优势互补、强强合作结出高品质传播的累累硕果，有力推动博物馆品牌形象塑造。特别是中华人民共和国成立70周年之际推出的《今天是你的生日》快闪短视频，在新媒体平台吸引超高声量，形成现象级传播。截至2019年10月2日，在微博平台上，@央视新闻首发微博视频获得播放量3890万次，原发微博被转发约169.7万次，网民评论高达37 324次，点赞量达到114万次；微博话题#一场特别的快闪祝福祖国#阅读量6亿次，讨论量191.5万次。在抖音平台上，视频"一场特别的'快闪'，一声特别的祝福，为新中国成立70周年献礼"成为当日"正能量"抖音热度榜的第二位，播放量将近1000万次，极大地提升了中国国家博物馆的知名度和美誉度。

综上所述，在媒体格局剧烈变动的时代，博物馆要树立良好的品牌形象，需统筹处理好传统媒体和新兴媒体、中央媒体和地方媒体、主流媒体和商业平台、大众化媒体和专业性媒体的关系，形成资源集约、结构合理、差异发展、协同高效的全媒体传播体系。博物馆应在掌握传播主动权的基础上，一方面通过官宣及时发布权威信息，另一方面聆听各类媒体的合理化建议，让大众媒体、社交媒体等与官宣形成内外和声。博物馆需要从战略上重视媒体关系，秉持对媒体合作的长期性、友好性，提升与媒体合作的时、度、效，与媒体广交朋友，循序渐进与优秀媒体人和传媒结构开展战略合作。重视博物馆人媒介素养的提升，帮助媒体深度了解博物馆，加深相互理解增进共识，及时根据不同媒体的特征禀赋给它们"加点料"，增强对媒体的调动力可控性。善于发现热点、制造热点，遵循传播规律，把握趋势，寻找媒体感兴趣的契合点，因势利导，合力打造对博物馆品牌价值提升事半功倍、能见度高、影响力大的高声量正面传播。善待媒体、利用媒体、引导媒体，最大化地将大众媒体的专业力量和广阔渠道为我所用,服务于博物馆形象塑造与提升。与此同时,尽可能减少其消极杂音,为博物馆各项事业的发展营造良好的舆论环境和外部空间。

第三节 创新决定博物馆品牌形象的生命力

品牌无处不在,我们生活中所接触的产品、服务,其背后都是形色多样的品牌。成功的品牌形象可以建立起消费者对品牌的信心、忠诚度。对博物馆而言服务无止境,形象是生命,品质是关键。要树立差异化经营的理念,以特色为品牌生命,以品质为品牌"硬核",才能赢得顾客、赢得口碑。

一、全球榜单折射行业阵营与一流博物馆气质品格

2019年4月,国际权威艺术媒体《艺术新闻》发布了2018年全球最受欢迎展览和博物馆榜单[1]。这份让业界翘首以盼的榜单,透露出的博物馆界的信息与发展趋势值得关注。卢浮宫凭借全年1020万人次的参观量,继2017年后蝉联全球最受欢迎博物馆称号。2018年卢浮宫的总参观人数同比增加26%,打破了该馆2012年970万人次的历史纪录。2018年,中国国家博物馆以860万人次的总参观量(本馆统计为861万人次),位居全球最受欢迎博物馆榜单第二名;大都会艺术博物馆以近700万人次的参观量排行第三;梵蒂冈博物馆位居第四。大英博物馆在过去10年中一直是英国访问量最大的博物馆,但2018年这一地位被泰特现代艺术博物馆取代,在全球最受欢迎博物馆新榜单中,大英博物馆位列第六名。

榜单如同一面镜子,折射出当今全球一流博物馆对全球观众的吸引力。榜单上位置的变与不变,是博物馆核心竞争力和品牌实力最为直观的注脚。自2015年以来,中国国家博物馆多次位列全球最受欢迎排行榜"榜眼",表现出稳定而强劲的发展态势。同时也应看到,中国上海博物馆所推出的展览在全球最受欢迎展览

---

[1] 宋佳烜编译:《国际权威艺术媒体〈艺术新闻〉发布的2018年全球最受欢迎展览和博物馆榜单》,《中国文化报》2019年4月15日第4版。

榜单前10名中独占5席。其中,"心灵的风景:泰特不列颠美术馆珍藏展（1700—1980）"展出期间每天吸引7000余人次参观,成为2018年全球第四大最受欢迎展览。此外,"巡回展览画派:俄罗斯国立特列季亚科夫美术馆珍品展"、"山西博物院藏古代壁画艺术展"、"朱昌言、徐文楚伉俪捐赠青铜器展"和"欧亚衢地:贵霜王朝的信仰与艺术"特展也榜上有名。

二、一流品质是金字招牌的灵魂

品质是构成品牌形象的首要因素,也是决定品牌形象生命力的首要因素。博物馆树立品牌、维护品牌,必须从产品和服务的品质抓起。一流的品质才是赢得顾客、赢得口碑的敲门砖。没有一流的品质,就不可能获得消费者的信任,更谈不上品牌形象的塑造。

在博物馆行业发达的国家,平均大约10万人拥有一座博物馆。如果按照我国14亿人口来算的话,每座博物馆平均覆盖人数约27万人。中国博物馆协会理事长兼秘书长安来顺说,中国博物馆目前看来虽然总数偏低,但是提升发展质量更是重中之重。如果我们这5100多个博物馆质量都提升了,赶上甚至超过国际先进水平的话,也是不得了的成就。[①]

随着文旅融合的深化发展,文博资源大大丰富、优化了旅游内容和品质,旅游产业反过来也拓展了文物价值传播的广度和深度。消费者需求日益多样化、多元化、个性化。在消费升级到来的时候,博物馆是否能够给用户带来更好的品质体验是成败的关键。整合营销传播之父唐·舒尔茨曾说,过去的座右铭是"消费者请注意",现在则应该是"请注意消费者"。中国博物馆需要聆听公众的品牌呼声,洞察公众的实际需求,品牌影响力和渗透力的真谛在于挖掘隐藏在消费者行为和心理中的真实需求与偏好。一方面,完善现有产品和服务以适应观众需求;另一方面,开发新的产品和提供新服务来满足观众需求,尤其增加高质量的

---

① 严雨程:《全国政协委员安来顺:博物馆应找准自己的定位》,https://www.sohu.com/a/300677808_617717,访问日期:2020年3月20日。

定制产品、创意体验产品、研学产品，提供更加精细化、差异化的产品和更加舒心、放心的服务。

此外，品牌维护离不开创新。一个成功的博物馆需要求实创新、推新出新，不断推出更加优质的展览、服务、文创、公共教育活动来丰富品牌内涵。这是在消费者心目中建立"品牌偏好"和"品牌忠诚"的基本要素。

三、点燃"品牌时刻"提升博物馆社会关注度美誉度

品牌与消费者的"亲密接触点"也被称之为"品牌时刻"。在互联网信息爆炸、专注力稀缺的时代，精准的洞察和创意的内容是打动受众的关键一环。重新聚合公众分散的注意力才是品牌形象价值信息有效传播的基石。简言之，品牌需要的是抢占传播"C位"（核心位置），帮助品牌在高光时刻聚合流量，助力品牌一键释放社交能量，赢得消费者的青睐。对于博物馆而言，"品牌时刻"往往伴随于重要展览和重大活动。每当这时，博物馆以富有感染力的文化内涵、独特的交互方式与观众之间形成精神层面的对话，以更具个性、更有态度、更加"走心"的形式，把自己的价值观和精神自信传递给用户，拉近与公众的距离，激发他们的精神共鸣。

越来越多的博物馆开始关注、用心经营属于自己的"品牌时刻"。上海博物馆2018年年末压轴展览"丹青宝筏——董其昌书画艺术大展"引发观展热潮。展览以上海博物馆馆藏为主，同时向海内外多家重要收藏机构商借藏品，遴选董其昌及相关作品共计百余件/组，打造书画收藏爱好者不容错过的艺术盛事。为丰富传播点，点亮和延长"品牌时刻"，上海博物馆对"展—研—创—博物馆之夜"展开一体化策划。不仅邀请专家进行学术演讲，还为大展精心设计了4大系列50余种共计160余款文创产品。文创产品以另一种方式呈现了展品的精致，使观众观展尽兴而归之余，把艺术之美带回家。闭幕当晚，"董其昌和他的江南：上海博物馆奇妙夜"通过艺术夜话、江南丝竹音乐演奏、珂罗版体验等为展览画上圆满的句号。

重要展览的开幕时间，是各大博物馆精心考量的"品牌时刻"。2019年1月30日，正值农历新年前夕，"尾田荣一郎监修Hello, ONE PIECE路飞来了！"（图

10-5）中国巡展第二站成都站"登陆"四川博物院。主办方特意将展会开放时间延长，从9时到20时都可以到场参观。为了方便观众"打卡"，现场预留了多个照相区域，如悬赏令展示等拍照区供自由取景。60元到120元不等的票价依然让习惯了免费看展的成都动漫观众欣然前往。四川博物院宣传营销部负责人表示："优质展览内容吸引更多文化消费，消费所得资金扩大展览投入，更高的投入催生更优质的展览内容。"

图10-5 "尾田荣一朗监修Hello，ONE PIECE路飞来了！"展览现场[①]

明确自身使命价值、准确判断自身定位和"品牌时刻"，也是博物馆大力提升品质，在创新中提升形象的重要能力。2018年3月和2019年4月，中国国家博物馆分别组织召开"新时代新气象新作为：全国博物馆馆长论坛"和"全球博物馆馆长论坛"，以行业头雁的姿态开启自身的"品牌时刻"，并通过从中央媒体到地方媒体、从传统媒体到新媒体的全方位立体化传播格局赢得广泛好评。根据人民网舆情监测中心监测数据，"全国博物馆馆长论坛"相关网络新闻115篇，报刊3篇，论坛8篇，微博7条，微信30篇。"全球博物馆馆长论坛"相关网络新闻1369篇，报刊59篇，论坛119篇，博客11篇，微信289篇，微博69条。从传播数据来看，全球博物馆馆长论坛受关注程度高于全国博物馆馆长论坛。（图10-6）

---

① 华声在线：《12月12日长沙文化海报：路飞来了》，https://baijiahao.baidu.com/s?id=1652634826874771896&wfr=spider&for=pc，访问日期：2022年3月21日。

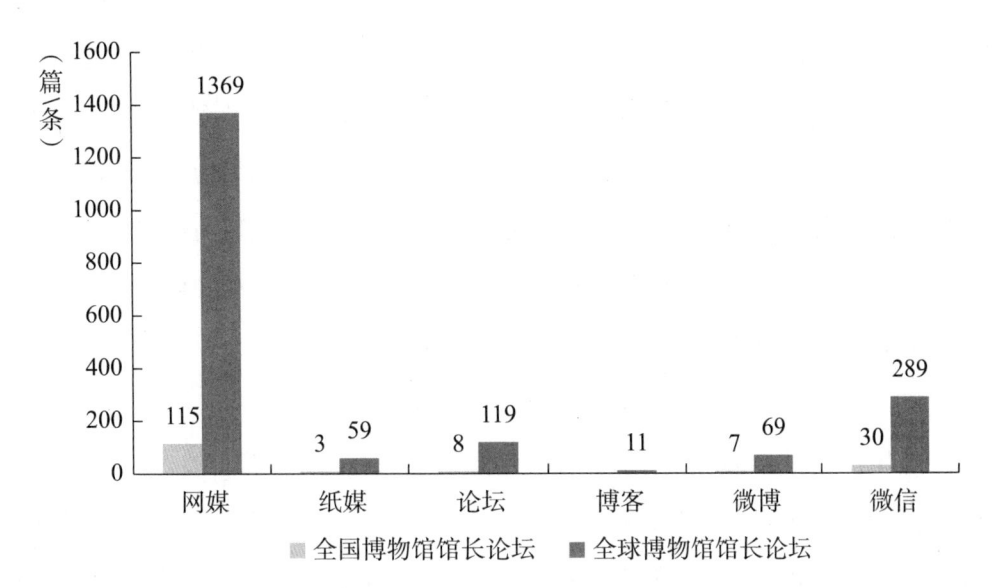

图 10-6　各渠道中中国国家博物馆两次论坛的相关信息量

从词频分析：全国博物馆馆长论坛中，"新时代中国""展览""文化""发展""交流""合作""推动"等成为热词。（图10-7）全球博物馆馆长论坛中，"丝绸之路""一带一路""交流""文化""合作""发展""文明推动"等成为热词，突出论坛主题。（图10-8）

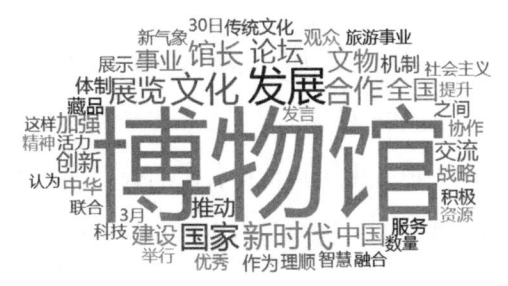

图 10-7　全国博物馆馆长论坛热词　　图10-8　全球博物馆馆长论坛热词

与会国家博物馆馆长希望博物馆成为"一带一路"代言人和构建人类命运共同体的践行者。法国跨文化交流协会主席克劳德·莫拉德高度称赞了丝绸之路在促进国家之间交流合作方面的作用。网友king说："看得出来，国博从去年开始也在积极求变。"网友A说："展现民族自信自强的文化盛会！国博'V5'！"两次论坛的成功举办在中外博物馆界广受好评，点亮了中国国家博物馆的"品牌时刻"。

2020年全社会抗击新冠肺炎疫情，中国博物馆人也投入这场没有硝烟的战斗中，充分利用网络平台，推出了一系列云端看展活动，丰富了疫情之下的人民精神生活，受到公众热捧。尤为值得一提的是，中国国家博物馆在新冠肺炎疫情给全球博物馆的生存和运转带来巨大冲击的背景下，作为世界一流大馆为消除政治隔阂、打破文化壁垒和深化国际交流和跨文化传播，以"手拉手：我们与你同在"为主题发起全球倡议，与来自各大洲的16个国家级博物馆联合，让全球观众在云端欣赏世界顶级博物馆的"馆长之选"，领略不同民族与文化的魅力，为后疫情时代全球博物馆开拓云端事业和云端携手合作贡献了中国智慧。

中国国家博物馆通过这一活动再次点燃了自身的"品牌时刻"。2020年9月6日当晚，作为本次活动的倡议方和全球接力的"第一棒"，中国国家博物馆携手中央广播电视总台，为中外观众在云端奉上60分钟中国国家博物馆专场，采用8K拍摄、制作，大屏呈现文物细节，通过AR、动画，全程5G直播带给观众沉浸体验。中国国家博物馆馆长王春法现身直播现场，为全球观众讲述了馆藏陶鹰鼎、错金银云纹铜犀尊、伏羲女娲像立幅、针灸铜人、霁蓝釉粉彩描金莲花纹双燕耳尊等5件馆藏珍品的历史价值、审美价值、科学价值、文化价值，并回答网友提问。近20家平台参与了直播，吸引约5000万观众在线观看、参与互动，当天微博话题阅读总量逾1.9亿，其中中国国家博物馆主持的"全球博物馆珍藏展示在线接力"话题阅读量1.1亿，一度登上新浪微博热搜榜。16场直播共计吸引约2亿中外观众在线"追剧"。境外媒体高度关注，通过英语、俄语、西班牙语、阿拉伯语等多语种传播，参与馆及文化主管部门网站纷纷转发本次活动的创意、新闻和视频，表达参与本次活动的认同感和收获感。

第四节　小结

随着中国日益走向世界舞台中央，跨文化传播日益频繁，博物馆只有在使命指引下，才能更好地开展收藏、研究、教育、传播等各项工作，进而树立与使命相一致的国内国际形象。

中国博物馆究竟应该是怎样的形象？观众来走一趟，能看到什么、收获什么、想到什么、留下什么、带走什么？在5000多年文明发展中孕育的中华优秀传统文化，积淀着中华民族最深层的精神追求，代表着中华民族独特的精神标识，是我们最深厚的文化软实力，也是引导世界全面、准确认识当代中国和中国人民的故事源泉。

当代中国博物馆人应坚定文化自信，担负起把中华优秀传统文化的精神标识、文化精髓提炼出来、展示出来的时代使命。"活"起来是时代的声音，"活"的形式千姿百态。在"活"起来的进程中，博物馆人面临深化供给侧结构性改革，向高质量发展转型升级的机遇与挑战，需要创造性地去寻找、凝练、展示、阐释、传播文物中蕴含的中华优秀传统文化、革命文化、社会主义先进文化的基因，增强文物与人的关联，强化文化传播功能，推动文物价值向当代价值的深层次转变，进而塑造博物馆在公众眼中的形象、提升博物馆的品牌价值，彰显深厚的文化底蕴，让世界看到中华文明悠久丰厚的历史积淀、灿烂辉煌的文化艺术，全面、充分、立体地展现出中华文明的不朽魅力。

第十一章
中国博物馆的国际交流与合作

近年来,博物馆在对外文化交流中扮演着越来越重要的角色。博物馆的国际交流与合作是推动中华文明"走出去"和世界文明"引进来"的重要手段,也是展示国家形象、提升文化自信的有效手段,是不断满足人民日益增长的美好生活需要的必然要求。积极配合国家外交大局,加强文明交流互鉴,坚定文化自信,举办和参与国际交流展览活动,推动构建人类命运共同体,是中国博物馆国际交流与合作的重要使命。与此同时,博物馆国际交流与合作也是博物馆展览策划、学术研究、对外沟通、宣传推广等多方面综合实力的重要体现。

随着国际合作领域的不断扩展,中国在国际博物馆界"朋友圈"不断扩大,中华文化走出去步伐频率加快,影响力与日俱增。文物援外和联合考古范围不断拓展,国际文物避难所在中国落户,国际性培训中心日益壮大,"一带一路"沿线博物馆国际交流合作日益紧密,国际联合策展机制趋于成熟,中国提出的平等、互鉴、对话、包容文明观日益得到世界的广泛认可,越来越多的中国声音受到国际社会的理解、响应和支持,中国方案成为重要选择,交流互鉴成为中国逐步走向世界舞台中央的重要推动力量。"十三五"期间,我国博物馆举办300余项文物进出境展览,"大美亚细亚——亚洲文明展""三国志"特展等盛况空前,中华文化国际影响力得到有力彰显[①]。

第一节 博物馆国际交流与合作的功能定位

博物馆是保护和传承人类文明的重要殿堂,是连接过去、现在、未来的桥梁,在促进世界文明交流互鉴方面具有特殊作用。近年来,中国博物馆的国际交流与合

---

① 刘玉珠:《中国博物馆进入历史上最好的发展时期,新时代责任更重》,http://cul.china.com.cn/2020-05/18/content_41155515.htm,访问日期:2022年3月2日。

作活动频繁且成效显著，桥梁作用日益凸显，外交使者角色塑造更加鲜明，各博物馆通过多级多层、形式多样、内容丰富、运转高效的交流活动，推动世界文明交流互鉴、共同发展，贡献了中国智慧和中国方案。

一、博物馆是文明交流互鉴的平台

博物馆肩负着搭建文明交流的沟通桥梁，推进不同文明互鉴的重要职责，通过国际交流与合作，博物馆能够向观众全面展示世界文明的丰富多彩，回应"美人之美，美美与共"的时代诉求，成为不同文明和谐共处、相互促进的典范，体现强大的连接力、包容力和创造力。

根据《国际博物馆协会章程》，博物馆是一个为社会及其发展服务的、向公众开放的非营利性常设机构，为教育、研究、欣赏的目的征集、保护、研究、传播并展出人类及人类环境的物质及非物质遗产。博物馆是人类共同的文化遗产，集中展示一个国家或地区的文化。中华人民共和国成立初期，中国博物馆和国外博物馆的交流展览，就发挥了增进中外交流与理解的积极作用。改革开放以来，我国1000余项文物展览走向世界，外国观众超过1亿人次。[①]博物馆发挥着不同文化交流汇聚、世界文明交流互鉴的桥梁纽带作用。

博物馆作为保存、保护、展示人类历史和文化积淀的场所，延续和发展着不同国家与民族的文化根脉。在国际交流中，通过多种形式展示各国各民族特色鲜明的物质及非物质文化遗产，使人类共同的精神文化财富在沉淀中历久弥新，在相互交流中焕发新的生机与光彩，为现代文明发展提供可资借鉴的传统智慧。

随着全球化不断推进，一种精神世界的回归——"乡愁"，也越来越引起人们注意。"乡愁"不仅反映在日常生产和生活等物质基础上，还蕴含着不同国家和民族的思想观念、人文精神、美学意识及道德规范，是其思想文化气质的集中体现，在本质上是人类共同的精神与情感诉求。不同空间与背景下的"乡愁"，拥有相同的文化属性与内涵。博物馆的跨文化交流，凝聚人类共同的基本共识，满足人类共

---

① 刘玉珠：《让中华文明薪火传之久远》，《人民日报》2018年10月31日第23版。

同的精神需求，有助于消除因处于不同地域、不同发展阶段所产生的隔阂和情感冲突，有助于在不同文明之间产生凝聚力，使对外交往具有更深厚的人文品质，更有温度及感染力。博物馆是展示世界文明的窗口，是不同文化交流汇聚、增进相互理解认同的场所，是文明交流互鉴的平台。

二、博物馆发挥"外交使者"作用

近年来，博物馆领域国际交流日益广泛，中华文化影响力不断彰显。对外合作交流呈现出多层次、多渠道、全方位的发展势头，博物馆日渐走向世界舞台中央、成为国际人文交往的焦点。博物馆越来越融入国家外交大局，成为"外交使者"，通过文化外交，增进民间交往，成为不同文明和谐共处、相互促进的典范。文物国际交流合作拓展了对外开放的新领域，提升了文物领域国际传播能力，在传播中华文化、展示国家形象、提升中国文化软实力方面，发挥着不可替代的作用。

（一）努力融入国家外交大局

中国博物馆不仅是向世界讲述中国故事的平台，更是国家外事活动的重要场所，为世界了解中国提供了一个窗口。世界遗产西湖之畔齐聚二十国集团领导人，北京故宫见证中美元首历史会晤，曾侯乙编钟为龙象之舞合奏齐鸣，亚洲文明展闪亮亚洲文明对话大会，中法元首豫园夜话传递开放胸怀，每一帧都是高光时刻。①

1.助力主场外交，打造"中国名片"

习近平主席多次在中国国家博物馆、故宫博物院陪同外国元首出席文化活动。作为国家文化客厅，一直以来，中国国家博物馆和故宫博物院都是服务国家外事活动的重要机构，积极接待来访团组、外国政要及随行人员、相关官员等，是外国元首了解中国的重要窗口。随着博物馆自身的发展，越来越多的中国博物馆为外事活动提供活动场所。据统计，秦兵马俑迄今已到访过世界上50多个国家和地区的150个城市，并且先后有外国元首、政府首脑220位，各国部长及社会名流3000余位到秦始

---

① 刘玉珠：《让文物活起来大有可为》，《人民日报》2019年12月28日第5版。

皇帝陵博物院参观。2018年4月，习近平主席在湖北省博物馆会晤印度总理莫迪，敲编钟、看乐舞、赏文物，并把中国文博创意产品作为国礼赠送，再次成就了文物主场外交佳话。2019年亚洲文明对话大会期间，来自亚洲47个国家和五大洲的国家元首、政府首脑、国际组织负责人等齐聚北京，为配合大会的召开，一系列展览组成的"亚洲文明联展"，聚焦亚洲文明交流互鉴与命运共同体的主题，传承弘扬亚洲和世界各国璀璨辉煌的文明成果，增强亚洲文化自信，凝聚亚洲发展共识。

2.策划精品展览，彰显中国魅力

"十三五"期间，中国博物馆积极服务国家外交大局，举办文物进出境展览300余项。近年来，配合国家外交大局举办的"汉风""秦汉文明""华夏瑰宝""大美亚细亚——亚洲文明展""三国志"等特展，作为靓丽的"外交使者"，上演了丰富文化外交、推动文明互鉴的重头戏。[①]展览作为博物馆的"核心产品"，因其持续的时间长，从而具有较强的传播交流特性，更加易于被人们认同接受，逐渐成为我国外交活动的重要组成部分，正有效发挥拉近人民间距离、烘托外交氛围的作用。

（二）主动配合国家重大外交战略

2013年习近平总书记首次提出"一带一路"倡议以来，沿线各国博物馆积极响应，交流合作不断深化拓展，逐步成为沿线各国间文化交流的重要内容。"一带一路"倡议在文化交流领域取得的成功在于其始终坚持开放、合作、共赢，唤起了沿线国家的历史记忆，并在当前崭新的时代背景下继续沿袭并进一步发扬了古代丝绸之路中所蕴含的和平合作、开放包容、互学互鉴、互利共赢的丝路精神。

中国博物馆在《文化部"一带一路"文化发展行动计划（2016—2020年）》等政策支持下，积极贯彻落实我国与"一带一路"沿线国家和地区签订的文化合作（含文化遗产保护）协定、年度执行计划、谅解备忘录等政府间文件，推动成立

[①] 刘玉珠：《承前启后 勇于作为 探索博物馆事业发展的新途径——在全国博物馆工作座谈会上的讲话》，https://www.ncha.gov.cn/art/2019/2/22/art_722_153749.html，访问日期：2022年3月2日。

"丝绸之路国际博物馆联盟",建立城际文化交流合作机制,促进沿线文化交流与合作机制化发展。多家博物馆把"一带一路"作为重要主题,在国内外成功策划或举办了大量精彩纷呈的主题展览,从"走出去"和"引进来"两个维度,深入推动和配合了国家"一带一路"倡议在文化领域的实施与发展。在展览内容选择和呈现方面,中国博物馆尝试从不同展览方式、不同纬度、不同视角出发,展现丝路沿线国家及地区璀璨的人类历史文明,充分诠释丝路精神,同时表明中国喜迎不同优秀外来文化、持续推动中外文明交流互鉴的决心。2018年度,我国与"一带一路"沿线国家和地区举办的进出境展览共24项,占全国文物进出境展览总数的40.68%。其中,出境文物展览10项,占全国文物出境展览总数的25.64%,来华文物展览14项,占全国进境展览总数的51.9%,较2017年度(9项)大幅度增加。[①]"一带一路"国际合作在博物馆领域渐入佳境,正结硕果。

第二节 国际交流与合作组织化水平不断提升

多年来,欧美博物馆体系在世界范围内居主导位置,随着与联合国教科文组织、国际博物馆协会等国际组织的合作日益深化,深度参与博物馆国际治理,中国博物馆在国际博物馆行业的地位和话语权逐渐稳步提升。中国积极促进国际博物馆双边、多边、区域或全球层面的合作,牵头发起和参与各类国际博物馆组织和各项活动,推动文明对话,向世界传递中国声音,向世界贡献中国智慧和中国力量,国际影响力日益凸显。

一、拓展中国声音的传播渠道

中国博物馆在迈出国门、走向世界的过程中,始终坚持做国际通行规则的维护者、践行者、贡献者,着力提升深化中国博物馆与外方间的信任和友谊。同时注重自身话语表达,以共商共建共享的原则,围绕党的政治主张和重大国家战略,按照

[①] 中国文物交流中心:《金色名片——2018年度全国文物进出境展览集粹》,北京时代华文书局,2020,第16页。

国际普遍做法发起创建多层级的多边组织，寻求更多互惠合作和共同繁荣的机遇，为国际博物馆行业发展贡献新的更大的力量。

改革开放以来，中国先后加入了联合国教科文组织（1979年）、国际博物馆协会（1983年）、国际古迹遗址理事会（1993年）、国际文化财产保护与修复研究中心（2000年）、冲突地区遗产保护国际联盟（2017年）等与文化遗产有关的国际组织。

国际博物馆协会（International Council of Museums，ICOM）成立于1946年11月，是与联合国教科文组织保持官方联系的非政府组织，在联合国经济与社会理事会享有咨商地位。国际博物馆协会是世界上唯一代表博物馆和博物馆专业人员的国际组织，是国际博物馆界规模最大、最有影响的组织。1946年，中国受邀参加在法国卢浮宫举办的首届国际博物馆协会大会，遗憾的是中国代表无法出席，但这次受邀却具有象征意义。1983年，国际博物馆协会中国国家委员会正式成立，标志着中国首次加入文化类国际非政府组织。从此，中国博物馆界代表的身影开始活跃在国际博物馆协会的舞台上。目前，中国博物馆协会副理事安来顺长期担任国际博物馆协会副主席一职。中国博物馆近年来积极参与由国际博物馆协会发起的"5·18国际博物馆日"活动。2019年"5·18国际博物馆日"中国主会场活动开幕式在湖南省博物馆举行，中国政府高度重视，国家文物局局长刘玉珠出席并致辞，湖南省举办了多场配套活动。国内各级博物馆围绕"作为文化枢纽的博物馆：传统的未来"的活动日主题，纷纷举办了展览、讲座、博物馆夜场、社会教育活动等多姿多彩的活动。

中国近年加入的另一个与博物馆相关的重要国际组织是冲突地区遗产保护国际联盟（International Alliance for the Protection of Heritage in Conflict Areas，ALIPH）。该联盟于2017年3月8日在瑞士日内瓦正式成立，致力于保护战争冲突地区受到威胁的文化遗产，由法国前文化部部长、法国阿拉伯世界文化中心主任雅克·朗担任首任主席，法国卢浮宫前馆长让-吕克·马丁内兹任科学委员会主席。联盟初始资金由法国、阿联酋、沙特、瑞士、中国、科威特、卢森堡等国政府和部分私人企业提供。目前，国家文物局温大严为联盟董事会有投票权的成员之一，中国国家博物馆馆长王春法担任科学委员会委员。中国国家博物馆作为中国首个"文物避难所"加入了该联盟倡导的"国际性文物避难网络"，为保护战乱地区文化遗产、传承和发扬世界文化遗产贡献中国力量。

为推动博物馆工作专业化和现代化发展，中国博物馆也致力于创建多层级国际组织。21世纪以来，伴随着综合国力和世界影响力的日益增长，中国参与全球治理不断深化，中国博物馆也越来越频繁地由"登台唱戏"转变为"搭台唱戏"。各层级国际博物馆联盟是博物馆之间联合互动的新形式，目的是以达成重要共识为基础，围绕共同的目标或某一特定专业合作领域，创建多边合作组织，实现藏品资源的共建共享，创新藏品信息资源的开发与利用，改变单兵作战的局面，实现优势互补、扩大影响效果。

党的十九大以来，中国博物馆在国家、地方多个层面牵头成立了一系列综合或专业国际博物馆组织，为文明交流互鉴作出积极贡献。在国家层面，先后牵头成立了丝绸之路国际博物馆联盟、金砖国家博物馆联盟、亚洲国家博物馆联合会等国际组织，通过举办博物馆高层对话、交流展览、主题论坛等活动，在促进"一带一路"沿线国家民心相通、助力深化金砖国家伙伴关系、推动亚洲区域博物馆交流方面发挥了重要作用。在地方层面，国际博物馆馆长联盟2018年5月26日在江苏南京成立，并在南京市博物馆（朝天宫）举办了"首届国际博物馆馆长论坛"，签署了《国际博物馆馆长联盟备忘录（南京宣言）》。与其他国际博物馆组织不同的是，国际博物馆馆长联盟并非以博物馆为单位的国际组织，而是独具特色的国际博物馆馆长、馆领导的交流与决策机构[①]。

二、积极承担国际责任，提升国际影响力

近年来，随着中国博物馆事业繁荣发展、国际化程度的提高，中国博物馆在国际博物馆组织中扮演角色日益重要，国际影响力不断扩大，国际博物馆界的认可度也逐渐提升。中国代表在国际博物馆协会等国际博物馆组织中担任重要领导职务并出席高级别会议论坛，来自中国的专家学者活跃在不同层级和专业方向的国际学术

[①] 钱晓鸣：《"国际博物馆馆长联盟"成立备忘录在南京签署》，https://art.people.com.cn/n1/2018/0529/c226026-30021367.html，访问日期：2022年3月2日。

交流活动中，特别是在智慧博物馆、新技术应用、博物馆教育等前沿研究中，中国博物馆人努力为全球博物馆的持续发展贡献智慧。

中国博物馆协会副理事长安来顺于2016年至2019年任国际博物馆协会副主席，2019年再次高票连任国际博物馆协会副主席，任期至2022年[1]。同期，国际博物馆协会亚太地区联盟的2019年全体大会上，进行了2019年至2022年亚太联盟理事会选举，复旦大学教授魏峻再次高票当选联盟理事[2]。此外，在此次京都大会上，多名中国代表被国际博物馆协会下设的专业委员会选举为理事。中国博物馆界在国际博物馆协会中的影响日益提升，表11-1详列中国代表在国际博物馆协会任职情况，可以看出，任职国际博物馆组织的中国专家学者的年龄、性别等结构构成也更加均衡合理。

表 11-1　2019年9月中国代表在国际博物馆协会任职情况[3]

姓名	国内职务	在国际博物馆协会担任职务
安来顺	中国博物馆协会副理事长兼秘书长、北京鲁迅博物馆（北京新文化运动纪念馆）副馆长	副主席
关强	国家文物局副局长	中国国家委员会主席
殷皓	中国博物馆协会副理事长、中国科技馆馆长	科技馆委员会理事、亚洲区代表
万捷	中国博物馆协会安全专业委员会主任委员、河南博物院党委书记	博物馆安全委员会理事
魏峻	复旦大学教授	亚太地区联盟理事兼秘书
郑奕	复旦大学副教授	博物馆学专业委员会亚太分会常务理事
黄磊	湖南省博物馆学会秘书长	区域委员会理事兼秘书
邱文佳	上海交通大学博物馆	大学博物馆委员会理事

---

[1] 中国博物馆协会：《安来顺同志高票成功连任国际博协副主席》，https://www.chinamuseum.org.cn/detail.html?id=12&contentId=8688，访问日期：2022年2月24日。
[2] 中国博物馆协会：《国际博协亚太地区联盟召开会议 魏峻再次当选联盟理事》，https://www.chinamuseum.org.cn/detail.html?id=12&contentId=8692，访问日期：2022年2月24日。
[3] 国家文物局：《国际博协选举产生新一届执委会》，https://www.ncha.gov.cn/art/2019/9/10/art_722_156676.html，访问日期：2022年3月2日。

自1983年加入国际博物馆协会以来,众多中国博物馆代表参加历届国际博物馆协会大会,取得了许多重要学术和专业成果。在2019年国际博物馆协会第25届大会上,来自世界五大洲近130个国家的4000余名博物馆专家和管理者参加,中国博物馆代表积极参与,让世界听到并听清中国声音。近300名中国博物馆的馆长、学者和青年博物馆代表参加区域博物馆、博物馆安全、纪念馆、登记著录、展览交流、博物馆学、博物馆数字化等国际委员会的学术会议,发表数十篇论文[①](表11-2)。

表 11-2 中国博物馆代表在第25届国际博物馆协会大会上发言情况

序号	会议名称	发言人	发言题目	发言机构
1	亚太地区联盟2019年全体大会	艾静芳	《作为文化包容的中心——中国博物馆和实践》	中国博物馆协会
2	亚太地区联盟与城市博物馆委员会联席会议	赵丰	《作为文化遗产的丝绸在博物馆中的未来》	中国丝绸博物馆
3	博物馆乐器与音乐委员会会议	杨瑾	《"可听见"的多种方法:博物馆音乐类藏品教育功能再诠释》	陕西师范大学
4		张翔	《由内向外:从音乐出发创建博物馆的教育品牌》	湖北省博物馆
5		孙晓辉	《宋代怀古音乐实践纪实及其相关思考》	武汉音乐学院
6		乔晴		
7	服装委员会会议	赵丰	《博物馆:从传统走向未来的纺织/服装文化中枢》	中国丝绸博物馆
8	科技博物馆委员会会议	宋霁	《在淡水资源保护和城市可持续性方面进行合作》	武汉科学技术馆
9		季民卿	《连接人类和宇宙:上海天文馆》	上海科技馆

---

① 张敏:《中国博物馆的声音——记国际博协京都大会学术发言》,https://www.chinamuseum.org.cn/detail.html?id=12&contentId=8684,访问日期:2022年2月24日;张敏:《活跃在京都大会上的中国博物馆年轻人》,https://www.chinamuseum.org.cn/detail.html?id=12&contentId=8686,访问日期:2022年2月24日。

续表

序号	会议名称	发言人	发言题目	发言机构
10	纪念馆委员会	刘茹	《博物馆如何讲述讳莫如深的话题——日本细菌战罪行及其在博物馆中的体现》	侵华日军第七三一部队罪证陈列馆
11	博物馆教育委员会	钟玲	《延伸与拓展的博物馆教育项目》	四川博物院
12		陈蜀西	《博物馆教育阐释及其对公众关系之影响——中国与英国博物馆案例分析》	西南民族大学博物馆
13		孙紫和	《给乡村社区提供博物馆教育：网络视频直播课对延伸博物馆教育的中国启示》	南京博物院
14	区域博物馆委员会	黄磊	《生态博物馆中国化的历史进程与反思》	湖南省博物馆
15		张乐	《中式展览策划与设计——解读南京博物院展览的传统与创新》	南京博物院
16		赵甜甜	《政府主导与社会参与：论文化带建设语境下区域博物馆如何促进文化和自然遗产的可持续利用》	安徽博物院
17		石峰	《工业遗产再利用：从工厂变为博物馆》	淄川博物馆
18	博物馆定义、展望与前景委员会会议	吴辉	《对ICOM"博物馆"新定义草案的商榷与建议》	重庆师范大学
19	视听、新技术与社交媒体委员会会议	赵婧	《以行为逻辑为基础的博物馆网站信息组织和交互设计——以首都博物馆全新英文官网为例》	首都博物馆
20		李毅	《以多媒体技术为代表的现代科技与自然博物馆公共服务职能的发挥》	自贡恐龙博物馆

续表

序号	会议名称	发言人	发言题目	发言机构
21	博物馆安全委员会会议	赵甜甜	《"大安全"语境下的博物馆工作实践：论博物馆安全工作人员如何成为积极的社区教育者》	安徽博物院

大会期间，中国博物馆协会还正式发布了《中国博物馆发展》(Museum Development in China)一书。该书由加拿大洛德文化资源有限公司与中国博物馆协会联合编辑出版，美国罗曼和利特菲尔出版社（Rowman & Littlefield）2019年8月在美国出版。书中收录世界各国24位作者的文章，充分体现了中国博物馆的开放态度和国际化思维，让世界了解中国博物馆近年来的发展及其迅速发展的原因。[①]

"一带一路"是近年来中国博物馆国际化的主线。中国博物馆积极筹建以"一带一路"为主题的各类国际组织，并在其中担任重要职务，拥有重要话语权，向国际社会发出了清晰的中国声音。中国牵头成立的丝绸之路国际博物馆联盟、金砖国家博物馆联盟、丝绸之路国际美术馆联盟和金砖国家美术馆联盟等，理事长和秘书长分别是中国国家博物馆馆长和中国美术馆馆长，凝聚了"一带一路"沿线国家的数百个博物馆和美术馆会员，在国际博物馆和美术馆行业的引领作用越来越显著。值得一提的是，由中国国家博物馆起草的《首届丝绸之路国际博物馆联盟大会联盟章程》《金砖国家博物馆联盟章程》在各自的联盟大会上通过，得到国际博物馆界的认可。这些会议文件融入了中国博物馆秉承的"开放、包容、平等、尊重文化多样性、互学互鉴"的发展理念。在由中国国家博物馆主办的首届金砖国家博物馆联盟学术论坛上，中国国家博物馆还向其他金砖国家博物馆积极倡导"智慧博物馆建设"的理念。国际博物馆馆长联盟的宗旨除了体现对人类文化遗产和人类文明交流的精神外，也体现了其"中国特色"，即对全球中华文物事业的特别关注，倡导国

---

① 国家文物局：《国际博协第二十五届大会在日本开幕〈中国博物馆发展〉在京都发布》，https://www.ncha.gov.cn/art/2019/9/6/art_722_156634.html，访问日期：2022年3月2日。

际博物馆用全人类眼光看待中国文化艺术，也让外国人以新视角看待中国。[①]

第三节　展览交流的"金色名片"作用日益凸显

丰富而有价值的馆藏和数量繁多的精彩展览是博物馆的核心产品，国际展览交流毫无疑问是博物馆国际交流与合作最主要的一个方面。"十三五"期间，中国博物馆积极服务国家外交大局，举办文物进出境展览300余项，展览类型主要以艺术类和历史类为主。以开阔的国际视野引进国际优秀展览，通过展览让世界了解中国悠久璀璨的历史文化艺术，积极提升中国文化艺术的世界影响，是中国博物馆参与国际文化交流合作的重要内容和方向。

一、展览服务国家外交大局

博物馆国际交流展览是文化交流和文明互鉴的重要手段之一，在传播中华文化、增强文化自信、服务国家发展战略中发挥着极为重要的作用。近年来，配合国家外交大局在博物馆举办的文化交流活动日益频繁，交流层次日益提高。国际交流展览越来越多地被当作"金色名片"呈现在对方国家，在重大国际场合以普惠的方式为全体民众提供文化滋养，既为政府间交流合作搭台唱戏、增进共识，又有力促进了民心相通。

出境展览系统展示中华优秀传统文化、积极探索讲好中国故事，切实增强中华文明的传播力和影响力，2019年中国博物馆在国（境）外成功举办了数个具有较大国际影响力的展览，收获了大量来自各界的好评。2019年我国在境外举办的展览主要有中国国家博物馆赴塞尔维亚举办的"文心万象——中国古代文人的绘画与生活"展览和赴克罗地亚举办的"士人情怀——中国古代士大夫的人生追求和精神世界"展览，分别纳入两国政府文化交流和"文化旅游年"项目，成为文化外交品牌

[①] 钱晓鸣：《"国际博物馆馆长联盟"成立备忘录在南京签署》，https://art.people.com.cn/n1/2018/0529/c226026-30021367.html，访问日期：2022年3月2日。

项目，李克强总理还在克罗地亚为展览开幕式剪彩。中国博物馆正在通过不同主题积极讲述着"中国故事"，推动中华优秀文化走出国门，建设世界各国人民相融共生、多姿多彩的精神家园。

进境展览加深我国民众对境外文明差异的了解，在共享人类文明发展成果的过程中互学互鉴。2019年，为配合亚洲文明对话大会，文化和旅游部及国家文物局联合多国国家博物馆，49国精品文物闪亮"大美亚细亚——亚洲文明展"。中国国家博物馆"殊方共享——丝绸之路国家博物馆文物精品展"、故宫博物院"传心之美——梵蒂冈博物馆藏中国文物展"等相关进境展，以广阔的全球视野和准确的文化站位，在精神思想、价值理念、国家史观、民族荣誉、审美情趣等方面为观众提供了丰厚的滋养，堪称近年来的精品大作，在国家文化外交方面发挥了积极作用。此外，中国博物馆联系、组织、策划了大量对外交流展览，深刻践行了博物馆"走出去"和"引进来"的开放性原则。

二、展览促进文明交流互鉴

举办国际展览是博物馆依靠自身基本职能参与国际文化交流合作的重要方式。中国博物馆在国际交流与合作实践中，通过文物展览这张"金色名片"，讲好中国故事，传播中华民族勤劳智慧、友善包容的优秀品质，促进与世界各国民心相通、文化融通，推动构建人类命运共同体。通过引进境外高水平展览，丰富中国民众的文化生活，借鉴人类文明优秀成果。在全球化的浪潮中，博物馆展览作为中华优秀传统文化、革命文化和社会主义先进文化承载者和传播者的角色日益凸显，特别是在一些重大外事活动中较好地配合国家外交大局，传播中华文化，帮助各国人民深入了解中华民族的悠久历史和文明进程，起到了十分积极的作用。博物馆举办国际交流展览不仅成为我国对外文化交流的重要方式之一，也成为展示国家形象、提高文化自信的有效手段，对促进世界文明交流互鉴方面具有特殊作用。随着国家的全面开放和博物馆事业与国际的进一步接轨，举办国际展览的博物馆数量不断增大，次数不断增多，规模不断扩大，越来越多的展览由国外引入国内，成为观众了解世界各国文化、拓展国际视野的有效方式。

根据公布的统计数据，"十三五"期间，中国博物馆举办出境文物展览约200项，出境目的地广泛分布于亚洲、欧洲以及北美洲，涉及卡塔尔、日本、新加坡、韩国、哈萨克斯坦、意大利、波兰、英国、荷兰、德国、葡萄牙等20余个国家以及中国港澳台地区。同时，中国博物馆共引进展览约100项，来源地包括印度、韩国、马来西亚、日本、意大利、俄罗斯、英国、法国、比利时、希腊、美国等近20个国家以及中国港澳台地区。

从进出境展览中所涉及的国内文博机构分布来看，展览的中方主办单位近四成来自北京，具有十分明显的优势。其他举办进出境展览较多的省（区、市）还包括广东、浙江、上海、河南、江苏等地，基本分布在东部沿海地区。这些中方主办机构基本都是中央和省属博物馆或文物主管部门，如中国国家博物馆、故宫博物院、国家文物局、南京博物院、上海博物馆、河南省文物局等，同时也包含宁波博物馆等市级博物馆。这说明省级以上所属博物馆在国际交流展览中仍占据绝对优势，发挥重要作用。以中国国家博物馆为例，自2012年新馆开馆以来，借助强大的平台影响力，在举办国际交流展览方面大有作为，与英国、意大利、法国、德国、俄罗斯、波兰、美国、加拿大、墨西哥、新西兰、沙特阿拉伯等14个国家和地区举办了30余个国际交流展，不仅引进了卢浮宫、大英博物馆、美国大都会博物馆、俄罗斯国家博物馆等世界著名博物馆的优秀展览，还向澳大利亚、塞尔维亚、克罗地亚等国家输出展览，将中国优秀传统文化向全世界传播，讲好中国故事。

2019年国家在文化艺术领域启动了大量"一带一路"交流项目，博物馆合作模式也进一步成熟，据不完全统计，2019年我国与"一带一路"主题相关的国际交流展览有9项（表11-3）。

表 11-3　2019年与"一带一路"主题相关的国际交流展览

展览名称	主办单位	展览日期	展览地点
闽侨旗帜 华人光辉——百国百侨百物展	福建博物院	2018.11.21—2019.8.22	福建博物院

续表

展览名称	主办单位	展览日期	展览地点
殊方共享——丝绸之路国家博物馆文物精品展	中国国家博物馆及12个"一带一路"沿线国家的国家级博物馆	2019.4.11—2019.7.14	中国国家博物馆
合作·共赢/一带一路国际版画交流项目汇报展	故宫博物院	2019.4.30—2019.5.31	故宫博物院
黑白艺术盛宴——中国磁州窑陶瓷精品展	磁州窑博物馆	2019.5.27—2019.8.18	韩国国立光州博物馆
梦回布哈拉——唐定远将军安菩夫妇墓出土文物特展	洛阳博物馆、乌兹别克斯坦国家历史博物馆	2019.6.20—2020.9.20	乌兹别克斯坦国家历史博物馆
丝路岁月：大时代下的小故事	中国丝绸博物馆	2019.6.21—2019.9.8	中国丝绸博物馆
丝绸之路上的文化交流——吐蕃时期艺术珍品展	敦煌研究院、美国普利茨克艺术合作基金会	2019.7.3—2019.10.22	敦煌研究院
白色金子 东西瓷都——从景德镇到梅森瓷器大展	上海市历史博物馆	2019.7.26—2019.11.3	上海市历史博物馆
丝路艺韵——长安画坛选粹展	西安大唐西市博物馆、哈萨克斯坦中央国家博物馆	2019.9.27—2019.10.9	哈萨克斯坦中央国家博物馆

中国港澳台地区博物馆也延续了活跃的国际交流展览氛围。2019年4月至6月澳门艺术博物馆与大英博物馆合作举办"大英博物馆馆藏意大利文艺复兴素描展"，展览汇集了文艺复兴时期意大利42位大师的52幅素描作品，展示了文艺复兴时期艺术的典型主题，从人类形态研究开始，探讨艺术家如何通过对运动、光影和服饰的研究，为其作品带来生命力和动感。"大英博物馆100件文物中的世界史"在北京、上海巡展后，于2019年5月18日至9月19日在香港文化博物馆巡展。

三、展览促进文化和旅游融合

近年来，"以文塑旅、以旅彰文"的理念将文化和旅游的融合不断推向纵深，文化旅游年就是中国特色的、颇具亲和力的新颖外交方式之一，越来越多的博物馆展览走进中外文化旅游年，成为国际文化交流的热点事件，如中国国家博物馆赴克罗地亚举办的"士人情怀——中国古代士大夫的人生追求和精神世界"展览等，都有力促进了文化和旅游的融合发展。

与此同时，来华旅游和出境旅游出现热潮，国际博物馆也自发地寻求合作伙伴，开展合作举办交流展览，满足民间互相了解的需求，增进友谊和互信。以故宫博物院与俄罗斯克里姆林宫为例，双方各自在对方博物馆举办了基于自身馆藏、展现本国自身文化特点的国际展览。2019年3月15日至5月30日期间，故宫博物院赴克里姆林宫博物馆举办"18世纪的东方盛世及清高宗乾隆皇帝"展览。同年，作为回馈，故宫博物院于2019年8月29日至11月8日展出了来自克里姆林宫博物馆的"穆穆之仪：来自莫斯科克里姆林宫的俄罗斯宫廷典礼展"。故宫博物院与俄罗斯克里姆林宫作为中俄两国历史上重要的皇家宫殿建筑和当今世界著名博物馆，通过相互展览的方式很好地促进了两国间的民心相通，让中俄人民在本国就能够较为完整清晰地了解到对方国家的文明与文化，进一步加深了两国及两馆之间的友谊。

虽然中国博物馆近年来在国际交流展览方面发展迅速且取得了引人注目的成绩，但同发达国家相比，仍有较大差距。从展览组织策划上看，目前国内博物馆的策展能力与世界著名博物馆仍存在一定差距，引进展览的策划过程中很难与国外大博物馆平等对话，策展权责分配不均衡。这种不平衡也导致入境展览和出境展览的数量存在较大差异，与国际通行的展览交换的对等原则产生冲突。此外，目前国内博物馆的自主策展能力差异明显，馆藏丰富的大型、综合性博物馆自主策展的基础较好，但小型博物馆或者专题博物馆则受藏品和研究范围局限，难以面向国际策划全新展览。从展览内容上看，国际交流展览的主题存在同质化现象：出境展览主题多聚焦于中国的古代文化艺术，但对于中国特色社会主义发展成就题材的展览挖掘还相对薄弱。据不完全统计，在2019年出境展览方面，全国仅中国国家博物馆在香港推出了以生动展现中华人民共和国成立70年特别是改革开放40年来中国走向现代化的战略抉择、发展进程和建设成就为主要表现内容的"现代化之路——共和国七十年"文物展览,这种情况应当引起重视,亟须改变。

第四节　人员交流深化理解和共识

近年来,随着对外合作空间的进一步扩大,中国博物馆积极加强博物馆人员之间的交流,加强国际策展人之间的合作,积极探索实现中国故事、国际表达的有效途径。人员交流内容涉及洽谈展览合作、海外展览展出、参加国际会议、参加国际人才培训项目、出访考察及专业人员来访交流等诸多方面。在这其中,出访考察项目涵盖博物馆安全管理、藏品保管、文物科技修复保护、博物馆导览讲解、博物馆数字化建设、展览多媒体宣传等多个方面,还包括举办国际博物馆馆长论坛和召开相关专业主题研讨会,同相关国家博物馆和重要文物科级研究机构结成伙伴,开展技术合作和人才交流。[①]伴随中国博物馆与境外博物馆的合作关系日趋紧密、中国博物馆在国际事务的参与度逐步上升,中国博物馆人通过多种方式深度参与博物馆国际治理,亮相国际舞台,推动中国博物馆与国际博物馆之间深度互动。2019年,中国博物馆与世界范围内不同文博机构间人员交流频繁,全国博物馆无论在出访团组批次人数还是来访批次人数方面都有了较大程度的提升。

一、加强国际策展人交流,促进博物馆交流对话

展览合作的开启都是建立在双方高度互信的基础上的。良好的共识基础正成为开展展览合作的重要前提。加强博物馆间的日常交流、联络及合作频次、强化人员交往、加深其他领域合作正成为深化中外博物馆间互信,拓展未来双方展览领域合作的重要推手。同时,在达成展览合作意向后,为能更好规范和保障双方在展览领域的合作,双方多会选择共同签署合作谅解备忘录的形式约束并保障双方展览合作

---

① 张文彬:《中国博物馆国际化的进程回顾与展望》,《中国博物馆》2006年第3期,第3页。

的顺利推进。

与展览相关的人员交流不仅频繁，种类也很多样，包括国际展览的洽谈、推介等，还有布展、撤展、开幕式代表团人员出访及来华，也有外国友人来访我国博物馆进行的交流活动，等等。无论是我国在各国举办的文物展览，还是国外博物馆在我国举办的展览，都成功搭建了不同文化、不同文明平等对话的平台，促进了学术交流和人员交往，增进了彼此的了解和友谊。[1]

策展人赴外学习交流是常见的形式。山东博物馆积极开展与日本文化机构的合作，建立了展览互换、人员交流与学术合作的长效机制。在博物馆人员交流与合作方面，2019年山东博物馆的展策人员赴山口县立萩美术馆·浦上纪念馆研修博物馆管理、陈列布展、教育宣传普及等。以展览为媒介进行人员交流，用文物讲好齐鲁大地故事的文化交流，进一步深化了山东省的对外交流与合作，扩大了齐鲁文化和儒家文化在山口县乃至整个日本的影响力和知名度[2]，密切了博物馆之间的联系，增进了中日的民心相通。

展览与研讨是深入交流的有效方式。如2019年中国艺术研究院主办的"一路守望 对话未来——纪念中俄建交70周年油画作品展"，不仅是凝结中俄两国油画艺术领域多年艺术实践成果的艺术思想盛宴，更是为近百位中俄艺术家、专家学者以及各界领导嘉宾提供了交流机会的国际盛事。在开幕式当日下午举办的论坛上，中俄艺术家和专家学者就中俄油画艺术交流现状进行了回顾、展望和成果梳理，深刻探讨和反思了中俄当代油画艺术创作中所面临的问题，并就当前两国在相关领域合作中实现更多积极影响的可能性进行了深度论证[3]。

二、组织国际培训，提升国家形象

加强国际合作，开展文物保护展览策划等各方面专业人才的培养，既是博物

---

[1] 张文彬：《中国博物馆国际化的进程回顾与展望》，《中国博物馆》2006年第3期，第10页。
[2] 郭映雪：《山东博物馆与日韩展览交流结硕果》，https://www.ncha.gov.cn/art/2019/5/10/art_723_154967.html，访问日期：2022年2月24日。
[3] 中国艺术研究院：《"一路守望 对话未来——纪念中俄建交70周年油画作品展"在京揭幕》，https://www.zgysyjy.org.cn/201/57705.htm，访问日期：2022年2月24日。

馆事业发展的需要，也是中国博物馆走向国际化进程的必然选择。中国博物馆联合国际组织积极开发的人才培训项目，如成立国际博物馆协会、中国博物馆协会和故宫博物院合作建立的故宫博物院国际博物馆协会国际博物馆培训中心，利用专业资源，每年为国内外博物馆专业人员举办两期培训班，采取讲座授课、藏品阅读、考察、研讨会、课外实践等交流形式，搭建国际交流平台，提供前沿知识信息。培训班为博物馆同人搭建良好的国际交流平台，如2019年11月的第十三期常规培训班，共招收31名学员，其中，中国学员16名，来自10个省市16家机构；国际学员15名，来自亚非拉欧14个国家。截至2019年底，培训范围已扩展至世界五大洲74个国家。

国际培训不仅有多边的合作，也有双边的交流。自2006年至今，根据中国国家博物馆与韩国国立中央博物馆签署的合作协议及备忘录，已连续14年开展馆际人员交流活动，收效颇丰。以2019年的人员互访交流活动为例，5月中国国家博物馆派4名专家赴韩参加"数字化时代，博物馆教育的方向与课题"研讨会，并围绕大数据物联网时代设备系统运行管理与节能等问题深入调研。7月，韩方4人来华开展智慧博物馆建设和安全保卫管理系统等业务交流。中央文化和旅游管理干部学院2019年举办哈萨克斯坦博物馆高级管理人员研讨班，以博物馆为主题搭建平台，促进中哈两国人文交流与合作，围绕进一步发挥博物馆的作用、加强博物馆国际交流与合作开展培训和专题考察调研，培训对象为哈萨克斯坦共和国国家博物馆馆长、专家学者和博物馆管理人员。

三、主办国际会议，深入交流聚共识

近年来，中国博物馆在一如既往坚持积极参加海外重要国际会议的同时，逐步由国际会议参与者向国际会议的发起者、组织者和参与者并存的身份转换。中国博物馆在国内自主筹备了多场具有国际影响力的博物馆会议，如中国国家博物馆在北京举办的全球博物馆馆长论坛、国家文物局和河南省人民政府主办在洛阳召开的第二届中国—中东欧国家文化遗产论坛、丝绸之路文物科技创新联盟在杭州主办召开的"一带一路"文化遗产保护与可持续发展高峰论坛等，吸引了全球博物馆人参与交流，赢得了世界各方的广泛支持与认可。为深化中德博物馆友好交流，拓展合

作领域，2019年，中国国家博物馆与德国驻华大使馆合作举办"中德博物馆合作论坛"。中德文化界重要官员、来自两国13家知名博物馆及研究机构的人员参与论坛研讨交流，各博物馆分享了世界大潮下的发展成就和经验，在开放务实的目标下深入探讨合作空间和方式。故宫博物院自2016年起成功举办三届"太和·世界古代文明保护论坛"，发表了《太和宣言》，吸引了来自世界各地的文化遗产领域同人出席。2018年第三届"太和·世界古代文明保护论坛"就有来自国际组织及埃及、希腊、印度、伊朗、伊拉克、以色列、意大利、墨西哥、叙利亚、中国等文明古国文化遗产领域同人及专家，围绕"作为文化景观的古代文明遗产——古都文化的保护与传承"主题，共同研究探讨了古都文明遗产的可持续性发展问题。2019年故宫博物院又以"保护人类文明遗产，促进遗产可持续发展"为主题，召开"文明古国论坛部长级会议学者论坛"。2019年11月28日至29日，香港特区政府康乐及文化事务署主办了以"创建与转型"为主题的第二届博物馆高峰论坛，超过30位来自世界知名博物馆和文化机构代表分享专业经验、远见和创新理念[1]。

筹备博物馆国际会议的意义在于增进博物馆间相互了解，加强人员互动，达成相互合作意向，形成广泛共识，签署相关合作协议，为拓宽未来博物馆间多领域合作提供良好的友谊支撑和协议支撑。实践一再证明，在各国利益深度融合、休戚与共的今天，全球化和平发展是时代潮流，多边主义的国际合作趋势是人间正道，构建人类命运共同体是大势所趋。

第五节　中国国家博物馆的对外交流与合作

中国国家博物馆作为代表国家收藏、研究、展示、阐释能够充分反映中华优秀传统文化、革命文化和社会主义先进文化代表性物证的最高机构，国家最高历史文化艺术殿堂和文化客厅，在配合国家总体外交大局，推动文明交流互鉴方面，具有

---

[1] 香港特区政府新闻网：《博物馆高峰论坛开幕》，https://www.news.gov.hk/chi/2019/11/20191128/20191128_132447_261.html，访问日期：2022年3月2日。

特殊地位和使命。2017年英国《卫报》报道，根据《主题公园指数和博物馆指数报告》，中国国家博物馆被评为全球最受观众欢迎的博物馆第一名。2019年《艺术新闻报》（The Art Newspaper）公布的全球最受欢迎博物馆中，中国国家博物馆排名第二，仅次于法国卢浮宫。根据中国文物交流中心和瞭望智库的"2019年度全国博物馆（展览）年度海外影响力评估"，中国国家博物馆在品牌知名度、公众服务力和行业声誉度方面排名靠前，受众吸引力在全国也位居前列。

一、努力发挥好国家文化客厅作用

中国国家博物馆践行国家文化客厅的重要功能与光荣使命，积极响应国家外交大局，推出了一系列配合国家外交活动、促进文化交流、助力政府间合作的展览。展览作为我国外交活动的重要组成部分，因其持续的时间长，从而具有较强的传播交流特性，更加易于被人们认同接受，正有效发挥拉近人民间距离、烘托外交氛围的作用。举办国际展览是中国国家博物馆依靠自身博物馆基本职能参与国际博物馆间文化交流合作的重要方式。2019年，中国国家博物馆积极服务国家外交大局，全年共举办国际交流展览8个，其中包括进境展5个，出国展览3个，从"走出去"和"引进来"两个维度，深入推动和配合了国家"一带一路"倡议在文化领域的实施与发展，充分发挥头雁作用，为促进实现文明交流互鉴贡献了中国国家博物馆智慧与力量。

（一）通过展览展示国家间的合作与共识

2019年4月24日，中国国家博物馆举办的"归来——意大利返还中国流失文物展"对外展出，这一展览意义重大。中意两国同是联合国教科文组织1970年《关于禁止和防止非法进出口文化财产和非法转让其所有权的方法的公约》缔约国。2006年1月，在该公约框架下，两国签署了《中意关于防止盗窃、盗掘和非法进出境文物的协定》。2019年3月23日，在中国国家主席习近平和意大利总理孔特的共同见证下，中意双方代表在意大利罗马签署交换796件中国流失文物艺术品的返还证书，共同树立了通过合作追索返还流失文物的新范例，展览亦由此而来。意大利总理孔特在国事访问的间隙,专程来到中国国家博物馆参观该展。文物的回归,特别是展览的举办,向世界表明两国政府共同合作保护人类文化遗产的坚强决心。

(二) 以系列展览提升"亚洲文明对话大会"主场外交温度

2019年5月15日,亚洲文明对话大会在北京举行,来自亚洲47个国家和五大洲的国家元首、政府首脑、国际组织负责人等各方嘉宾共聚一堂。为配合大会的召开,中国国家博物馆积极举办了"大美亚细亚——亚洲文明展""殊方共享——丝绸之路国家博物馆文物精品展"。这两个展览聚焦亚洲文明交流互鉴与命运共同体的主题,旨在传承弘扬亚洲和世界各国璀璨辉煌的文明成果。"殊方共享"展览更开创了合作新模式,联合"一带一路"沿线12个国家的国家级博物馆,每个国家以该馆馆长之言讲述其与中国的历史友好和人文交流,揭示了各国的文明交流与互鉴,同时也表达了今天各国间的合作与交流。

(三) 举办出境展览讲好中国故事

中国国家博物馆充分利用自身馆藏,聚焦优秀中华传统文化,让更多优秀的展览"走出去",对外讲好中国故事。2019年赴塞尔维亚举办的"文心万象——中国古代文人的绘画与生活"、赴克罗地亚举办的"士人情怀——中国古代士大夫的人生追求和精神世界"、赴澳大利亚举办的"中国艺术的历史表达——来自中国国家博物馆的书法与绘画"广受好评。特别是赴克罗地亚首都萨格勒布克洛维切维·德沃里美术馆举办展览,是中克文化和旅游年开幕式的重要活动,李克强总理和克罗地亚总理普连科维奇为展览开幕剪彩,并参观了展览。展览在克罗地亚大受欢迎。

二、积极助力国家重大外交战略

中国国家博物馆作为国家最高历史文化艺术殿堂和文化客厅,在国际交流合作中积极作为,努力诠释"一带一路"精神,探索博物馆国际合作新领域,服务助力国家重大外交战略。

为切实落实习近平主席"一带一路"倡议,落实关于加强文明交流互鉴、增强国家文化软实力的重要讲话精神,以"一带一路"沿线国家为重点,中国国家博物馆主动作为。2018年11月举办了首届丝绸之路国际博物馆联盟大会。2019年4月11日至12日，举办全球博物馆馆长论坛，继续加大与国外名馆特别是国家博物馆的合作力度，论坛吸引了全球五大洲24个国家的51位国家博物馆馆长或其代表、37家国内文博机构的73位负责人或其代表，以及联合国教科文组织驻华代表等百余位嘉宾参加。论坛为"一带一路"沿线国家博物馆间的交流合作提供了有力的支撑，各国博物馆馆长等与会代表表达出寻求和平合作、开放包容、互学互鉴、互利共赢，为携手共建人类命运共同体贡献智慧和力量的强烈愿望，并达成成果性文件《国博共识》。

为配合第二届"一带一路"高峰论坛，中国国家博物馆联合"一带一路"沿线12个国家的国家级博物馆，于2019年4月11日至2019年7月14日成功举办"殊方共享——丝绸之路国家博物馆文物精品展"，用234件/套文物全景式展现了陆上丝绸之路和海上丝绸之路的历史风景，较为系统、全面、综合地为公众展示了"一带一路"沿线各国在经济、科技、文化、艺术的互通互鉴，深刻揭示了构建人类命运共同体作为世界未来发展方向的历史必然性。展览被正式纳入"亚洲文明对话大会"配套展览。在3个月的展期里，观众达34万余人次。同时，该展览也得到论坛与会各国嘉宾的高度认可，肯定了中国国家博物馆积极与全球博物馆间的交流与合作。

在与"一带一路"沿线国家和地区在考古研究、文物修复、文物展览、人员培训、博物馆交流、世界遗产申报与管理等的国际合作方面，中国国家博物馆与蒙古国国家博物馆2016年正式签署合作备忘录。2018年4月，中国国家博物馆与蒙古国国家博物馆签署《中蒙联合〈蒙古国青铜器时期至早期铁器时期游牧文化〉考古研究项目合同》，两馆围绕蒙古国石特尔墓地联合考古项目正式开启了跨国联合考古合作，同时拓展了博物馆国际合作新领域。

三、持续拓宽国际交流与合作

（一）积极参与国际组织，提升话语权和影响力

中国国家博物馆积极参与冲突地区遗产保护国际联盟，正在申请加入国际博物

馆协会，以提升国际话语权和影响力。2019年，冲突地区遗产保护国际联盟首次在项目实施层面运作，开展了第一次、第二次项目征集评审，王春法馆长作为冲突地区遗产保护国际联盟科学委员会委员，积极参与100余个项目的立项、建议、研究和审议，在文化遗产保护国际性组织中积极履行我国作为文化遗产大国的责任，并发挥关键性作用。

（二）创新联盟机制，推动多边合作

国际博物馆联盟是各国博物馆之间联合互动的新形式，目的是加强博物馆之间的交流与合作，促进文明交流互鉴，实现优势互补、扩大影响的效果，为观众提供更优质的公共文化服务。2019年，中国国家博物馆主动作为，积极开展丝绸之路博物馆联盟、金砖国家博物馆联盟、冲突地区遗产保护国际联盟、亚洲国家博物馆联合会等国际联盟组织的工作。

一是逐步完善丝绸之路博物馆联盟、金砖国家博物馆联盟运作机制。丝绸之路国际博物馆联盟（International Alliance of Museums of the Silk Road，IAMS）在原文化部的倡导和支持下，由中国博物馆协会"丝绸之路"沿线博物馆专业委员会、国际丝绸之路研究联盟和丝绸之路国际博物馆友好联盟三个组织于2017年5月18日共同发起成立。2018年6月，丝绸之路博物馆联盟秘书处改设在中国国家博物馆。同年11月，牵头召开首届丝绸之路博物馆联盟大会，来自20多个国家的30多所文博机构派代表出席大会。会上签署了《丝绸之路国际博物馆联盟展览合作框架协议》，并通过了《丝绸之路国际博物馆联盟章程》。2019年，中国国家博物馆继续与各联盟成员国紧密联系，开拓交往新模式，成功举办"殊方共享——丝绸之路国家博物馆藏文物精品展"和"全球博物馆馆长论坛"。2019年12月4日，丝绸之路国际博物馆联盟第二次执行理事会会议在中国国家博物馆召开，8家副理事长单位特邀嘉宾及代表出席会议。会议就联盟框架内的展览合作和联盟发展等问题进行了讨论，表决通过列支敦士登国家博物馆、匈牙利国家博物馆、拉脱维亚伦达尔宫博物馆成为联盟新成员。联盟现有成员共计166家，其中国际机构55家、国内机构111家。金砖国家博物馆联盟由中国国家博物馆于2018年10月25日牵头成立，并在北京召开首届联盟大会。

与会5国博物馆代表共同签署了《金砖国家博物馆联盟成立宣言》，通过了《金砖国家博物馆联盟章程》。会议期间，还围绕"智慧博物馆建设——机遇与挑战"和"全球化与逆全球化并存形势下金砖国家博物馆的功能与使命"两大主题举办了配套学术论坛。

二是发起成立"上合组织国际博物馆联盟"。经文化和旅游部批准，中国国家博物馆积极牵头筹备成立"上合组织国际博物馆联盟"[①]。该联盟响应习近平总书记提出的"积极开辟人文合作新渠道，加强上合组织国际传播能力建设，弘扬上海合作组织主旋律"的重要倡议，旨在强化上合组织成员国在文化领域的交流与合作，将连同现有"金砖国家博物馆联盟"和"丝绸之路国际博物馆联盟"，构建起多层次立体化的对外交流合作体系。

三是积极参加亚洲国家博物馆联合会议和中日韩三国国家博物馆馆长会议。2019年第七届亚洲国家博物馆联合会会议在马来西亚吉隆坡成功举行，中国国家博物馆党委书记兼副馆长单威作为中国博物馆的代表出席执行委员会会议及大会，在大会上发表题为《深刻把握新时代博物馆的新变化新挑战，携手推进文明交流互鉴》的主题发言，与来自亚洲各国国家博物馆的代表就藏品、学术研究、展览、公共教育、文物保护等方面进行业务交流。

（三）打造对外交流品牌

打造"全球博物馆馆长论坛"高层会晤机制。2019年4月，中国国家博物馆为贯彻响应习近平主席"一带一路"倡议精神，落实关于加强文明交流互鉴、增强国家文化软实力的重要讲话精神，以"一带一路"沿线国家为重点，举办了全球博物馆馆长论坛，继续加大与国外名馆特别是国家博物馆的合作力度。来自全球五大洲24个国家的51位国家博物馆馆长或其代表、37家国内文博机构的73位负责人或其代

[①] 2021年10月20日，上海合作组织博物馆联盟成立大会在中国国家博物馆顺利召开，宣告联盟正式成立。

表，以及联合国教科文组织驻华代表等百余位嘉宾参加论坛。①大会进一步探讨了新时代博物馆的战略定位和发展方向，进一步发挥了博物馆特有优势，要求中国博物馆更加自觉地承担起弘扬和传承中华优秀传统文化、革命文化和社会主义先进文化的时代担当，推动中国特色社会主义文化繁荣发展。论坛最重要成果是签署通过了《国博共识》。共识指出，我们尊重文化多样性，遵守相关国际规则，秉持平等互利原则开展合作。参会人员一致表示，将努力加强世界博物馆的高层对话，推动专业技术人员定期互访交流，共享先进经验；努力在藏品征集、保护、研究等方面开展深入合作，策划联合考古，共同提升文物科技保护水平；努力开展数字化领域的合作，推进丝绸之路沿线国家智慧博物馆建设；努力在举办展览方面相互支持，共同策划联合办展和国际巡展，让文明成果惠及世界人民。

（四）深化双边战略合作

中国国家博物馆作为中国博物馆的头雁，率先响应和贯彻习近平主席关于文明交流互鉴的倡议，深化双边战略合作，签署了一系列重大合作文件。2019年3月，在中国国家主席习近平和法国总统马克龙的共同见证下，中国驻法国大使馆代表中国国家博物馆与法国阿拉伯世界文化中心签署了"丝绸之路"展览合作协议。2019年7月22日，习近平主席和到访的阿联酋阿布扎比酋长国王储穆罕默德共同见证了王春法馆长与阿联酋阿布扎比文化与旅游局代表签署《中国国家博物馆与阿联酋阿布扎比文化与旅游局合作谅解备忘录》，开启了中国国家博物馆与海湾国家交流的新篇章。2019年，中国国家博物馆新增与8家国外博物馆及文博机构签署合作备忘录。根据谅解备忘录的内容互办交换展览，进行馆际人员交流。

中国国家博物馆拥有丰富的研究资源、扎实的研究基础和雄厚的研究力量，作为中国博物馆的头雁，肩负着促进不同文明交流互鉴的重要使命，致力于发挥好国家文化客厅作用，打破文化交往的壁垒，积极开展对外文化交流，阐释展示好中华文明的魅力，促进不同文明在交流互鉴中共同前进。

---

① 中国国家博物馆：《全球博物馆馆长论坛在中国国家博物馆开幕》，http://www.chnmuseum.cn/zx/gbxw/201904/t20190411_105759.shtml，访问日期：2022年2月24日。

第六节 小结

国之交在于民相亲，民相亲在于心相通。从不同文明中寻求智慧、汲取营养，为人们提供精神支撑和心灵慰藉，让人们携手解决人类共同面临的各种挑战，是中国博物馆开展国际交流与合作的初心和使命。中国博物馆努力深化国际交流与合作，积极推动中华文明"走出去"和世界文明"引进来"，深度参与国际组织的工作，展示了开放、包容、自信的大国形象，展现了中华文化的源远流长和博大精深，增进了世界各国人民对中国文化成就更深入的了解。

当今世界正经历百年未有之大变局，世界多极化、经济全球化、文化多样化、社会信息化交集发展的趋势不可阻挡，中国的前途命运与世界的前途命运前所未有地紧密联系在一起。在"你中有我、我中有你"的命运共同体中，推动中国博物馆创新、协调、绿色、开放、共享发展，加强国际交流与合作，既是中国博物馆满足广大人民群众日益增长、不断升级和个性化的物质和精神文化需求，实现高质量发展的重要手段，也是推动中华文化走向世界、提升国家文化软实力的重要渠道。人类文化的多样性促进了人类社会的繁荣与发展，加强国际合作与交流，使文化遗产的世界性得到充分发挥，其文化价值通过国际交流与合作为世界民众共享，从而推动世界文化的共同发展、共同繁荣，推动世界的和平、发展。中国博物馆将继续以开放的胸怀从全人类文明的优秀成果中汲取营养，以开放的胸怀同世界分享自身优秀的文明成果，以物载道，以文化人，不懈致力于促进国与国的文明对话、民与民的息息相通，为加强文明交流互鉴、构建更加紧密的命运共同体、开创全世界和平发展的美好明天作出新的贡献。

第十二章
中国博物馆管理体制与机制

博物馆是保护传承人类文明的重要殿堂,是连接过去、现在、未来的桥梁,在促进世界文明交流互鉴方面具有特殊作用。中华人民共和国成立初期,博物馆定义是文物和标本的主要收藏机构、宣传教育机构和科学研究机构,随着社会的发展,博物馆在建设社会主义文化强国、增强中国人民文化自信、推动构建人类命运共同体中发挥着越来越举足轻重的作用。当代中国博物馆要明确自身的使命担当,更要不断完善管理能力提升管理水平,切实推进博物馆治理体系和治理能力现代化。

第一节　中国博物馆管理体制的形成及特点

博物馆宏观管理体制是在我国文化事业发展框架之下形成的博物馆管理政策、管理机构、管理模式、管理手段等的总称,是博物馆发展的顶层设计和制度保障,发挥方向引领和统筹规划作用。2017年原文化部印发《"十三五"时期文化发展改革规划》,中国博物馆事业由原有的文物保护单一管理体制,进入到文化遗产保护传承体系与现代公共文化服务体系双重管理体制并存的时代,博物馆事业宏观管理目标开始向全面提升发展质量的方向转变:优化博物馆结构,丰富博物馆藏品,促进博物馆文化创意产品开发,提升博物馆公共服务功能和社会教育水平,建设现代博物馆体系。

一、博物馆宏观管理体制的形成

中华人民共和国成立以后,为推动公共文化事业发展,提升全体国民的科学文化水平,我国逐渐加强对文物博物馆事业的管理,截至2019年底,陆续出台了100余部行政法规、部门规章、规范性文件等,129份国家标准、行业标准,对博物馆管理工作的开展进行了详细规制[①]。梳理其发展历程,大致可以分为三个阶段:

---

① 数据来源:中国政府网、中国政府法制信息网、国家文物局官网、北大法宝、无讼案例网等。

（一）奠基期（1949—1982年）

中华人民共和国成立伊始，中央人民政府文化部设立了文物事业管理局，负责指导管理全国文物、博物馆、图书馆事业，各地方也都设置了相应的文物保护管理机构。1951年10月，原文化部颁布了《对地方博物馆的方针、任务、性质及发展方向的意见》，明确提出博物馆事业的总任务是进行革命的爱国主义教育，在建设方式上以改造原有的为主，在内容设计上要体现地方性和综合性，并注意全国性与地方性的配合，避免强调地方忽视全国的偏向。1956年5月，全国博物馆工作会议召开，会上提出了博物馆的基本性质是"文化教育机关""科学机关""物质文化和精神文化遗存以及自然标本的收藏所"，博物馆的基本任务是"为科学研究服务""为广大人民群众服务"，即具有中国特色的"三性二务"理论，明确了中国博物馆的功能与职能。[①]

1979年6月，国家文物局在全国博物馆工作座谈会上颁布了《省、市、自治区博物馆工作条例》，对博物馆藏品、陈列、群众工作、科学研究、组织机构、队伍建设等多方面进行了较为全面的规定，确定了博物馆工作的基础框架。1980年6月，全国文物工作会议召开，会议对博物馆建设、考古发掘、文物出口等热点问题进行了讨论。次年1月，国务院批转国家文物局《关于加强文物工作的请示报告》，就文物保护、发展博物馆事业等提出了具体意见和措施。

（二）发展期（1982—2015年）

这一时期以首部《中华人民共和国文物法》的颁布为起点。1982年11月，在总结中华人民共和国成立以来文物工作经验的基础上，第五届全国人民代表大会常务委员会第二十五次会议通过《中华人民共和国文物保护法》，对馆藏文物的定级建档、调拨交换等文物交流进行了初步规定，包括博物馆工作在内的文物工作终于实现了基于法律的正常运转[②]。1985年1月，原文化部出台《革命纪念馆工作试行条例》，

[①] 柳彦章：《关于省级博物馆性质与任务问题的反思》，《北方文物》1991年第4期，第123—129页。

[②] 中国文物报社：《中国特色文物理论体系预研究》，载国家文物局编《文物政策理论研究辑要》，文物出版社，2017，第11页。

条例对革命纪念馆的性质、调查征集、保护收藏、陈列展览、宣传教育、科学研究以及人员经费进行了详细的规定。随后，博物馆各项业务工作规定不断细化。

1986年，原文化部颁布《博物馆藏品管理办法》，对博物馆藏品接收、鉴定、编目、建档等事项作出规定。2006年1月，原文化部颁布《博物馆管理办法》对博物馆设立、藏品管理、展示服务等诸多业务进行了详细规定，成为继文物保护法后又一部重量级法规。2008年1月，中央宣传部、财政部、原文化部和国家文物局联合印发《关于全国博物馆、纪念馆向社会免费开放的通知》，启动了博物馆、纪念馆和全国爱国主义教育示范基地向社会免费开放的工作。博物馆、纪念馆推陈出新，提升了服务质量，提高了博物馆的专业水准。

此外，这一阶段2002年全国人大常委会通过新修订的《中华人民共和国文物保护法》，2003年又出台《文物保护法实施条例》《公共文化体育设施条例》，2005年国务院发布《关于加强文化遗产保护的通知》，2005年国家文物局发布《文物出境展览管理规定》，2010年七部局联合发布《关于促进民办博物馆发展的意见》，2013年中共中央办公厅发布《关于培育和践行社会主义核心价值观的意见》。博物馆管理法律法规体系不断健全。

（三）成熟期（2015年至今）

这一阶段以《博物馆条例》实施为标志。2015年2月《博物馆条例》正式发布，3月20日正式实施。《博物馆条例》根据全面深化改革的新形势和我国博物馆事业发展的实际情况，对规范博物馆设立、变更和终止程序，提升藏品管理水平，加强博物馆的教育、研究作用等亟待解决的主要问题作出规定，同时公平对待非国有博物馆设立条件、专业技术职称评定、税收优惠等方面与国有博物馆不一致问题，为促进我国博物馆事业健康发展提供法制保障。[①]2016年12月《中华人民共和国公共文化服务保障法》颁布并于次年实施，该法界定了博物馆属于公共文化设施，并从建设与管理的角度，规定博物馆"根据其功能定位建立健全法人治理结构，吸收有关方

---

① 新华网：《李克强签署国务院令 公布〈博物馆条例〉》，https://www.xinhuanet.com/politics/2015-03/02/c_1114483541.htm，访问日期：2020年1月12日。

面代表、专业人士和公众参与管理"①。2017年11月，第十二届全国人民代表大会常务委员会第三十次会议完成了《中华人民共和国文物保护法》的第五次修正，成为指导博物馆工作最重要、最直接的法律。2018年10月，《中华人民共和国旅游法》完成第二次修正，从旅游经营角度规定公益性博物馆"除重点文物保护单位和珍贵文物收藏单位外，应当逐步免费开放"②。

近年来，国家相继出台《关于加快构建现代公共文化服务体系的意见》（2015年）、《国务院关于进一步加强文物工作的指导意见》（2016年）、《关于推动文化文物单位文化创意产品开发若干意见的通知》（2016年）、《关于促进文物合理利用的若干意见》（2016年）、《国务院关于文化遗产工作情况的报告》（2017年）、《关于实施中华优秀传统文化传承发展工程的意见》（2017年）、《关于加强文物保护利用改革的若干意见》（2018年）、《关于实施革命文物保护利用工程（2018—2022年）的意见》、《博物馆馆藏资源著作权、商标权和品牌授权操作指引（试行）》等文化新政，2017年原文化部、国家文物局"十三五"规划的颁布实施，对博物馆的事业起到了直接的推动作用，博物馆的功能从原来传统保护、收藏、研究与展示逐步向公共文化服务延伸。

二、博物馆宏观管理的特点及趋势

近年来，随着我国博物馆事业的迅速发展，各地开始了建设博物馆的浪潮，博物馆数量以每年近百家的增速不断攀升，这对博物馆的宏观管理提出了更高的要求。如何适应新形势的需要，更加科学规范地管理博物馆，一定程度上决定着博物馆事业的发展前景。从整体上看，我国博物馆宏观管理体现出以下特点：

---

① 中国人大网：《中华人民共和国公共文化服务保障法》（2016年12月25日第十二届全国人民代表大会常务委员会第二十五次会议通过），https://www.npc.gov.cn/zgrdw/npc/xinwen/2016-12/25/content_2004880.htm，访问日期：2020年2月20日。
② 中国人大网：《中华人民共和国旅游法》，https://www.npc.gov.cn/npc/c12435/201811/0c84f02fb5b84a648fa0b801bd88d8cb.shtml，访问日期：2020年2月20日。

（一）分级属地管理

我国博物馆的管理总体上实行的是分级属地管理体制。《文物保护法》规定，由国务院文物主管部门负责全国文物管理工作，地方政府负责本行政区域内的文物管理工作，明确了分级管理和属地管理。根据博物馆规模大小、藏品多少、社会地位和社会影响的不同，分别由中央、省（区、市）、地（市）、县（区）四级有关行政部门对其实行分级管理。从隶属关系分类，中国国家博物馆、故宫博物院、恭王府博物馆由文化和旅游部直管，150家博物馆由各省（区、市）管理，1124家博物馆由地市管理，剩余3855家博物馆由市县级管理，大都隶属于同级的文化单位。[①]以省级博物馆为例，黑龙江、山东、河南、广东、广西等地的省博物馆属于省文化和旅游厅直属事业单位，而陕西、山西、甘肃、四川等地的省博物馆则属于省文物局的直属事业单位，部分省份如四川、山西省省博物馆还经历了由省文旅厅直属到省文物局直属的变更。

由于机构设置的不同，博物馆所属系统和行政隶属关系交叉分类，管理模式比较复杂。根据《中国文化文物和旅游统计年鉴2020》，2019年全国有5132家博物馆，其中3480家博物馆属于文物部门，560家属于其他行业部门，还有1092家属于民办博物馆。目前，中国国有博物馆大多隶属于文化和旅游部系统，但不同性质和类型的博物馆分别由不同的行政部门管理，其中综合类、历史类、艺术类、纪念类等博物馆属文化文物部门领导管理，自然科学类博物馆属科学研究部门领导管理；校办博物馆属教育部门领导管理；地质、农业、纺织、煤炭、邮电、军事等行业类博物馆分别属行业部门领导管理，多数情况下是依托于大型国有企事业单位。国务院有关部门通过各省(区、市)有关厅(局)对地方的博物馆进行业务指导；文化和旅游部及国家文物事业管理局通过各省文化厅或文物局对文化系统的博物馆进行业务指导。

（二）行政管理为主

大部分博物馆从创办过程到事业投资管理都依靠上级行政主管部门，政府常充当博物馆日常的管理主体和财政支持主体。在计划经济时代，博物馆的行政主管部

[①] 数据来源：《中国文化文物和旅游统计年鉴2020》。

门作为上级机关均以下达工作任务的形式，直接参与博物馆的管理。各级行政部门对直属博物馆的领导管理主要是：检查、督促执行国家颁发的有关管理博物馆事业的方针、政策和法令；审批事业发展规划和基本建设计划；审查预算，核拨经费，批准决算；核定人员编制，任命馆长；审定陈列展览方案；审批藏品调拨、交换、注销。

我国绝大多数的博物馆属于国有事业单位，即政府利用国有资产设立的公益性社会服务组织，长期以来在计划经济体系内由上级行政机关管理。随着改革的不断深入，博物馆管理的自主权也在不断地扩大，1999年国家机构编制委员会在全国范围内统一对事业单位进行登记管理，目的是使事业单位获得独立法人资格，以便依法保障其合法权益，并规范其市场行为。近年来，博物馆的管理体制改革和法人治理结构逐步完善，2010年颁布实施的《中央地方共建国家级博物馆管理暂行办法》要求，中央和地方共建国家级博物馆应完善法人治理结构，逐步实行理事会决策、馆长负责的管理体制和运行机制。2017年，党的十九大报告明确提出："转变政府职能，深化简政放权，创新监管方式，增强政府公信力和执行力，建设人民满意的服务型政府；深化事业单位改革，强化公益属性，推进政事分开、事企分开、管办分离。"博物馆各级行政主管机关的职能不再是以直接经营博物馆、维持所属博物馆的生存为目的，而是指导协助博物馆的工作向更好的方向发展，为人民群众提供更好的文化服务。

（三）博物馆法制化建设不断深入

作为我国文化领域的第一部法律，《中华人民共和国文物保护法》是文物保护事业有序发展的基础，1982年至2017年经过5次修订逐步完善，为我国文物保护事业的有序发展提供了制度保障，对现行的文物保护管理体制和中国博物馆发展体制起到了重要的指导作用。紧随其后颁布的《文物保护法实施条例》在经过3次修订后，各级行政主管单位的行政权责也逐步开始明确，即应当制定文物保护的科学技术研究规划，采取有效措施，促进文物保护科技成果的推广和应用，提高文物保护的科学技术水平。（表12-1）2006年原文化部发布实施《博物馆管理办法》强调了博物馆"展示与服务",并鼓励结合博物馆特点开展形式多样、生动活泼的社会教育和服务活动,积极参与社区文化建设。2015年通过的《博物馆条例》是一部全面推进博物馆事业依法发展的里程碑式的行政法规,为博物馆规范管理提供了基本遵循,对博物馆社会服务作出了明确要求,为博物馆科学定性、准确定位、合理定则提供了重要依据。

表 12-1 部分博物馆管理法律法规列表

序号	文件名称	发文字号	类别	发文机构	颁行时间
1	《博物馆管理办法》	中华人民共和国文化部令第35号	部门规章	文化部	2006年1月
2	《关于全国博物馆、纪念馆免费开放的通知》	中宣发〔2008〕2号	党内法规	中共中央宣传部、财政部、文化部、国家文物局	2008年1月
3	国家文物局关于印发《博物馆事业中长期发展规划纲要（2011—2020年）》的通知	文物博函〔2011〕1929号	部门规章	国家文物局	2011年12月
4	《中共中央办公厅关于培育和践行社会主义核心价值观的意见》		党内法规	中共中央办公厅	2013年12月
5	《关于加快构建现代公共文化服务体系的意见》		党内法规	中共中央办公厅、国务院办公厅	2015年1月
6	《博物馆条例》	中华人民共和国国务院令第659号	行政法规	国务院	2015年3月
7	《国务院关于进一步加强文物工作的指导意见》	国发〔2016〕17号	行政法规	国务院	2016年3月
8	《关于推动文化文物单位文化创意产品开发若干意见的通知》	国办发〔2016〕36号	行政法规	国务院办公厅	2016年5月

续表

序号	文件名称	发文字号	类别	发文机构	颁行时间
9	《关于促进文物合理利用的若干意见》	文物政发〔2016〕21号	部门规章	国家文物局	2016年1月
10	《关于实施中华优秀传统文化传承发展工程的意见》		党内法规	中共中央办公厅、国务院办公厅	2017年1月
11	《中华人民共和国公共文化服务保障法》	中华人民共和国主席令第60号	法律	全国人大常委会	2017年3月
12	《中华人民共和国文物保护法（2017年修正本）》	中华人民共和国主席令第81号	法律	全国人大常委会	2017年11月
13	《中华人民共和国文物保护法实施条例（2017年第三次修订）》	中华人民共和国国务院令第676号	行政法规	国务院	2017年3月
14	中共中央办公厅、国务院办公厅印发《关于实施革命文物保护利用工程（2018—2022年）的意见》		党内法规	中共中央办公厅、国务院办公厅	2018年7月
15	《关于加强文物保护利用改革的若干意见》		党内法规	中共中央办公厅、国务院办公厅	2018年1月
16	《中华人民共和国旅游法（2018年修正）》	中华人民共和国主席令第16号	法律	全国人大常委会	2018年1月
17	国家文物局关于印发《博物馆馆藏资源著作权、商标权和品牌授权操作指引（试行）》的通知	文物博发〔2019〕14号	部门规章	国家文物局	2019年5月
18	《博物馆定级评估办法》	文物博发〔2020〕2号	部门规章	国家文物局	2020年1月

随着社会经济不断发展，人民文化需求日益提高，博物馆的功能与价值不断拓展，更不时参与到经济社会发展中；然而，博物馆在管理中与旅游、教育、宗教等

行业主管部门的协调机制还没有充分建立。观察涉及博物馆管理的条款可以发现，对"博物馆"的讨论常与"文物""文化""保护""历史""人民"等热点词相伴出现；探讨博物馆的管理时，法规中多以"文物保护单位""文物收藏单位""公共文化设施"统论之，博物馆领域尚缺少一部专门的"博物馆法"。（图12-1）

图 12-1　博物馆管理法规政策热词

（四）数字化建设和人才机制建设是博物馆管理重要抓手

随着科学技术的日新月异，推进数字化建设已经是行业发展的大势所趋。2011年，原文化部、财政部联合发布《关于进一步加强公共数字文化建设的指导意见》，明确指出"将信息技术、数字技术、网络技术等现代科学技术和传播手段应用于公共文化服务体系建设，进一步加强公共数字文化建设"是适应时代发展的必然要求和战略选择。2017年，国家文物局印发《国家文物事业发展"十三五"规划》，明确提出运用物联网、大数据、云计算、移动互联等现代信息技术，建设智慧博物馆工程。2019年，发展改革委修订发布《产业结构调整指导目录（2019年本）》，在第三十八项"文化"中新增加"智慧博物馆建设"，是进一步鼓励、引导投资智慧博物馆建设技术的重要依据。同时，面对日趋严重的人才断层断流问题，2015年，国家文物局面向文博行业发出通知，宣布与西北大学、北京建筑大学合作，实施"高层次文博行业人才提升计划"，旨在通过学历教育与文博行业实际需求紧密结合的方式，在提高文博行业在职人员学历水平的同时，培养出一批具有文博专业素养的实践型、创新型高层次专业人才。2019年12月5日，国家人力资源和社会保障部印发《人力资源社会保障部 国家文物局关于深化文物博物专业人员职称制度改革的指导意见》，提出健全完善符合文博行业特点的职称制度，以推动文博专业人员队伍结构更趋合理，为促进文博事业发展提供有力的人才支撑。

第二节　中国博物馆管理体制新变化

博物馆管理的科学化、制度化、规范化、现代化，能最大限度地提高和发挥博物馆社会效益。随着社会的发展，国内博物馆一方面开始将现代管理理论应用到博物馆内部管理中来，统筹考虑博物馆的整体发展目标，改革和创新内部管理体制机制，将场馆规划、藏品征集、展陈布置和社会教育服务重新定位，使博物馆的机构设置更加健全和科学合理；一方面通过行业协会、区域联盟等形式，联合其他博物馆携手并进，释放博物馆的创新活力和发展动能。

一、行业管理推动作用日显

随着博物馆事业的发展和博物馆学理论的日趋完善，各类博物馆协会也在蓬勃发展，成为博物馆事业发展的重要推动力量。《博物馆条例》明确了博物馆行业组织应当依法制定行业自律规范，维护会员的合法权益，指导、监督会员的业务活动，促进博物馆事业健康发展，并对博物馆和展陈工作进行评估。因此要积极发挥博物馆行业协会在博物馆宏观管理中的作用，建立政府、行业和社会共同参与的博物馆监督管理机制。目前，已成立了中国博物馆协会、中国非国有博物馆协会及各省、直辖市、自治区博物馆协会，有条件的县、市如成都、扬州、西安、黄山、邢台等地也成立了地市级博物馆协会。

从组织结构来看，博物馆协会一般是在本级文化或文物主管部门指导和监管下，成立的自主协调、运转有序的宏观自律协调机构，通常挂靠国有博物馆，有自己的章程、简报甚至出版物，领导层基本来自国有博物馆系统。在机构设置方面，根据协会规模的大小各不相同，其中中国博物馆协会分支设置最为全面，下设流动博物馆专业委员会、出版专业委员会、博物馆管理专业委员会等37个专业委员会，针对性地开展业务活动，推动中国博物馆管理水平提升。

从管理手段上看，各级各类博物馆协会常通过以下方式开展活动：一是通过组织学术活动、出版学术刊物、承担国家研究课题，为博物馆事业的发展提供强有力的学术支撑；二是组织不同层次和类别的培训课程，提升会员代表的业务水平和管理水平；三是搭建馆际交流与合作平台，加强博物馆行业的组织建设与行业自身约束。以评奖促发展也是博物馆协会推动行业发展的重要手段。为响应"文化领域树立精品意识"的要求，1997年起，由中国博物馆协会、中国文物报社主办的"全国博物馆十大陈列展览精品"推介活动正式启动，截至2020年已开展17届，共有387个展览获得此项殊荣，对国内博物馆陈列展览发展起到了很好的示范导向作用。

二、博物馆联盟蓬勃发展

近年来，博物馆联盟渐成趋势，博物馆间纷纷组织成立区域联盟。从定义上看，博物馆联盟是"博物馆之间为了加强交流合作而采取的一种策略性结盟"[①]，区域博物馆联盟是"以地域划分为依据的博物馆群，彼此间未必有隶属关系，但基于保存或观光的前提，将地区内的各种博物馆（文物馆、美术馆）视为一个整体，并结合地方的文化、自然资源，研拟共同的宣传、经营行销等策略"[②]。

区域性是国内博物馆联盟的突出特点。从省级博物馆联盟到市级、区县级博物馆联盟，相似的地域文化特色和共同的文化发展需求是博物馆联盟的基础，区域博物馆联盟也成为了博物馆间资源优化整合、塑造文化品牌，协同文旅发展等全域

---

① 甘永：《博物馆连锁模式研究及国内博物馆连锁前景分析——以古根海姆博物馆为例》，硕士学位论文，山东大学，2016，第18页。
② 廖敦如：《地方博物馆群推动策略联盟发展整合行销之契机与困境：以宜兰县博物馆群为例》，《科技博物》2008年第2期，第9页。

产业发展的重要手段之一。在区域博物馆联盟迅速发展的基础上，黄河文化、大运河文化等主题的区域性主题博物馆联盟成为新的亮点。2020年元旦前，黄河流域博物馆联盟成立。该联盟由河南博物院提出倡议，由山东博物馆、青海省博物馆、四川博物院、甘肃省博物馆、宁夏回族自治区博物馆、内蒙古博物院、陕西历史博物馆、山西博物院、河南博物院共同发起，黄河沿线9省45家博物馆加入其中。[①]

与此同时，中国博物馆联盟还呈现出国际化趋势。2017年"丝绸之路国际博物馆联盟"成立，2018年11月24日，由中国国家博物馆主办的首届丝绸之路国际博物馆联盟大会在福建福州海峡国际会展中心召开，来自21个国家的30多所文博机构派代表会聚一堂，探讨未来合作计划，签署展览合作框架协议。[②]2018年，"金砖国家博物馆联盟"在北京成立，中国国家博物馆馆长王春法博士担任首届联盟主席，来自巴西博物学院、巴西皇家博物馆、俄罗斯国家历史博物馆、印度国家博物馆、中国国家博物馆、南非迪宗博物馆等博物馆代表共聚中国国家博物馆，共同见证联盟成立，共商合作共赢大计。[③]

三、理事会改革稳步推进

各个国家由于历史文化、政治体制、社会制度等方面的不同，在博物馆的管理体制上有很大的差异。欧美国家较大型博物馆组织机构一般由政府部门提名聘请的董事会作为博物馆的决策机构，主要负责决定博物馆的发展方向、筹集资金、开展业务并任命馆长。中国的国有博物馆大都实行馆长负责制，馆长由上级主管部门任命为法定代表人以及业务行政负责人，负责全面贯彻执行国家有关博物馆的方针政策，制定长期规划和计划，组织和领导全馆的业务工作和行政管理工作，并对全馆

---

① 中国新闻网：《中国沿黄九省区成立黄河流域博物馆联盟》，https://www.chinanews.com/gn/2019/12-23/9041128.shtml，访问日期：2020年2月20日。
② 中国国家博物馆：《丝路帆远创新篇——首届丝绸之路国际博物馆联盟大会在福州召开》，https://www.chnmuseum.cn/zx/gbxw/201811/t20181125_2130.shtml，访问日期：2020年2月20日。
③ 王春法主编：《第一届金砖国家博物馆联盟大会暨学术论坛文集》，朝华出版社，2020，第1—5页。

的安全负法律责任。博物馆按照具体职责设置相应岗位和部门，完善组织建构，保证各项工作开展。

近年来，博物馆的管理体制改革和法人治理结构逐步完善，2010年颁布实施的《中央地方共建国家级博物馆管理暂行办法》要求，中央和地方共建国家博物馆应完善法人治理结构，逐步实行理事会决策、馆长负责的管理体制和运行机制。2014年广东省博物馆、云南省博物馆率先成立理事会，2015年湖南省博物馆、汉阳陵博物馆、宁波博物馆等多家省、市级博物馆建立理事会制度，2016年廊坊博物馆、临泽县博物馆等也相继成立理事会，理事会制度由省级向地市级博物馆不断推进。[①]从试点博物馆理事会的成员构成（表12-2）来看，理事会人员多由政府部门代表、社会知名人士、服务对象、职工代表等人员构成。首届理事会成员由所在单位和博物馆共同组织，采用委派或推选方式产生，不同类别的代表产生方式略有不同，如代表政府部门或相关组织的理事一般由政府部门或相关组织委派，代表服务对象和其他利益相关方的理事由举办单位推选，职工代表由馆内推选产生。下届理事会由本届理事会于届满前，依据章程规定负责组建。

表 12-2　部分试点博物馆理事会成员构成表

单　位	理事会成员构成
贵州省博物馆	（4类）政府部门代表、社会知名人士、服务对象、职工代表
广东省博物馆	（3类）政府部门代表、社会公众、管理层和职工代表
云南省博物馆	（3类）政府部门代表、社会服务对象、管理层和职工代表
山西博物院	（6类）政府部门代表、举办单位代表、服务对象代表、文博专家代表、管理层和职工代表
河南博物院	（8类）文化和旅游厅代表、文物局代表、省有关机构代表、博物馆管理层、文博专家、社会知名人士、社会公众代表、企业代表和博物馆职工代表

2017年，中宣部等7部委联合印发了《关于深入推进公共文化机构法人治理结构改革的实施方案》，并制定公布了《国有博物馆章程范本》和《非国有博物馆章程

---

① 罗向军：《中国博物馆理事会制度的实践与思考》，《博物院》2018年第1期，第15页。

示范文本》，部署推动在公共图书馆、博物馆等建立以理事会为主要形式的法人治理结构，把法人治理结构建设纳入博物馆运行评估和绩效考评体系，完善监督和激励机制。2018年12月，在全国博物馆工作座谈会上，文化和旅游部党组书记、部长雒树刚提出："要按照中央关于事业单位改革的整体部署，深入推进博物馆管理体制改革、人事制度改革、分配与薪酬制度改革，增强其自我发展能力，积极推进以理事会为主要形式的博物馆法人治理结构建设。"[1]目前全国已有100余家博物馆开展理事会制度，建设探索性试点。

四、总分馆建设方兴未艾

总分馆建设是博物馆发展到一定阶段的产物，可以最大限度地集中博物馆品牌、藏品、展览、人才和研究优势，实现博物馆的集群效应，最大限度辐射不同地区的文化建设，满足不同层次人群的文化需求，是当今世界博物馆发展的重要趋势。据调查，发达国家及部分发展中国家的博物馆普遍发展起了不同形式的博物馆总分馆体系，在推进博物馆管理规范化、优化博物馆藏品资源配置等方面发挥着重要作用。

截至2019年底，我国共有近200家博物馆拥有下属分馆或馆区，有600多家博物馆、纪念馆、遗址等成为博物馆总分馆体系的一员，地域涵盖全国各省、地市、县区，涉及文物、艺术、行业、非国有博物馆等各个门类。2014年4月，南京市将市文化广电新闻出版局所属的七馆两所9家文博单位合并，成立副局级的南京市博物总馆，总馆对直属分馆具有人、财、物管理实权，发挥协调功能；分馆在总馆的管理下各司其职，共同形成发展统一体，建立垂直管理的总分馆管理模式。2015年以来，重庆中国三峡博物馆相继将巫山博物馆、重庆师范大学博物馆、云阳县博物馆、忠州博物馆设为合作分馆，分馆的原有行政隶属关系不变，人员编制关系不变、经费渠道方式不变，通过项目制合作，总馆为分馆协调高层资源，实现总分馆

---

[1] 雒树刚：《改革创新激发活力奋力推动博物馆事业再上新台阶——在全国博物馆工作座谈会上的讲话》，https://www.ncha.gov.cn/art/2019/2/22/art_722_153749.html，访问日期：2020年2月20日。

之间的资源共享、展览交流、人才培养、文创协同，形成"1+N"的合作总分馆体系。故宫博物院也利用自身强大的文化资源，采取馆地合作，向地方输送故宫展览和文化，把故宫学院、紫禁书院等建立在各地方，融藏品、展览、培训、学习于一体，将故宫文化进行整体输出。

在探索总分馆建设的过程中，我国博物馆创造性地盘活了总分馆体系内文物展览资源，根据自身实际发展出了风格各异的总分馆管理体系和运行机制，丰富了文化旅游协调发展的模式。

五、业务格局与机构设置呈现新变化

博物馆的业务格局与机构设置息息相关，直接影响和决定博物馆的运行方式和运行效果。中国国有博物馆一般由上级行政主管单位领导，根据规模大小，机构设置也有所区别，一般为"三部一室"式和"一条龙"式，体现出行政管理和业务管理两个方向。

早期机构设置主要是以苏联博物馆模式为基础，按照藏品进入博物馆到陈列展出的流程分为保管部、陈列部、教育部和办公室，即"三部一室"式。有条件的博物馆设有考古部和学术委员会。"一条龙"式为欧美国家博物馆采用，指按照博物馆藏品的学科专业属性设置业务部门，[①]两种模式互有利弊。

随着社会的发展，国内不少博物馆开始将现代管理理论应用到博物馆内部管理中来，统筹考虑博物馆的整体发展目标，将场馆规划、藏品征集、展陈布置和社会教育服务重新定位，使博物馆的机构设置更加健全和科学合理。随着改革的日益深化，作为承接公共文化职能的博物馆也要在内部管理体制机制上进行改革和创新，彻底改变长期以来的行政管理模式，完善内部规章制度，增强创新活力和发展动能。

近年来，中国博物馆根据实际需求，不断探索具有中国特色的博物馆发展模式和业务格局重塑，开始按业务板块进行格局重塑造、流程再造和组织重构。以中国国家博物馆为例，博物馆着眼于落实分工分级负责的原则，以收藏、研究、展览、

[①] 陈红京主编：《博物馆学概论》，高等教育出版社，2019，第245—246页。

外联、社教、文创开发为核心业务板块,以安全保卫、设备管理、物业后勤为运维保障板块,以综合协调、战略规划、党政工团、人事管理、资产管理等为行政管理板块,进行工作格局重塑;以展览展示为主线,按收藏、研究、展览、外联、社教、文创顺序梳理业务流程,明确主责主业,并依据与核心业务的联系紧密程度进行工作流程再造;根据业务性质和职责权力设置相应的组织形态,对人、财、物资源进行重新配置,围绕主责主业进行组织重构,设立相应的院所等新的组织形态,加大交流轮岗力度,最大限度实现事得其人,人得其岗,岗得其物。

第三节 博物馆评估导向作用日益显著

我国的博物馆评估体系分为定级评估和运行评估两类。由国家文物局、中国博物馆协会组织的博物馆定级评估工作,遵循自愿申报、行业评估、动态管理、分级指导和公平、公正、公开的原则,按照自评、申报、评定、公布的程序进行,以定量数据评估为重点,其中一级博物馆属于最高级别,具有很强的导向性作用。运行评估是针对定级博物馆进行的绩效评估。同时,越来越多的博物馆也以年报或专题评估的形式,在博物馆内开展运行评估尝试。

一、我国博物馆定级评估的规范与实践

2006年,为加强博物馆行业管理,充分发挥博物馆的社会服务功能,促进博物馆事业发展,受国家文物局的委托,北京、浙江、四川3个省市开始博物馆评估定级试点工作,填补了国内博物馆评估体系的空白。以浙江省为例,在浙江省文物局的直接参与下,浙江省博物馆评估定级的办法、标准方案和积分细则正式出台。随后,中国茶叶博物馆、西湖博物馆和余杭博物馆等19家博物馆纳入试点单位,经过自评、初评复审和结果认定三个环节后,评定出五星级博物馆1家、四星级博物馆4家、三星级博物馆8家,并予以公示,为全面开展我国博物馆定级评估工作提供了有效的参考。

2008年2月,国家文物局印发《关于开展首批一级博物馆评估定级工作的通

知》，启动了全国文物系统的博物馆评估工作。依据《博物馆评估暂行标准》及所附评分细则，各省级文物行政部门成立了本辖区博物馆评估委员会，其中29个省经过评估推荐了149家博物馆申报国家一级博物馆，经全国博物馆评估委员会审定，故宫博物院、上海博物馆、南京博物院、陕西历史博物馆等83家博物馆成为首批全国一级博物馆。2012年6月，国家文物局修订了《全国博物馆评估办法》，明确了一、二、三级博物馆比例等，开始第二次定级评估工作，经过评定审核出一级博物馆17家、二级博物馆52家、三级博物馆144家。2016年10月，国家文物局再次对《全国博物馆评估办法》以及评估细则作出修改，开始了第三次一级博物馆定级评估工作，产生出北京天文馆、广州博物馆等34家国家一级博物馆。截至2020年初，全国定级博物馆855家，其中一级博物馆130家、二级博物馆286家、三级博物馆439家[①]，约占全国博物馆总量的16%。

2020年1月20日，国家文物局发布了最新修订的《博物馆定级评估办法》、《博物馆定级评估标准》、《评分细则计分表》（表12-3）等文件，聚焦博物馆高质量发展，旨在充分发挥定级评估的"方向盘"和"导航仪"作用，引领、带动广大博物馆提升以展示教育、开放服务为核心的发展质量，着重解决博物馆发展不平衡不充分问题，更好满足人民日益增长的美好生活需要。对博物馆定级评估的对象范围、组织架构、方式方法和监督管理等进行了详细规定，进一步优化程序，减少层级，互通信息，规范管理。

表 12-3 我国博物馆评估定级评分细则计分表（节选）

序号	评定项目	大项分	分项分	次分项分
1	综合管理与基础设施	200		
1.1	法人治理结构		14	

[①] 国家文物局：《推动博物馆高质量发展 更好满足人民美好生活需要——国家文物局博物馆与社会文物司（科技司）有关负责人解读新版〈博物馆定级评估办法〉等文件》，https://www.ncha.gov.cn/art/2020/1/20/art_722_158456.html，访问日期：2022年3月2日。

续表

序号	评定项目	大项分	分项分	次分项分
1.1.1	决策机构			9
1.1.2	监督机构			5
1.2	博物馆章程与发展规划		20	
1.2.1	博物馆章程			5
1.2.2	发展规划			8
1.2.3	年度工作计划与中长期规划有效衔接，思路清楚、任务明确、操作性强			1
	在博物馆网站向社会发布			2
1.2.4	博物馆年度报告			4
1.3	建筑与环境		16	
1.3.1	建筑功能区块布局			4
1.3.2	环境卫生			7
1.3.3	建筑节能降耗			5
1.4	人力资源		30	
1.4.1	人员资质与比例			5
1.4.2	人才梯次结构			10
1.4.3	人员培训			12
1.4.4	有科学的员工考核、奖励制度并有效实施			3
1.5	财务管理		30	
1.5.1	财务管理制度完善			5
1.5.2	财务管理制度有效实施			5
1.5.3	经费来源与保证			10
1.5.4	社会资助			10
1.6	安全保障		80	
1.6.1	风险与防护			40
1.6.2	安全保卫			15

续表

序号	评定项目	大项分	分项分	次分项分
1.6.3	消防安全			12
1.6.4	公共安全			13
1.7	信息化建设		10	
1.7.1	信息化基础设施			6
1.7.2	业务系统建设			4
2	藏品管理与科学研究	300		
2.1	藏品管理		150	
2.1.1	藏品情况			33
2.1.2	藏品数据库			5
2.1.3	藏品数据库公开			5
2.1.4	藏品征集			14
2.1.5	藏品接收与入账			13
2.1.6	藏品存放			15
2.1.7	藏品提用			5
2.1.8	库房面积			5
2.1.9	库房管理			8
2.1.10	库房设施			17
2.1.11	藏品保护与修复			30
2.2	学术研究与科技		150	
2.2.1	学术组织			10
2.2.2	学术活动			10
2.2.3	学术刊物			14
2.2.4	学术论文			7
2.2.5	学术期刊收藏			4
2.2.6	单位内部设置有独立的科技部门			5

续表

序号	评定项目	大项分	分项分	次分项分
2.2.7	科技人员学历结构			10
2.2.8	科技人员知识结构			10
2.2.9	科研经费			10
2.2.10	科研仪器设备			10
2.2.11	科研实验室			10
2.2.12	科研基地			10
2.2.13	科研课题			15
2.2.14	专利与奖励			15
2.2.15	与高等学校、科研院所开展学术交流、联合研究、人才培养、双向兼职、专业技术职务互认、科研成果共享和成果转化推广的协作机制			10
3	陈列展览与社会服务	500		
3.1	影响力		75	
3.1.1	博物馆品牌标志			17
3.1.2	博物馆宣传			18
3.1.3	博物馆公众影响力			10
3.1.4	博物馆声誉			10
3.1.5	旅游影响力			10
3.1.6	进出境展览			10
3.2	展示和教育		250	
3.2.1	展厅空间			17
3.2.2	基本陈列			80
3.2.3	临时展览			53
3.2.4	陈列展览履行验收评估程序			5
3.2.5	陈列展览资料保存完整			5
3.2.6	陈列展览获奖或推介情况			8

续表

序号	评定项目	大项分	分项分	次分项分
3.2.7	社会教育			50
3.2.8	讲解导览服务			32
3.3	公众服务		175	
3.3.1	群众组织			10
3.3.2	志愿者			10
3.3.3	开放			25
3.3.4	交通			10
3.3.5	参观游览服务			25
3.3.6	网站、信息资料、融媒体服务			20
3.3.7	文化创意产品研发和经营			40
3.3.8	便利社会的服务项目			5
3.3.9	观众调查			10
3.3.10	观众量统计			20

二、我国博物馆的运行评估

2010年，国家文物局委托中国博物馆学会负责实施博物馆运行评估工作，并开启了对国家一级博物馆的年度运行评估。运行评估内容包含内部管理、服务产出和社会反馈等方面，遵循定量分析与定性分析相结合的原则来衡量定级博物馆经营水平，针对博物馆进行绩效评估，结果分为优秀、合格、基本合格和不合格4个档次，其中评定为"基本合格"以下的博物馆，应根据评估意见进行整改。（表12-4）国家一级博物馆运行评估采取百分制，满分100分，总分80分及以上为"优秀"、80分（不含）以下60分及以上为"合格"、60分（不含）以下50分及以上为"基本合格"、50分（不含）以下为"不合格"。博物馆运行评估将评价结果与博物馆等级挂钩，力图以评促建、以评促改，连续两年运行评估结果为"基本合格"的博物馆若在复审中仍未达到相应标准,将面临取消或降低等级的危机。此后,配合博物馆定级评估工作,我国的博物馆运行评估工作也定期开展,评估对象也由国家一级博物馆逐步扩展到国家二级、三级博物馆。

表 12-4 国家一级博物馆运行评估指标体系框架示意表

一级指标	二级指标	三级指标
内部管理（20）	组织管理（10）	法人治理结构（5）
		制度规范（5）
	藏品管理（10）	藏品搜集（2）
		藏品档案（5）
		藏品安全（3）
服务产出（60）	科学研究（16）	科研产出（14）
		科研服务（2）
	陈列展览（20）	基本陈列（5）
		临时展览（15）
	社会教育（18）	教育活动（15）
		学校教育服务（3）
	文化传播（6）	对外文化交流（3）
		文物资源开放（3）
社会反馈（20）	观众数量（10）	参观人数（6）
		未成年观众（4）
	公众评价（10）	观众满意度（5）
		社会关注度（5）

博物馆定期进行评估和更新,对照博物馆的宗旨和战略目标,监控项目进展、评估整体实施方案及其中的子项目和每项工作的成效,是博物馆优质高效发展的必要保障。除了国家层面的运行评估,我国博物馆在评估方面还有很多尝试,以期在评估中改善薄弱环节、增强运行活力。博物馆通常依据未来发展规划制定年度

计划，编写年度报告体现工作成果[①]。中国博物馆编制年报年鉴（或内容接近的文本）并未形成行业惯例，依据目前研究，最早应为1982年出版的《内蒙古博物馆年鉴》。[②] 中国国家博物馆、故宫博物院、南京博物院、苏州博物馆、上海博物馆、上海科技馆、中国丝绸博物馆、上海玻璃博物馆等博物馆也有编制年报年鉴的传统，对其收藏、研究、展示、教育等主要业务进行展示。

近年来，广东、南京、上海、杭州、陕西等地博物馆开始试水对博物馆全面业务和单项业务，以年报、年鉴的形式进行评估报告。以上海市博物馆运营报告为例，2017年以来，上海市对市内博物馆运营情况进行了数据统计，并发布博物馆运行情况报告，从设施情况、开放服务、宣传教育、文博文创四个维度对上海131家备案博物馆进行了相关数据的分析[③]。报告从数据角度去观察上海年度博物馆行业的整体概况与发展趋势，精简概要，但列出了具体数据而无分析或对未来的整体规划。

陕西历史博物馆的评估报告则聚焦于媒体宣传效果，进行专项评估，评估报告委托中国文物信息咨询中心撰写[④]。作为"网红"博物馆，其报告专注于媒体宣传这一维度，在统计媒体宣传数据的同时进行了相关数据分析。以2017年度、2018年度的报告为例，报告将媒体按形态分为传统媒体及新媒体（自媒体）两大板块，从展览、活动、评论、工作总结预告、新工作进展、文创、文物、媒体探访、公告、服务建设、人物、专访等十几个方面对媒体报道内容进行梳理，分析了媒体视角下的博物馆年度宣传热点及效果，信息翔实但缺少点评和对博物馆未来发展的建议。

---

① 参考 [英] 蒂莫西·阿姆布罗斯、克里斯平·佩恩：《博物馆基础》第3版，郭卉译，译林出版社，2016，第350—353页。
② 郑奕、罗兰舟：《刍议英美博物馆年报发展对中国博物馆年报编制的启迪》，《国际博物馆》全球中文版2019年第1—2期，第115—124页。
③ 《2018年度上海市博物馆运营大数据公布》，https://sh.bendibao.com/tour/2019124/201774.shtm，访问日期：2020年2月20日。
④ 中国文物信息咨询中心：《2017、2018年度陕西历史博物馆媒体评价分析报告》，https://www.cchicc.org.cn/art/2019/7/22/art_397_36147.html，访问日期：2020年2月20日。

三、我国博物馆评估的问题与对策

经过10年的探索,我国博物馆评估体系从定量考核建筑规模、文物品质和人员数量,发展到现在越来越侧重博物馆所发挥的社会效益,但是在评估理念、评估标准、评估规格和影响力上与世界先进水平还存在不小的差距。要以博物馆作为文化机构和意识形态阵地的属性与作用发挥作为评价目的,大力提升博物馆治理体系和治理能力现代化,推动博物馆整体均衡发展,提高文化产品和服务供给质量,满足人民群众多样化的文化需要,切实增强文化自信。

一是第三方的独立评估作用体现不充分。尽管定级评估是由中国博物馆协会担当评估主体,但是,实践中的博物馆协会并未完全担当起有效承接政府转移职能、履行行业评估原则的独立第三方评估主体的职责。比如,每一次作为评估依据的《全国博物馆评估办法》《博物馆定级评估标准》等文件,均由国家文物局制定(修订)和颁布,每一次定级评估工作都由国家文物局发文启动,并最终宣布结果。在评估过程中,虽然进行了各馆的自我评估和打分,但是缺少第三方满意度测评和社会美誉度评估,更类似于上下级之间的行政考核。实地考察时间仓促,难以有效规避打分的随意性。未来应逐步突出博物馆评估行业色彩,严格贯彻自愿参加原则,加快行业社团高效有序承接好政府转移的评价等职能,切实发挥第三方评价主体的独立性、权威性和非利益相关性,确保评估结果的中立、权威、有用。

二是定级评估和运行评估界限不清。按规定,运行评估成绩出现两次基本合格或一次不合格的博物馆将被降级。《2011年度国家一级博物馆运行评估结果》显示,北京天文馆、西藏博物馆、延安革命纪念馆等6家博物馆由于连续两年评估结果为"基本合格",面临"降级危机";之后在2013年4月进行的重新评估中,北京天文馆等4家博物馆因未达到评估量化要求,被降为二级博物馆。这种直接降级的运行评估方式本质上就是一种变相的定级评估,并且会对定级结果的稳定性造成直接影响。每次定级评估都伴随着定级评估《全国博物馆评估办法》和《博物馆定级评估标准》的大规模修订调整,其间穿插的运行评估也都分别采用与定级评估差别较大的标准，交叉重叠、弱稳定性严重影响定级评价的权威性和指导力。强化运行评估，着重围绕博物馆可持续发展和自我提升，保持评价标准和指标体系的稳定性，适当延长评估周期。淡化定级评估，特别要将评估结果与资源配置脱钩，科学合理运用行政杠杆，避免不必要的资源浪费。

三是评估定级周期短、结果稳定性弱。2008年通过评估定级的83家国家一级博物馆，2010年就成为首次博物馆运行评估的对象，此后连续3年参与上一自然年度的运行评估，2013年还针对2011年度、2012年度运行评估中面临降级的博物馆进行整改后重新评估。2008年至2013年，部分一级博物馆至少参与了5次定级性评估。此后运行评估虽然延长为3年一评，但仍属于短周期。每次定级评估的时长长则半年、短则3个月，每个参评的博物馆均需要在规定时间内提交近200份书面材料，因缺乏深入分析和数据审核，在实际操作中不可避免出现偏差。应构建功能清晰的评价机制体系，淡化定级评估，强化运行评估，着重围绕博物馆可持续发展和自我提升，保持评价标准和指标体系的稳定性，适当延长评估周期。

四是缺乏分类评估弱化对博物馆的激励功能。博物馆定级和运行评估均未根据博物馆的类型和特色，设置差异化标准或开展分类评估。纪念馆、科技馆、陈列馆、美术馆和综合型博物馆都采用相同标准，虽然最新修订的办法中试图兼顾特色，但加分比例偏低，影响极为有限。定级评估对大多数博物馆来说演变成一项难以流动、高不可攀的荣誉和称号，严重抑制了中小型、专题类博物馆的参评积极性，评估难以对博物馆发展提供有效激励。未来可以考虑结合实践确定适合博物馆现状和发展目标的分类方法，契合各类型博物馆发展规律与趋势；将分类与分级相结合，分别制订各类别博物馆定级评价的指标与标准，提高评估的针对性和精准度，引导博物馆科学定位，明晰方向路径；兼顾博物馆发展形态、布局结构、发展模式等，在品类高度分化基础上推动交叉协同和高度综合，建构动态平衡的博物馆体系。

第四节　小结

党的十八大以来，我国博物馆事业出现空前繁荣发展。党的十九大作出了我国社会主要矛盾发生变化的新判断，提出了坚持新发展理念、提升发展质量和效益的新要求。博物馆作为公共文化服务机构，要坚持以改革促发展，着力提升管理水平，健全政事分开的博物馆管理体制，建立与新时代要求相适应的体制机制和评估方式，为博物馆事业发展开创新局面。党的十九大关于中国特色社会主义文化建设的深刻论述和决策部署，是着眼于实现中华民族伟大复兴作出的战略部署，理论上进一步丰富发展了马克思主义文化理论，实践上指明了中国特色社会主义文化事业的发展方向，是新时期新形势下做好文化工作的基本遵循。

党和国家积极出台各项法律法规、制度政策推动博物馆事业发展，为做好博物馆工作创造了良好的政策环境和社会氛围，特别是《博物馆条例》的颁布实施，针对一系列急需解决的问题作出政策性规定，为促进我国博物馆事业健康发展提供制度保障。但是，目前我国博物馆事业发展仍存在不平衡不充分问题，因此在制定政策方面要更加严谨、全面和有针对性，将可行性、可控性、时效性等因素考虑在内，有的放矢，解决不同地区、不同规模、不同类别博物馆在发展中出现的问题。同时，为贯彻落实以人民为中心的工作导向和高质量发展要求，推进博物馆治理体系和治理能力现代化，要进一步完善博物馆法律政策体系，规范整理博物馆事业发展的各项法律法规、政策意见、指示精神、通知办法等，增强政策执行力。

正确解读政策，把握政策方向是博物馆管理工作的重要组成部分。目前国家对博物馆的经费投入、馆舍建设、文物入藏、展览展示等方面都达到前所未有的高度，切实推行博物馆管理体制改革是每个博物馆需要面对的问题。我国博物馆管理制度的改革不仅仅是对行政管理部门的机构改革，更是博物馆社会职能转变、管理制度转化、服务理念改进和工作方式上的创新，既不能故步自封，也不能照搬欧美模式，要在准确把握中国博物馆职能定位的基础上，探索建立有中国特色的符合博物馆发展规律的管理制度，构建政府、博物馆、社会之间的新型关系。随着博物馆事业的发展，评估体系开始逐渐建立起来，但是由于尚处在初创阶段，评价标准略显单一，评估效果影响力较弱，因此亟须完善评估的方式方法，进一步明确评估的目标导向、增强定级评估结果的稳定性、建立科学完善的评估体系。

跋

本书为2018年度文化和旅游智库项目"中国博物馆发展研究"的最终成果。该项目由王春法提出主要研究思路、设计研究框架、组织研究团队并进行学术指导。具体研究工作分两个阶段进行：第一阶段由张伟明、钟国文、马爱民、杨拓、刘书正、赵东亚分章撰稿，朱万章、杨红林、童萌进行数据调查，最终由张伟明统稿、王春法审定形成《中国博物馆发展研究报告（2021）》；第二阶段在此基础上更新数据，进一步拓展充实，钟国文、刘书正、丁鹏勃、赵东亚、王高升、马爱民、杨晓琳、杨拓、张伟明、余晓洁、陈淑杰和杨玥分别牵头完成十二个章节的研究撰写，王春法为报告作序，杨光、赵文国统稿。

研究团队在研究过程中始终坚持问题导向，从国家对新时代博物馆的战略定位入手，从政治站位的高度准确把握当代中国博物馆的使命担当，明确目标任务，层层分解、细致剖析博物馆的功能如何与目标相匹配，如何实现博物馆的新功能，努力在中国特色社会主义文化强国建设的战略部署中找准位置、发挥作用，对近年来博物馆整体行业发展情况进行了系统整理和研究，形成对国内博物馆行业发展趋势的基本认识，希望研究结果能够从战略角度指导国家博物馆事业发展，也为全国博物馆事业发展提供参考。

研究中引用了大量国内外报纸、期刊的文献资料，同时也参考了大量网站、论坛资源，尽量做到研究范围覆盖完整、研究数据精准、论据观点客观、引文标注完整，但是由于时间有限、数据来源广泛、分散以及观点理念的仁者见仁智者见智等原因，可能依然会存在着些许偏差，但是我们依然希望通过这份研究报告能够提供有所裨益的启示和借鉴作用，为我国的博物馆事业发展献计献策。